Craig Hill, Earl Pitts

Mäuse, Motten & Mercedes

Craig Hill & Earl Pitts

Mäuse, Motten & Mercedes

Biblische Prinzipien für den Umgang mit Geld

CIP-Kurztitelaufnahme der Deutschen Nationalbibliothek

Craig Hill, Earl Pitts:
Mäuse, Motten und Mercedes.
Biblische Prinzipien für den Umgang mit Geld.
[Aus dem Englischen von Thomas Lastring]
Gießen: Verlag Campus für Christus,
3. korrigierte und aktualisierte Auflage 2006

Originaltitel: Wealth, Riches & Money.
God's Biblical Principles of Finance.
© 2001 by Craig Hill/Earl Pitts
Published by Family Foundations Publishing

© 2002 der deutschen Ausgabe:
Campus für Christus, Postfach 10 02 62, 35332 Gießen
www.campus-d.de

Die Bibelstellen wurden, soweit nicht anders vermerkt, der „Hoffnung für alle"
Bibel (revidierte Fassung, 2002) entnommen.

Lektorat: Hauke Burgarth
Adaption der Finanzierungsbeispiele: Johann Ebertseder
Umschlaggestaltung & -fotos: Claudia Dewald
Satz: Claudia Dewald, Judith Westhoff (Campus für Christus)
Druck und Verarbeitung: Aalexx Druck, Großburgwedel

ISBN-10: 3-88404-122-3
ISBN-13: 978-3-88404-122-2

Der Mann, der das Geldproblem löst,
hat für die Menschheit mehr getan
als die Feldherren aller Zeiten.
Henry Ford

Häuft in dieser Welt keine Reichtümer an!
Ihr wisst, wie schnell Motten und Rost sie zerfressen
oder Diebe sie stehlen!
Sammelt euch vielmehr Schätze im Himmel,
die unvergänglich sind und die kein Dieb mitnehmen kann.
Wo nämlich eure Schätze sind,
da wird auch euer Herz sein.
Jesus von Nazareth

Inhalt

Vorwort 9
Interview 11

TEIL 1 Der ausgewogene und weise Umgang mit Geld 15

1 Die Macht hinter dem Geld – Der Mammon-Faktor 27
2 Glaube an Gottes Versorgung – „Spatzenglaube" 59
3 Die beiden Herrschaftsbereiche und ihre Wirtschaftssysteme 75

TEIL 2 Fünf biblische Verwendungsweisen des Geldes ... 115

4 Samen für den Sämann 121
5 Brot zum Leben 151
6 Schließen Sie Ihren Kreis 159
7 Nehmen Sie Ihre Schulden in Angriff 175
8 Wachsende Frucht der Gerechtigkeit 205
9 Vermehren Sie Gottes Mittel durch Säen und Ernten 217

ANHANG
Die Autoren 239
Haushaltsbücher und wie man sie führen kann 241
Seminare zum Buch 243
Zusatzmaterial 247
Kontaktadressen 248
Weiterführende Seminare und Organisationen 249

Vorwort

Horst Reiser, geboren 1960, lebt in Zürich und hat mit Marianne zusammen vier Kinder. Beide sind diplomierte Kaufleute und engagieren sich seit 20 Jahren beruflich bei Campus für Christus in der Schweiz. Seit acht Jahren fördert Horst Reiser als europäischer Koordinator den Aufbau von History's Handful Europa. Er lud Earl Pitts schon etliche Male als Redner nach Europa ein.

Seit Jahren liegt mir Verwalterschaft im Sinne der Bibel am Herzen, ich beschäftige mich mit Themen wie Geld, Wohlstand und Armut, Geben und Empfangen und dem Mammon. Nicht viele ließen sich für dieses Thema begeistern. Im Gegenteil: Manche vermeiden es tunlichst, mit diesem heißen Thema in Berührung zu kommen, denn „über Geld spricht man nicht, soll doch die Linke nicht wissen, was die Rechte tut".

So arbeitete ich mehrere Jahre lang in meiner Berufung, Finanzen für Gott freizusetzen. Aber ich fühlte mich darin ziemlich isoliert. Deshalb suchte ich die ganze Zeit über nach Lehrern, die mir helfen konnten, das Thema Geld biblisch fundiert und gleichzeitig praktisch zu vermitteln. Ich fand Earl Pitts und Craig Hill und war begeistert von ihrer ausgewogenen Botschaft, die uns Europäern helfen wird, innerlich freigesetzt zu werden.

Jede biblische Auslegung in Bezug auf Geld bewegt sich zwischen folgenden Polen: Entweder der Wohlstand wird glorifiziert, das heißt, dass Gott uns als Zeichen seiner in uns gegenwärtigen Geistesfülle mit großem materiellen Wohlstand segnen muss. Oder die Armut wird idealisiert, wobei mit heiligem Eifer versucht wird, möglichst wenig Kontakt mit dem bösen Geld zu haben, um ganz in Reinheit auf Gott bezogen leben zu können. Doch diese Haltungen lassen sich nur aus der Bibel herauslesen, wenn man die Summe der Wahrheit Gottes zu diesem Thema außer Acht lässt. Diese besagt nämlich klar, dass es weder um Reichtum noch um Armut geht, sondern um das Erkennen und Einnehmen der richtigen Stellung vor Gott: als Verwalter der himmlischen Güter Gottes.

Inzwischen schaue ich auf sechs Jahre gemeinsame Seminartätigkeit mit Earl Pitts zurück. Und jedes Mal, wenn ich die Audiokassetten seiner Vorträge in meinem Auto anhöre, packt mich seine Botschaft aufs Neue, so wie die circa 30.000 Seminarbesucher, die ihn bisher live erleben konnten: Wenn unser Geld und Besitz einem mit Gott abgemachten Zweck untergeordnet sind, dann können wir vom Mammon nicht mehr gefangen werden.

Jesus setzte den Standard hoch an, als er der Frau am Brunnen und damit uns Christen sagte: „Es wird der Tag kommen, wo man überall auf der Welt im Geist und in der Wahrheit anbeten wird." Der erste Teil dieser Aussage wird seit Jahren vermehrt gelehrt und gelebt, aber beten wir mit eben solcher Intensität in der Wahrheit an? Darum geht es den Autoren.

Ich wünsche diesem Buch, dass es dazu beiträgt, dass Christen zu verantwortungsbewussten Verwaltern ihres Geldes und Besitzes werden, dass sie auch im finanziellen Bereich erfahren: „Wenn euch also der Sohn Gottes befreit, dann seid ihr wirklich frei." (Johannes 8,36) Wer sich darauf einlässt, wird ein großes Glaubensabenteuer erleben und Christus ganz sicher tiefer kennenlernen. Ist es nicht das, was wir uns sehnlich wünschen?

Horst Reiser

Thema: Geld
Ein Interview mit Norman Rentrop

Norman Rentrop, 1957 in Bonn geboren, ist verheiratet und hat zwei Kinder. Er ist Gründer und Aufsichtsratsvorsitzender einer großen Verlagsgruppe, die über 60 Fachzeitschriften und Informationsdienste rund um das Thema Existenzgründung und Selbstständigkeit herausgibt. 1998 wechselte er aus der aktiven Verlagsarbeit in den Aufsichtsrat, um sich intensiver ehrenamtlich engagieren zu können, unter anderem für christliche Programme im Fernsehen.

Herr Rentrop, wie sehen Sie als Christ das Verhältnis zum Geld?
Zuerst einmal frage ich mich: Wofür brauche ich Geld überhaupt? Für das Wichtigste schon mal nicht. Das Wichtigste gibt es kostenlos, sagt uns die Bibel in Jesaja 55. Die Segnungen, die Gott uns schenkt, gibt es ohne Geld. Gott fragt uns, wieso uns andere Dinge wichtiger sein können, wo er doch der einzige ist, der wirkliche Zufriedenheit bringen kann.

Wofür ist Geld dann nützlich?
Als Tauschmittel, als Recheneinheit, als Wertaufbewahrungsmittel. Nicht Geld an sich ist die Wurzel alles Übels, sondern die Liebe zum Geld, die Habgier, lehrt uns im Neuen Testament der 1. Brief an Timotheus (Kapitel 6, Vers 10). Geld, Macht, Sex sind die großen Versuchungen der Welt. Und die Frage, die sich jeder zu stellen hat, lautet: Worauf will ich mein Leben aufbauen, wen oder was stelle ich in den Mittelpunkt? Diese Versuchungen oder Gott? Stelle ich Gott in den Mittelpunkt und baue ich mein Leben auf ihn auf?

Ist Geld ein Tabu?

„Über Geld spricht man nicht" – diese Verhaltensregel führt dazu, dass wir Deutschen oft ein ziemlich verkrampftes Verhältnis zum Geld haben. In der Bibel ist Geld kein Tabuthema. In der Bibel kommt das Wort Geld häufiger vor als das Wort Himmel. In vielen Gleichnissen greift Jesus das Thema Geld auf.

Kann Geld Sicherheit geben?

Wirkliche Sicherheit kann nur Gott geben. Geld als Sicherheit ist genau wie Immobilieneigentum, Aktienbesitz, Gold, Silber oder Edelsteine eine Illusion. Als warnendes Beispiel führt Jesus einen reichen, selbstgefälligen Grundbesitzer an (Lukas 12), der nach guter Ernte nur noch sein Leben genießen will, doch er stirbt noch in derselben Nacht. Was hat ihm sein Besitz gebracht? Gott rät uns, lieber Schätze im Himmel anstatt auf der Erde zu sammeln, geistliche Schätze.

Auf einer Veranstaltung von Campus für Christus lernte ich das Konzept der Haushalterschaft kennen. Das, was Gott an Gaben mitgegeben hat, der reiche Segen, den Gott uns gibt, ist nicht zum Horten gedacht. Irgendwann werden wir vor unserem Herrn die Frage zu beantworten haben: „Was hast du aus den Gaben, die ich dir gab, gemacht?"

Wie kam es dazu, dass Sie das erkannten?

Es waren eigentlich Krisen, die mich ins Nachdenken und Umdenken brachten. Die erste Krise war ein Angriff von außen, eine Verleumdungskampagne eines Konkurrenzblattes, die zu viel Schmerz, aber auch dazu geführt hat, dass ich meinen Standpunkt klarer bestimmt habe. Was mir dabei geholfen hat, war, dass ich einige Jahre zuvor über eine Gideonbibel in einem Hotel wieder regelmäßig zum Bibellesen gefunden hatte und durch eine Evangelisation mit Billy Graham mich entschlossen hatte, mein Leben mit Jesus Christus zu führen. Damit durfte ich irgendwo die Gewissheit haben, es steht einer hinter mir, es hält einer seine Hand über mich. Es trägt mich einer, von dem ich weiß, ich kann mich auf seine bedingungslose Liebe verlassen: auf Gottes Liebe.

Und die zweite Krise?
Die zweite Krise war mein vierzigster Geburtstag, mein schwierigster Geburtstag überhaupt. Die statistische Mitte des Lebens war erreicht. Drei Jahre vorher schon verkaufte mir mein Friseur die erste Flasche Haarwuchsmittel. Der Lack war ab. Verschiedenste Gedanken kreisten monatelang in meinem Kopf: Soll ich kürzer treten? Was ist der Sinn des Lebens? Was muss ich verändern? Einige wichtige Gespräche mit Christen, Bücher und Vorträge halfen mir, darauf Antworten zu finden. Ich erkannte, dass Erfolg, dass Machen nicht alles ist. Gerade für mich als Tatmenschen, als Macher bedeutete dies ein Umdenken.

Wie schaffen Sie es, dass das Reich Gottes erste Priorität bleibt?
Eine Richtschnur für das tägliche Handeln ist für mich die Frage: Was würde Jesus tun? Ethisches Verhalten ist das, wie ich mich verhalte, wenn ich weiß, dass mir keiner zuschaut oder zuhört. Ich stelle mir die Frage; Was wird der Vater im Himmel dazu sagen, wenn ich eines Tages vor ihm stehe?
Eine zweite Möglichkeit ist das Gebet vor Entscheidungen. Ich meine nicht Beten um einen bestimmten Betrag oder um eine bestimmte Entscheidung, sondern Beten um Führung, um Weisheit, um Liebe. Ein wichtiges Thema ist für mich Beten in Gemeinschaft. „Wenn zwei oder drei in meinem Namen versammelt sind, da bin ich mitten unter ihnen". Das Versprechen gilt, dass ein anderer Geist bei einer Zusammenkunft herrscht, bei der Jesus Christus dabei ist. Er ist eben da, wenn man sich in seinem Namen trifft.
Das alles ist leicht gesagt, aber nicht immer leicht umzusetzen. Oft falle ich zurück in alte Gewohnheiten. Wenn ich hier über meinen persönlichen Weg im Glauben spreche, dann bin ich dabei kein Experte. Ich fühle mich wie einer, der versucht, im täglichen Leben Glauben in die Praxis umzusetzen.

Das Interview führte Hans-Joachim Hahn.

Die Personen in den meisten Beispielen dieses Buches sind wirkliche Menschen, die den Autoren bekannt sind. Um sie zu schützen, wurden ihre Namen und einige Details geändert. Manche der beschriebenen Ereignisse sind auch aus mehreren verschiedenen Situationen zusammengesetzt worden. Trotzdem spiegeln sie den Bereich des Möglichen wider.

Teil 1

Der ausgewogene und weise Umgang mit Geld

Als wir miteinander über persönliches Finanzmanagement sprachen, mussten wir der Frage nachgehen: Sagt Gott in der Bibel irgendetwas über Geld? Viele Menschen halten die Bibel für ein Buch, das sich mit geistlichen Themen befasst, doch nichts über so weltliche Angelegenheiten sagt, wie den persönlichen Umgang mit Geld. Wir begannen, dieses Thema anhand der Bibel zu studieren und entdeckten erstaunt, dass das Neue Testament nahezu zehn Mal so viele Verse enthält, die sich auf Geld und Finanzen beziehen, wie Verse, die etwas über die Rettung und den Glauben aussagen. So enthält das Neue Testament 215 Verse, die das Wort „Glaube" enthalten, 218 Verse mit dem Wort „Rettung" und 2084 Verse, die das Thema „Haushalterschaft" und die Verantwortung des Menschen für Geld und Finanzen behandeln. 16 der insgesamt 38 Gleichnisse, die Jesus erzählt, handeln von Geld.

Da stellt sich doch die Frage: Warum? War Jesus geldgierig? Kam er etwa auf die Erde, um Geld zu sammeln, das seinen Auftrag unterstützen sollte? Nein, natürlich nicht! Jesus war nicht hinter dem Geld anderer Leute her; er war an ihren Herzen interessiert. Er sagt uns in Matthäus 6,21: „Denn wo dein Schatz ist, da ist auch dein Herz." (Lutherübersetzung) Jesus stellte fest, dass viele Menschen ihr Geld für einen großen Schatz hielten. Er sah, dass er ihre Herzen über ihr Geld gewinnen konnte. Wir glauben, dass dies auch heute zutrifft. Jesus ist nicht hinter Ihrem Geld her. Er ist an Ihrem Herzen interessiert. Die Art der Beziehung, die wir zum Geld haben, ist lediglich ein Hinweis auf den Zustand unseres Herzens.

Das heißt: Gott hat uns sehr viel zum Thema Geld zu sagen und sein Wort unterrichtet uns darin. Um die Welt mit der Guten Nachricht von Jesus zu erreichen, werden mehrere Hundert Millionen Euro benötigt. Tatsächlich habe ich (Earl) von einer Schätzung gehört, nach der etwa 2,5 Milliarden Euro gebraucht werden, um die Gute Nachricht in der ganzen Welt zu verbreiten. Die Christen warten darauf, dass Jesus auf diese Erde zurückkommt. Einige erwarteten das Ende der Welt bereits mit dem Jahrtausendwechsel. Dagegen macht die Bibel ganz klar, wann dies geschehen wird. Jesus selbst sagte, dass die Heilsbotschaft vom Reich Gottes jedem Volk, jeder Volksgruppe und jeder Nation verkündet wird, damit alle Völker sie hören, und danach wird das Ende kommen (Matthäus 24,14). Vielleicht kann man das mit der Anweisung eines Grundschullehrers an seine Schüler vergleichen, die in der Schule bleiben müssen, bis sie eine bestimmte Aufgabe erledigt haben. „Wenn ihr mit eurer Aufgabe fertig seid, könnt ihr nach Hause gehen." Viele wollen nach Hause gehen, ohne die Aufgabe zu erledigen. Unser Auftrag ist der, die Gute Nachricht in der ganzen Welt zu verbreiten. Und um diese Aufgabe zu erfüllen, ist der Einsatz von Geld nötig.

Wenn wir Geld haben, können wir das System dieser Welt dazu bewegen, an der Verbreitung des Evangeliums mitzuarbeiten. Mit Geld können wir Sendezeit im Fernsehen und Flugtickets kaufen. Wir können Bibeln drucken. Wir können hingehen, verkündigen und Menschen dazu anleiten, mit Jesus zu leben. Wir können die Gute Nachricht von Jesus Christus weitersagen. Gott schenkt uns ewiges Leben und lässt uns trotzdem in dieser Welt, damit wir anderen von Jesus erzählen können. Er holt uns nicht gleich zu sich in den Himmel. Sein Plan besteht darin, eine große Familie zu haben von Männern und Frauen, Jungen und Mädchen, Menschen jeder Sprache, jedes Stammes und jeder Nation, mit denen er die Ewigkeit verbringen möchte. Er lässt uns hier und sagt zu uns: „Geht hinaus und verkündet die Botschaft der Rettung." Viele Menschen und viele Hilfsmittel, auch Geld, werden gebraucht, damit dies geschehen kann.

Eine Frau im vollzeitlichen Dienst für Christus wurde darauf angesprochen, dass sie Geld für ihre Arbeit annahm. Man sagte ihr: „Sie sollten von Leuten, denen sie biblische Inhalte vermitteln, kein Geld erwarten. Jesus hat gesagt, die Gute Nachricht habt ihr umsonst (d.h. ohne dafür zu bezahlen) bekommen. Umsonst habt ihr empfangen, umsonst sollt ihr geben." Diese weise christliche Leiterin antwortete darauf: „Offensichtlich haben Sie noch nie versucht, die Gute Nachricht an jemanden weiterzugeben. Wir haben jedenfalls noch keine Fluggesellschaft, keinen Fernsehsender, keine Druckerei und keinen Autohändler mit einem ‚der Herr braucht es' davon überzeugt, ihre Güter und Dienstleistungen umsonst zur Verfügung zu stellen, damit die Gute Nachricht verbreitet werden kann."

Wenn wir über Finanzen sprechen, ist es sehr wichtig, zwischen der Verwaltung persönlicher Finanzen und der von Organisationen und Firmen zu unterscheiden. Dieses Buch beschränkt sich auf den Umgang mit persönlichen Finanzen. Finanzen in Unternehmen und auch in christlichen Organisationen sind ein weiteres wichtiges Feld, das angesprochen werden muss, doch dies geschieht nicht im vorliegenden Buch. Außerdem besteht der erste Schritt, einen ganzen Betrieb nach den Prinzipien Gottes zu verwalten, darin, erst einmal unsere persönlichen Finanzen anhand biblischer Richtlinien zu ordnen.

Ich (Earl) stolperte vor kurzem über eine Statistik, die besagt, dass 80 % der christlichen Haushalte in Nordamerika finanzielle Schwierigkeiten haben, von leichten bis hin zu schwerwiegenden. Der Hauptgrund für 50 % aller Ehescheidungen ist das Geld. Beziehungen zerbrechen, weil Menschen nicht mit Geld umgehen können, weil Menschen sich über die Verwendung von Geld nicht einigen können oder weil sie sich in Schulden verstricken. Tatsächlich ist das Leben jedes Einzelnen stark durch seine beziehungsweise ihre Einstellung zum Geld geprägt.

Geist und Wahrheit

Als Jesus mit der Frau am Brunnen sprach (Johannes 4), sagte er ihr: „Gott ist Geist. Und wer Gott anbeten will, muss von seinem Geist erfüllt sein und in seiner Wahrheit leben." In allem, was wir tun, kommt es letztendlich darauf an, dass wir das Gleichgewicht zwischen Geist und Wahrheit halten. Alles, was wir als Gläubige tun, sollte zum Ausdruck bringen, dass wir Gott anbeten. Daher wollen wir uns darum bemühen, wenn es nun um unsere Beziehung zum Geld geht, die Ausgewogenheit zwischen Geist und Wahrheit zu bewahren. Was bedeutet das?

Die Seite der Wahrheit hat hauptsächlich mit Regeln, mit natürlich gegebenen, nicht wählbaren Prinzipien des Lebens zu tun. Die Seite des Geistes dagegen mit Freiheit – sie steht in enger Beziehung mit dem persönlichen, geistlichen Bereich. Unser Leben soll nun beidem entsprechen, dem Geist und der Wahrheit. Das Gesetz der Schwerkraft zu verstehen und danach zu leben, hat zum Beispiel mit der Seite der Wahrheit zu tun. Wir würden große Probleme bekommen, wenn wir das Gesetz der Schwerkraft nicht verstehen wollten oder uns gar weigern würden, danach zu leben.

Ein anderes Beispiel für die nötige Ausgewogenheit: Ein Christ, der ein Flugzeug fliegt, sollte die Gesetze der Aerodynamik verstehen und sich dementsprechend verhalten. Eine Missachtung dieser Gesetze kann tödlich sein oder mit schweren Verletzungen enden. Darüber hinaus braucht er auch die Leitung des Heiligen Geistes, wohin und wann er fliegen soll. Es wäre beim Fliegen genauso gefährlich, die zugrundeliegenden Gesetze der Aerodynamik zu verletzen, wie die spezifische Leitung durch den Heiligen Geist nicht wahrzunehmen. Diese Ausgewogenheit benötigen wir auch im Umgang mit unseren persönlichen Finanzen.

Sowohl auf der Seite der Wahrheit als auch auf der Seite des Geistes wollen wir im Glauben handeln. Denn alles, was wir tun, soll im Glauben geschehen. Der Apostel Paulus sagt in Römer 14,23: „Alles aber, was wir nicht im Vertrauen auf Christus tun, ist Sünde." Wie können wir also alles im Glauben an Christus tun, was grundlegende Prinzipien zum Umgang mit Finanzen angeht (die Seite der Wahrheit)? Einen Schlüssel dazu finden wir in dem Gleichnis, das Jesus seinen Jüngern in Lukas 17 weitergibt. Jesus erzählte dieses Gleichnis auf eine Bitte seiner Jünger hin, ihren Glauben zu stärken.

„Darauf antwortete er: Selbst wenn euer Glaube so winzig wäre wie ein Senfkorn, könntet ihr diesem Maulbeerbaum befehlen: Reiß dich aus der Erde und verpflanze dich ins Meer! – es würde sofort geschehen. – Wie ist das bei euch?, fragte Jesus seine Zuhörer. Wenn euer Knecht vom Feld oder von der Herde heimkommt, sagt ihr dann zu ihm: Komm, setz dich an den Tisch und iss? Oder werdet ihr ihm nicht erst den Auftrag geben: Zieh dich um, mach mir etwas zu essen und deck den Tisch! Wenn ich gegessen habe, dann kannst du auch essen und trinken. Kann der Knecht dafür einen besonderen Dank erwarten? Ich meine nicht! Es gehört doch schließlich zu seiner Arbeit. Das gilt auch für euch. Wenn ihr in meinem Dienst alles getan habt, was ich euch aufgetragen habe,

dann sollt ihr sagen: Wir sind einfache Knechte und haben nur unseren Auftrag ausgeführt!" Lukas 17,6-10

Auf den ersten Blick werden viele Leute darüber sehr erstaunt sein und sich fragen: Was hat das Ganze mit Glauben zu tun? Zuallererst muss Glaube als ein Samenkorn betrachtet werden. Die Jünger wollten, dass ihr Glaube gestärkt wird. Ein Samenkorn ist dazu da, gepflanzt zu werden, stark wird es während des Wachstums. Wenn wir über Gottes Wort nachdenken, darin leben, unser Denken davon prägen lassen, wird der Glaube in unserem Herzen wachsen und sich weiterentwickeln. Jesus sagt seinen Nachfolgern zu, dass ihr Glaube durch Gehorsam und die Bereitschaft, Verantwortung zu übernehmen, wachsen wird. Ihr Glaube wird gestärkt, wenn sie als Beauftragte einfach das tun, was er ihnen befiehlt. Auch unser Glaube wächst, wenn wir unsere Stellung als Diener und Beauftragte anerkennen und Gottes Anweisungen in die Tat umsetzen, die er uns durch sein Wort gegeben hat.

Viele Menschen vertrauen Gott darin, dass er ihnen mehr Geld schenkt. Gleichzeitig verletzen sie aber regelmäßig biblische Finanzprinzipien. Sie mögen ein einflussreicher Mann oder eine glaubensstarke Frau sein, aber es wäre immer noch unklug, das Gesetz der Schwerkraft außer Acht zu lassen und von hohen Klippen oder Gebäuden zu springen. Im Bereich der Finanzen gilt das Gleiche. Sie können nicht ständig grundlegende Finanzprinzipien verletzen und gleichzeitig von Gott erwarten, dass er Sie „durch den Glauben" von Schulden entlastet und Ihr Vermögen vermehrt. Glauben im eigentlichen Sinne erwächst aus dem Gehorsam gegenüber den grundlegenden Prinzipien des Lebens.

In dem Diagramm auf Seite 24 werden auf der Seite der Wahrheit sieben grundlegende Bausteine für den Umgang mit Finanzen aufgelistet. Diese grundlegenden Prinzipien können – wie das Gesetz der Schwerkraft – nicht ohne Folgen außer Acht gelassen werden. Ihre Missachtung hat Chaos, Stress, finanzielle Überlastung, Armut und oft sogar den persönlichen Konkurs zur Folge. Wer die Anweisungen dagegen beachtet, wird seinen Glauben stärken und Sicherheit, Frieden und Wohlstand hervorbringen.

Im Laufe dieses Buches werden wir jedes dieser sieben grundlegenden Prinzipien näher untersuchen, die den Umgang mit persönlichen Finanzen betreffen. Wir werden sehen, dass diese Bausteine in der richtigen Reihenfolge eingebaut werden müssen. Viele Christen ärgern sich über die Bibel oder Lehrer, die ihnen biblische Inhalte vermitteln, weil diese Inhalte bei ihnen nicht funktionieren. Oft liegt es daran, dass sie versuchen, z.b. nach dem Prinzip des Säens und Erntens (Baustein sieben) zu leben, obwohl sie die Bausteine eins bis sechs noch nicht in ihr Leben eingebaut haben. Solche Christen fühlen sich leicht von ihren Lehrern getäuscht oder von Gott verlassen. In den meisten Fällen stimmt beides nicht. Sie haben schlicht und einfach versucht, ein „finanzielles Haus" ohne Fundament oder Rahmen zu bauen. Nur gibt es keine schnelle Patentlösung für finanzielle Probleme, zuerst ist es nötig, ein stabiles Fundament zu legen und dann darauf aufzubauen.

Auf der anderen Seite beschäftigen sich einige ausschließlich mit der Seite der Wahrheit in der Gleichung. Solche Menschen konzentrieren sich nur auf die Prinzipien des reinen Finanzmanagements. Man muss allerdings auch die Seite des Geistes in die Gleichung mit einbeziehen. Uns sind viele Menschen begegnet, die die richtigen biblischen Prinzipien für den Umgang mit Geld verstanden haben, aber nicht fähig zu sein schienen, das in ihr Leben einzubauen, was sie wissen. Oft hat dies mit fehlendem Verständnis für die geistliche Seite der Gleichung zu tun. In der geistlichen Welt findet im wahrsten Sinne des Wortes ein Kampf um unser Leben statt – dieser betrifft auch unsere finanziellen Entscheidungen (Epheser 6,12).

Ich (Craig) vergleiche die geistliche Welt gerne mit dem Raum, in dem sich die Wellen zur Fernsehübertragung bewegen. Wahrscheinlich sind an der Stelle, wo Sie gerade dieses Buch lesen, auch Fernsehwellen. Sie selbst haben in ihrem Körper keinen Apparat eingebaut, mit dem Sie Bild oder Ton empfangen könnten. Aber das heißt noch lange nicht, dass diese Wellen nicht existieren, nur weil Sie sie nicht wahrnehmen können. Fernsehwellen sind nicht lediglich ein Konzept oder eine Idee, sie sind vielmehr eine physikalische Wirklichkeit.

Dies gilt auch für die geistliche Welt. Sie mögen nur eine geringe Wahrnehmungsfähigkeit für die geistliche Welt haben, in der Gott, Engel, Dämonen und der Satan tätig sind. Aber das bedeutet nicht, dass diese Geistwesen nicht existieren bzw. dass sie Ihr Leben nicht beeinflussen. Das tun sie nämlich ganz bestimmt und es ist gut für Sie, wenn Sie den Einfluss der geistlichen Welt auf Ihr Leben und Ihre Lebensumstände erkennen, wenn Sie das nicht bereits tun. Denn diese Einflüsse hindern viele Christen daran, Wahrheiten, die sie erkannt haben, praktisch umzusetzen.

Auf der Seite des Geistes sehen wir außerdem, dass es wichtig ist, in allen anstehenden Finanzentscheidungen vom Heiligen Geist geführt zu werden. Es ist zum Beispiel sinnvoll, unsere Finanzen mit Hilfe eines Haushaltsplanes zu verwalten. Auf der anderen Seite wollen wir auch vom Heiligen Geist darin geführt werden, welche Posten überhaupt in dieses Budget hineingehören.

Was ist Gottes Meinung? Er interessiert sich für alles, was unser Leben betrifft. Wir halten grundlegende Prinzipien für das Geben, Sparen und Investieren für sinnvoll. Doch wir wollen auch spezifisch vom Heiligen Geist geleitet werden, wann, wo, warum und wie viel wir geben, sparen bzw. investieren sollen. Die Leitung durch den Heiligen Geist kann einen großen Unterschied bei all diesen Entscheidungen bedeuten.

Wenn wir die Seite des Geistes in der Gleichung betrachten, betonen wir noch einmal, dass wir im Glauben handeln wollen. Der Apostel Paulus sagt in Römer 10,17:

„Der Glaube kommt aus dem Hören der Botschaft; und diese gründet sich auf das, was Christus gesagt hat."

Es gibt zwei griechische Wörter, die im Deutschen mit ‚Wort' wiedergegeben werden. ‚Logos' wird verwendet, wenn das geschriebene Wort oder gesammelte Aussagen Gottes gemeint sind. Das zweite griechische Wort ist ‚rhema', das sich auf das gesprochene Wort bezieht. Gott spricht sein Wort zu unseren Herzen; die Stimme des Geistes bestätigt das geschriebene Wort Gottes; Gott spricht sein Wort zu unserem Geist. Wenn das geschieht, kann Glaube in unseren Herzen entstehen. Wenn wir über das Wort Gottes nachdenken (logos) und wenn wir Gott hören, wie er sein Wort spricht (rhema), entsteht Glaube. (Nebenbei gesagt: Glaube oder Vertrauen in eine Person entsteht, wenn wir ihre Worte hören und sie annehmen.) Wenn wir also über Zusagen nachdenken, die Gott uns in seinem Wort gegeben hat, und wenn wir es zulassen, dass Gott sein Wort an uns bestätigt, dann entsteht in unseren Herzen Glaube an Gott und Vertrauen darauf, dass er seine Versprechen in unserem Leben Wirklichkeit werden lässt.

Wenn wir uns das Diagramm auf der nächsten Seite anschauen, zeigt uns die Seite des Geistes: Alles, was wir haben, ist eine Gabe, ein Geschenk von Gott. All das, was Sie bis jetzt in Ihrem Leben von Gott empfangen haben, bekamen Sie durch seine Gnade, nichts durch eigene Anstrengung.

Das ganze Leben hindurch zieht sich diese Spannung zwischen der Beziehung zu Gott auf Grundlage menschlicher Anstrengungen und der Beziehung zu Gott auf Grundlage seiner unverdienten Gnade. Die meisten Menschen müssen an dieser Stelle ihr Denken geradezu auf den Kopf stellen, um anzuerkennen, dass sie alle Versorgung als ein Geschenk von Gott aus seiner Gnade heraus erhalten, und nicht als etwas, das sie verdient oder erarbeitet haben. Darüber werden wir in einem späteren Abschnitt mehr zu sagen haben.

Gott kann; er hat die Macht, uns überreich zu beschenken. Das sehen wir in 2. Korinther 9,8. Aber er ist nicht dazu gezwungen. Er ist dazu fähig und er tut es, weil er uns liebt, nicht weil er es muss.

Wenn wir Geist und Wahrheit miteinander kombinieren, entwickelt sich unser Glaube weiter. Ebenso, wenn wir auf Gottes Wort hören, darüber nachdenken, ihm gehorchen und die grundlegenden Bausteine in unser Leben einbeziehen.

Wenn wir – um diese Bausteine in unser Leben zu integrieren – alles uns Mögliche tun und dabei Gottes Gnade empfangen, dann wird Gott seinen Teil tun und uns überreich beschenken, so dass wir jederzeit genug haben.

Das folgende Diagramm skizziert das Gleichgewicht zwischen Geist und Wahrheit.

Johannes 4,23-24

Geist	Wahrheit
Glaube *Römer 10,17* Wort GNADE	Glaube *Lukas 17,5-10* Gehorsam BAUSTEINE
Er wird euch dafür alles schenken, was ihr braucht, ja mehr als das. So werdet ihr nicht nur selbst genug haben, sondern auch noch anderen von eurem Überfluss weitergeben können. (2. Korinther 9,8)	**1. Erkennen Sie den Geist des Geldes und weisen Sie ihn zurück.** (Mein Herz gehört Gott allein.) **2. Glauben Sie an Gottes Versorgung.** (Gott ist meine Quelle.) **3. Fangen Sie an, regelmäßig den Zehnten zu geben.** (Geben ist meine Grundhaltung, keine Sonderleistung.) **4. Werden Sie Gottes Verwalter.** (Ich bin Gott gegenüber verantwortlich für die treue Verwaltung seiner Mittel.) **5. Schließen Sie Ihren Kreis.** (Wie viel ist genug?) **6. Nehmen Sie Ihre Schulden in Angriff.** (Ich nehme meine Schulden wahr und gehe richtig damit um.) **7. Werden Sie Finanzminister.** (Ich verwalte meinen Überfluss für Gott.)
Demut	

Wenn Sie das obige Diagramm betrachten, stellen Sie fest, dass wir durch Demut von der Seite der Wahrheit auf die Seite des Geistes zugehen. Wir unterstreichen das, weil einige Menschen Gott als Computer oder Maschine ansehen. Sie richten sich nach den Prinzipien und meinen dann, ein Anrecht darauf zu haben, dass Gott für ihre Bedürfnisse sorgt. Aber Gott ist keine Maschine. Er ist eine Person, und wir sollten eine Beziehung zu ihm haben, die von Demut geprägt ist, so wie die zu anderen Personen auch. Welcher Vater hat schon gerne Kinder, die fordern: Tu dies! Tu das!, wenn sie getan haben, was er von ihnen wollte? Nein, es ist ihm eine Freude, für seine Kinder zu sorgen, dagegen tut es ihm im Herzen weh, wenn seine Kinder fordern, dass er nach ihrer Pfeife tanzt. Gott muss nicht einen unserer Wünsche erfüllen. Er entscheidet sich selbst, uns zu versorgen, weil er uns liebt.

Jesus sagt im Gleichnis in Lukas 17: Selbst wenn wir alles Verlangte getan haben, haben wir trotzdem kein Recht, irgendetwas von Gott einzufordern. Er ist der Meister und wir sind die Diener. Und ein Diener kommt nie zu seinem Meister, um etwas zu fordern, selbst dann nicht, wenn er alles getan hat, was sein Meister ihm aufgetragen hatte. Das heißt: Auch wenn wir uns alle Prinzipien, die auf der Seite der Wahrheit stehen, zu Herzen genommen haben, können wir nur demütig als Diener auf die Seite des Geistes hinübergehen. Wir fordern nichts von Gott, sondern wir empfangen seine Versorgung, die er uns aus Gnade schenkt, und wir verwalten den Überfluss, den er uns zukommen lässt, als seine Verwalter und nicht als Besitzer eines eigenen Guthabens.

Im Verlauf des Buches werden wir uns die sieben grundlegenden Prinzipien näher ansehen, die in dem Diagramm aufgelistet sind. Jedes Mal, wenn wir zu einem neuen Prinzip kommen, werden wir das Diagramm wieder betrachten und uns daran erinnern, immer das Gleichgewicht zwischen Geist und Wahrheit zu halten. Zunächst wollen wir die geistliche Macht hinter dem Geld beleuchten und wie Christen davon beeinflusst werden.

Kapitel 1

Die Macht hinter dem Geld – Der Mammon-Faktor

„Niemand kann zwei Herren gleichzeitig dienen. Wer dem einen richtig dienen will, wird sich um die Wünsche des anderen nicht kümmern können. Er wird sich für den einen einsetzen und den anderen vernachlässigen. Auch ihr könnt nicht gleichzeitig für Gott und das Geld [den Mammon] leben." Matthäus 6,24

Diese rätselhafte Aussage von Jesus, die er vor nahezu 2.000 Jahren machte, war jahrhundertelang eine Quelle von Schuldgefühlen, Kontroversen und Streitigkeiten für diejenigen, die an ihn glauben. Was meinte Jesus, als er sagte: „Ihr könnt nicht zur selben Zeit für Gott und den Mammon leben"? Wer oder was ist dieser ‚Mammon'? Oft wird das Wort so gebraucht, als sei es lediglich ein anderes Wort für Geld. Trifft das zu? Einige deutsche Bibelübersetzungen ersetzen in dem oben zitierten Vers das Wort Mammon durch das Wort Geld. Hat dieses Wort noch eine andere Bedeutung, die wir nicht kennen? Bedeutet der Vers wirklich, dass ich jeden Kontakt mit Geld oder den Besitz von Geld vermeiden sollte, wenn ich Gott dienen möchte? Die meisten Leser des Neuen Testaments stellen sich irgendwann solche Fragen.

Lassen Sie uns damit beginnen, über die Bedeutung der oben zitierten Bibelstelle zu sprechen. Worauf bezieht sich Jesus, wenn er das Wort ‚Mammon' verwendet? Zuerst einmal ist es wichtig festzustellen, dass Jesus den Mammon – was auch immer damit gemeint ist – in direkten Gegensatz zu Gott stellt. Mammon konkurriert mit Gott, beide wollen unseren Dienst. Als Jesus sagte, dass man nicht gleichzeitig Gott und dem Mammon dienen kann, verbot er dies nicht, er stellte vielmehr fest, dass es unmöglich ist, das zu tun. Jesus sagte nicht: „Es wäre falsch zu versuchen, Gott und dem Mammon gleichzeitig zu dienen", sondern vielmehr: „Es ist unmöglich, Gott und dem Mammon gleichzeitig zu dienen". Gott und Mammon sind Gegensätze.

Dem einen zu dienen, schließt kategorisch aus, dass man dem anderen dient. Um Gott wirklich zu dienen, muss man den Mammon zurückweisen und kann nichts mit ihm zu tun haben.

Wenn nun Mammon gleichbedeutend mit Geld ist, dann ist die logische Schlussfolgerung: Wer an Jesus glaubt, darf rein gar nichts mit Geld zu tun haben. In den vergangenen Jahrhunderten und auch noch heute haben manche Christen das so verstanden und sich aufgrund dessen der Armut verschrieben. Sie mieden jeglichen Kontakt mit Geld, um sich dadurch völlig für Gott hinzugeben. Doch auch ein Armutsgelübde befreit uns nicht unbedingt von Habsucht oder der Angst, dass es uns an etwas fehlen könnte. Ich glaube daher kaum, dass Jesus Geld an sich meinte, als er vom Mammon sprach.

Jesus gebrauchte das aramäische Wort ‚Mammon', um damit ein Wesen zu benennen, das in der geistlichen Welt existiert, von Menschen als Gott des Geldes verehrt. Jede Kultur und Religion kennt solch eine Gottheit des Geldes, die sie anbetet. In der Religion der Hindus ist es der Gott Devali. Buddhisten haben mehrere Götter, denen sie Brandopfer in Form von Papiergeld darbringen. Daher kann das Wesen Mammon vielleicht am besten durch Epheser 6,12 erklärt werden. Dort stellt Paulus fest, dass wir nicht mit Menschen aus Fleisch und Blut zu kämpfen haben, sondern gegen Mächte und Gewalten im Unsichtbaren bzw. in der geistlichen Welt. Der Mammon passt in diese Kategorie. Er ist eine Macht im unsichtbaren Bereich, die Menschen veranlasst, das Geld zu lieben und in dieser Welt dafür zu leben. Höchstwahrscheinlich meinte Jesus solch einen Götzen, als er diesen Ausdruck in Matthäus 6 gebrauchte.

Es zieht sich wie ein roter Faden durch die Geschichte Israels, dass sie immer wieder sowohl die Götter der Völker anbeten wollten, in deren Land sie gerade waren, als auch ihren Gott Jahwe. Josua hatte das Volk dazu aufgefordert, nicht beiden zu dienen, den falschen Göttern der Amoriter und Jahwe zusammen, sondern zu wählen, wem sie dienen wollten. Beiden zu dienen wäre die Entscheidung gegen Jahwe (Josua 24,15-28). Ich denke, dass auch Jesus seinen Jüngern hier in Matthäus 6 sagte, dass sie nicht beiden dienen können, dem falschen Gott Mammon und dem Gott Jahwe. Sie mussten sich entscheiden.

Was ist das Wesen dieser falschen Gottheiten, die von verschiedenen kanaanitischen Völkern angebetet wurden? Waren es nur von Menschen gemachte Götzenbilder? Wohl kaum. Wir glauben vielmehr, dass all diese Götzen wirkliche Fürsten in Satans Reich waren. Sie betrogen Menschen und brachten sie dazu, sie anzubeten. So waren Baal, Astarte, Kemosch, Moloch, Dagon, Mammon und andere nicht nur von Menschenhand hergestellte Götzenbilder, sondern dämonische Geister, die von Menschen angebetet wurden. Leben und handeln diese Geister heute noch? Höchstwahrscheinlich ja. Also ist auch der dämonische Geist, der hinter Mammon steht, immer noch wirksam und fordert Verehrung, Einfluss und Macht über das Leben von Menschen. Er will wie damals, dass wir das Geld lieben und ihm vertrauen.

Als Jesus betonte, dass man nicht gleichzeitig Gott und dem Mammon dienen kann, stellte er zwei geistliche Wesen einander gegenüber. Die Worte ‚nicht können' bedeuten nicht, dass es illegal, sondern dass es unmöglich ist. In Wirklichkeit hat Geld keine Macht. Gott hat Macht. Der Geist des Mammon hat Macht. Geld ist machtlos. Daher ist die wahre Macht, die hinter Ihrer finanziellen Versorgung steckt, entweder Gott oder der Geist des Mammons, je nachdem wem Sie dienen wollen. Die meisten Menschen – dies gilt auch für Christen – glauben, dass die wahre Macht im Geld steckt. Wenn Sie aber frei werden wollen von der Jagd nach Geld, müssen Sie verstehen, dass Geld an sich machtlos ist, sonst bleiben Sie dem Einfluss und der Herrschaft des dahintersteckenden Geistes ausgesetzt.

Die Absichten des Mammongeistes

Johannes 4,23-24

Geist	Wahrheit
Glaube *Römer 10,17* Wort GNADE	Glaube *Lukas 17,5-10* Gehorsam BAUSTEINE
Er wird euch dafür alles schenken, was ihr braucht, ja mehr als das. So werdet ihr nicht nur selbst genug haben, sondern auch noch anderen von eurem Überfluss weitergeben können. **(2. Korinther 9,8)**	1. Erkennen Sie den Geist des Geldes und weisen Sie ihn zurück. (Mein Herz gehört Gott allein.)

Lassen Sie uns über die Ziele dieses dämonischen Wesens mit Namen Mammon nachdenken. Zuerst einmal wissen wir, dass jeder Geist, der im Herrschaftsbereich des Satans arbeitet, sich wünscht, die Herzen der Menschen von Gott zu entfernen. Wir glauben, dass das Hauptziel des Geldgeistes darin besteht, die Anbetung, die Liebe, die Zuneigung, die Loyalität und den Dienst der Menschen für sich zu gewinnen. Der Geldgeist arbeitet mit Angst. Mammon liebt es, wenn wir unser Geld für allmächtig halten. In Matthäus 6,24 und Lukas 16,13 deckt Jesus den Konflikt zwischen Liebe, Loyalität und Dienst für Gott und für den Mammon auf. Das Fazit: Wenn Sie den einen lieben, werden Sie den anderen hassen. Wenn Sie dem einen gegenüber loyal sind, werden Sie den anderen verachten. Und wenn Sie dem einen dienen, werden Sie dem anderen nicht dienen können. So ist es das Ziel des Mammons, Ihre Loyalität, Wertschätzung und Ihren Dienst für sich zu beanspruchen, damit Sie als Folge davon Gott hassen, verachten und ihm nicht dienen. Wie damals, als Josua die Israeliten dazu aufrief: „Entscheidet euch heute, wem ihr gehören wollt!" (Josua 24,15), stellt uns Gott genau die gleiche Frage.

Wie bei allen Dämonen findet der erste Angriff nicht direkt statt, sondern auf versteckte und betrügerische Weise. Wenn der Mammon nämlich direkt zu Christen oder auch zu Nichtchristen käme, seine

Identität verriete und von uns Loyalität, Wertschätzung und Dienst fordern würde, würde er sicher nur wenige Freiwillige finden. Seine hauptsächliche Taktik ist es daher, Menschen unbemerkt zum Dienst zu verführen. Er tut das, indem er Lügen verbreitet, die von vielen Menschen für die Wahrheit gehalten werden. Seine Hauptlüge ist die: Geld ist Macht. Ein Mensch, der viel Geld hat, wird deshalb für mächtig gehalten, ein Mensch mit wenig Geld für ohnmächtig. Der Wert eines Menschen misst sich also an seinem Geld. Dasselbe gilt auch für die Währung eines Landes. Wenn ihr Kurs stabil ist, halten wir diesen Staat für mächtig.

Der Mammon verführt die Menschen dazu, dem Geld einen unverhältnismäßig hohen Wert zuzuschreiben. Wenn die Leute glauben, dass das Geld Macht hat, sind sie versucht, das Geld zu lieben. Diese Liebe zum Geld führt in der Folge zu vielen Arten böser Handlungen.

„Denn alles Böse wächst aus der Habgier. Schon so mancher ist ihr verfallen und hat dadurch seinen Glauben verloren. Wie viel Not und Leid hätte er sich ersparen können!" 1. Timotheus 6,10

Christen, die der Lüge glauben, dass Geld Macht hat, lassen zu, dass ihre Entscheidungen im Leben durch das Geld getroffen werden und nicht durch Gott. Sie fürchten den Mangel an Geld. Bevor sie etwas geben, interessiert sie nur ihr Kontostand und nicht Gottes Meinung. Sie beschäftigen sich viel mit Strategien, die ihr Geld vermehren sollen. Doch die Wahrheit ist: Geld ist machtlos. Es ist nur ein machtloses Material, dem der Geist des Mammons große Macht zuschreibt und durch den der Mammon versucht, das Leben von Menschen zu kontrollieren.

Eine logische Folge dieser Annahme ist folgende weitverbreitete Lüge: Die Quelle meiner Versorgung ist mein Arbeitgeber, mein Ehepartner, meine Geldanlagen oder irgendein anderer Kanal, durch den mir Geld zufließt. Wahr ist vielmehr, dass Gott die Macht hat und dass er die Quelle meiner Versorgung ist. Hier liegt für den Christen ein großes Konfliktpotenzial zwischen Dienst und Liebe. Denn wenn wir dem Geld die Möglichkeit geben, Entscheidungen zu fällen, dann haben wir, ohne es zu merken, dem Mammon Macht gegeben. Gott mag uns beauftragen, an einen bestimmten Ort zu gehen, Geld für eine missionarische Arbeit zu geben oder etwas Bestimmtes zu tun, und wir antworten: Ich kann nicht, denn ich habe nicht genug Geld. In einem solchen Fall ist nicht mehr Gott die Quelle, sondern das Geld. Wenn man Menschen die einfache Frage stellt: Wozu arbeitest du?, werden die meisten sagen: Ich arbeite, um Geld zu verdienen. – Dann ist Geld das Ziel bzw. die eigentliche Quelle von Macht. Doch Geld sollte nie unser Herr sein, sondern vielmehr unser Diener, das ist seine ursprüngliche Aufgabe.

Die Schlüsselfrage lautet: Wer ist meine Quelle? Der Mammon wird ständig versuchen, uns davon zu überzeugen, dass die wahre Macht für das Leben im Geld liegt und dass der Kanal, durch den wir es bekommen, unsere eigentliche Quelle ist. Wenn wir also daran glauben, dass unsere Arbeitgeber, unsere Ehepartner, unsere Geldanlagen oder die Wirtschaft unsere Quellen sind, dann sind wir, ohne es zu merken, ein Sklave des Mammons geworden.

So wird das Verhältnis Diener/Herr auf den Kopf gestellt. Wenn Gott unsere Quelle ist, dann wird das Geld zu unserem Diener und es muss für Gottes Reich arbeiten. Denn ein Sklave muss gehorchen. Wenn das Geld unser Diener ist, dann entscheiden wir, was es für uns tut und wir werden immer wissen, wo es gerade ist. Wenn dagegen das Geld unsere Quelle ist, dann werden wir zum Sklaven des Mammons und werden immer das tun, was unserer Meinung nach notwendig ist, um Geld zu bekommen. Mit anderen Worten: Zweck und Mittel werden vertauscht. Geld sollte richtigerweise ein Mittel sein, mit dem wir Gott dienen, der das Ziel darstellt. Wenn dem Geld aber die Macht gegeben wird, Quelle des Lebens zu sein, dann wird Gott zum Mittel und Christen hoffen, durch ihn zu Geld zu kommen. Das ist der feine Unterschied, der nicht immer leicht zu erkennen ist.

Ich (Craig) war oft in Kirchen und Gemeinden, in denen eine Kollekte erhoben wurde, und oft hatte ich ein ungutes Gefühl bei der Art und Weise, wie das geschah. Über Jahre konnte ich nicht sagen, wo das Problem lag, ich spürte einfach, dass etwas falsch lief. Schließlich konnte ich es identifizieren. Ich stellte fest, dass die Geldsammlung oft eher durch den Geist des Mammons als durch den Geist Gottes beeinflusst worden war. Der Zweck und die Mittel waren vertauscht worden. Statt Geld dazu zu nutzen, Gott zu dienen, wollten Menschen Gott dazu benutzen, um zu Geld zu kommen. Dazu muss ich erklären, wie das Opfer eingesammelt wurde: Zuerst war die Rede von Geldmangel und der vorherrschenden Not vieler Menschen. Als nächstes wurde anhand der Bibel dargestellt, dass Mangel und Armut nicht Gottes Willen entspricht. Dann wurde das biblische Prinzip des Säens und Erntens aus Markus 4 oder anderen Stellen erläutert. Die Person, die das Opfer einsammelte, sagte dann den Gebern, das sei die richtige Art und Weise zu bekommen, was sie brauchten. Sie würden Samen (nämlich Geld) in die Kollekte säen und Gott würde ihnen dann 30-, 60- oder 100-fache Frucht (wieder Geld) zurückgeben. Was ist daran falsch? Gott möchte tatsächlich nicht, dass sein Volk unter Armut und Mangel leidet. Er will es vielmehr versorgen und segnen. So lässt sich das biblische Prinzip des Säens und Erntens auch auf den Umgang mit Geld anwenden. Gott möchte auch finanziellen Samen vervielfachen. Worin also besteht das Problem? Das Problem liegt darin, dass die Beziehungen Herr/Diener und Mittel/Zweck vertauscht sind. Das Geld wird hier zum Ziel schlechthin.

„Sie haben nicht genug Geld? Wir werden Gott und seine Prinzipien nutzen, um Ihnen Geld zu verschaffen. Wenn Sie Geld besitzen, dann ist bei Ihnen alles in Ordnung." Weit gefehlt! Gott ist nicht der Diener, der Ihnen zu Geld verhilft. Geld ist Ihr Diener, um die Herrschaft Gottes auszuweiten. Gott ist Ihr Herr. Sie sind sein Haushalter und dazu berufen, Ihr Geld unter der Leitung Gottes zu verwalten.

Noch einmal: Gott ist der Herr und Geld der Sklave, der dazu dient das Reich Gottes aufzubauen. Wir sollen Geld nutzen, um Gott zu dienen, und nicht Gott benutzen, um Geld zu bekommen. Wenn Gott wirklich meine Quelle ist, dann ist mein Arbeitgeber, meine Geldanlage, mein Konto oder mein Ehepartner nur sein Kanal, durch den er meine momentane Versorgung fließen lässt. Sollte ich also erfahren, dass ich meine Anstellung verliere oder die Wirtschaft auf eine Rezession zusteuert, dann brauche ich keine panische Angst davor zu haben, nun nicht mehr versorgt zu werden, denn Gott, meine Quelle, ist immer noch derselbe. Er verändert lediglich den Kanal, durch den er mich versorgt. Es gilt also festzuhalten: Gott hat Macht und der Mammon hat Macht, aber Geld an sich hat keine Macht. Das Geld wird entweder mein Diener oder mein Herr sein, je nachdem, ob ich Gott oder dem Mammon diene. Während der 19 Jahre, die ich für IBM arbeitete, musste ich (Earl) lernen, dass IBM nicht meine Quelle ist. Ich konnte nicht zwei Herren dienen (bei beiden angestellt sein). Ich musste sehen, dass Gott meine Quelle (mein Arbeitgeber) war. Er hatte mich dazu abgeordnet, meine Zeit IBM zur Verfügung zu stellen und IBM angewiesen, mein Gehalt zu zahlen. Was für eine beruhigende Perspektive! Als ich später aufhörte, bei IBM zu arbeiten, war Gott immer noch meine Quelle und er fand andere Wege und Kanäle, um mich mit Geld zu versorgen.

An dieser Stelle möchten Sie vielleicht über Ihre eigene Situation nachdenken. Wir leben in einer Zeit, in der viele Menschen „von der Arbeit freigestellt" also entlassen werden, weil Firmen Personal einsparen und Ausgaben minimieren wollen. Der Mammon will, dass diese Menschen in Angst und Sorge leben. Wenn aber die Frage des Arbeitgebers geklärt ist, also wenn Gott Ihr Arbeitgeber ist, dann hat diese Angst und Sorge keinen Raum in Ihrem Leben. Der Glaube daran, dass Gott Ihre Quelle ist, und der Wunsch, Gottes Willen für Ihre nächste Anstellung herauszufinden, ist der richtige Weg.

Der Mammon kontrolliert aber nicht nur ärmere Menschen. Er beherrscht auch das Leben zahlreicher Menschen, die viel Geld angehäuft haben. Ihr Geld ist Mittelpunkt und Quelle ihres Leben und sie werden alle Anstrengungen unternehmen, um es zu schützen und zu vermehren. So fesselt der Mammon die Reichen mit der Angst, das zu verlieren, was sie besitzen, und die Armen mit der Angst, nicht ausreichend versorgt zu werden.

„Herr, ich bitte dich um zweierlei, erfülle mir doch diese Bitten, solange ich lebe: Bewahre mich davor, zu lügen und zu betrügen, und lass mich weder arm noch reich sein! Gib mir nur so viel, wie ich zum Leben brauche! Denn wenn ich zu viel besitze, bestreite ich vielleicht, dass ich dich brauche, und frage: Wer ist denn schon der Herr? Wenn ich aber zu arm bin, werde ich vielleicht zum Dieb und bereite dir, meinem Gott, damit Schande!" Sprüche 30,7-9

Der Mammon verbündet sich mit der Ungerechtigkeit

Das folgende Beispiel aus der Bibel zeigt uns den Mammon als Triebkraft im Leben von Christen und Nichtchristen. Dazu sucht er sich oftmals einen Lebensbereich aus, in dem bereits eine Form von Ungerechtigkeit herrscht, und verbündet sich damit. In dem Fall kann der Betrug dieses Geistes schwerwiegender und weitreichender sein, als das sonst möglich wäre.
Lassen Sie uns ein deutliches Beispiel aus der Bibel betrachten, in dem der Einfluss dieses Geistes in Verbindung mit Ungerechtigkeit beschrieben wird.

„In Samaria lebte auch Simon, ein Mann, der seit vielen Jahren Zauberei getrieben und durch seine Künste viele in Erstaunen versetzt hatte. Er behauptete, etwas Besonderes zu sein. Alle Leute, die seine Zauberei miterlebt hatten, waren seine begeisterten Anhänger und sagten: In diesem Mann wirkt Gottes große Kraft! Sie standen ganz in seinem Bann, weil er sie jahrelang mit seinen Zauberkünsten beeinflusst hatte. Aber nun glaubten viele an die rettende Botschaft von Gottes neuer Welt und von Jesus Christus, wie Philippus es ihnen verkündet hatte. Männer und Frauen ließen sich taufen, unter ihnen auch der Zauberer Simon. Nach seiner Taufe begleitete er Philippus überallhin und sah dabei voller Staunen die großen Zeichen und Wunder, die geschahen."
Apostelgeschichte 8,9-13

Wir sehen hier, dass Simon anfing, an Jesus zu glauben und getauft wurde. Es war sein Wunsch, Jesus zu folgen, als er mit Philippus unterwegs war. Dann kam die entscheidende Prüfung. In den Versen 14 bis 17 lesen wir, dass Petrus und Johannes aus Jerusalem kamen. Sie beteten für die Menschen, die zum Glauben gekommen waren und sich hatten taufen lassen, und legten ihnen die Hände auf, damit sie den Heiligen Geist empfingen.

„Simon hatte gesehen, dass den Gläubigen der Heilige Geist gegeben wurde, als die Apostel ihnen die Hände auflegten. Da bot er Petrus und Johannes Geld an und sagte: Verhelft auch mir dazu, dass jeder, dem ich die Hände auflege, den Heiligen Geist bekommt.

Doch Petrus wies ihn zurecht: Fahr zur Hölle mit deinem Geld! Denkst du wirklich, dass man Gottes Geschenk kaufen kann? Für dich gibt es Gottes Gaben nicht, denn du bist ihm gegenüber nicht aufrichtig." Apostelgeschichte 8,18-21

Petrus stellt Simon zur Rede, weil sein Herz vom Geist des Mammons beeinflusst wird. Dies ist ein Kampf zwischen zwei Herrschaftsbereichen. Der Mammon möchte durch Geld, durch Kaufen und Verkaufen Kontrolle, Macht und Autorität ausüben, während Gottes Herrschaft durch Geben und Empfangen wirkt. Petrus erfasst das Problem sofort. Simon glaubt und ist getauft worden, aber irgendetwas stimmt nicht mit seinem Herzen. Als er zum Glauben kam, hat sich an seiner Einstellung dem Geld gegenüber nichts geändert, und so konnte der Mammon seine Gefühle und Entscheidungen bestimmen. Sobald es ums Geld geht, schwappen oft die Gefühle über.

Haben Sie schon einmal festgestellt, dass in manchen Familien bei Diskussionen ums Geld oder speziell wenn es um das Testament eines Verstorbenen geht, die Beteiligten gefühlsmäßig äußerst angespannt sind und es regelmäßig zu Gefühlsausbrüchen kommt? Der Mammon kontrolliert in solchen Situationen die Herzen der Menschen durch ihre Gefühle.

„Bereu deine Bosheit, und kehr um zu Gott. Bitte ihn, dass er dir diese abscheulichen Gedanken vergibt. Denn ich sehe, dass du voller Gift und Galle bist. Du bist in deiner Schuld gefangen." Apostelgeschichte 8,22-23

Petrus bekam von Gott Einsicht geschenkt und konnte deshalb behaupten, dass Simons Herz voller Bitterkeit war. Bitterkeit ist ein emotionaler Zustand. Als Petrus also feststellte, dass Simons Herz in Gottes Augen falsch war, sagte er damit nicht, dass dieser nicht zum Glauben gekommen war, sondern dass es Dinge in seinem Herzen und in seinen Gefühlen gab, die angesprochen werden mussten. Vielleicht fragen Sie sich beim Lesen dieses Textes: Was hat all das mit der einfachen Frage zu tun, was es kosten würde, diese Kraft zu kaufen? Simon hatte offensichtlich schon vorher Zauberkünste (käuflich) erworben und sein Repertoire der magischen Künste so erweitert. Die Bibel bezeichnet ihn daher als "verstrickt in Ungerechtigkeit" (Vers 23 nach der Lutherübersetzung). Andere Übersetzungen schreiben: „voll Bosheit", „ganz ins Böse verstrickt", „in Banden der Ungerechtigkeit". Das griechische Wort, das hier steht, bezeichnet die Ungerechtigkeit im Gegensatz zur Gerechtigkeit. Letztere ist eine Qualität, die sich unter der Herrschaft Gottes entfaltet („Gerechtigkeit, Friede und Freude im Heiligen Geist", Römer 14,17). Das griechische Wort für Ungerechtigkeit bedeutet außerdem Bosheit, Gesetzlosigkeit, Rebellion und Gesetzesübertretung. In 2. Thessalonicher 2,7 sieht man „wie sich die Mächte des Bösen regen".

„Seit ich dich geschaffen habe, hast du getan, was gut und richtig ist, doch nun bist du schuldig geworden." Hesekiel 28,15

Die meisten Ausleger glauben, dass sich diese Aussage auf Luzifer bezieht, und zwar vor seinem Fall, als er noch im Himmel war. Als nun Satan im Garten Eden erschien und Eva versuchte, war die Folge dieses Sündenfalls mehr als nur ein einmaliges Sündigen. Die Ungerechtigkeit übertrug sich vielmehr auf die ganze Menschheit, die Ungerechtigkeit des Satans selbst. Sie ist eine Triebkraft, die Menschen dazu bewegt, Gott nicht zu gehorchen und das Leben ohne Gott zu wählen. Diese vorsätzliche Ungerechtigkeit sehen wir im Keim schon bei den ersten Rebellionen kleiner Kinder.

Es gibt also einen Unterschied zwischen Ungerechtigkeit und Sünde. Diesen Unterschied müssen wir kennen, dann können wir auch sehen, dass die Neigung zu bestimmten Sünden von einer Generation an die nächste weitergegeben werden kann und zwar bis zur vierten Generation.

„Wirf dich nicht vor solchen Götterfiguren nieder, bring ihnen keine Opfer dar! Denn ich bin der Herr, dein Gott. Ich dulde keinen neben mir! Wer mich verachtet, den werde ich bestrafen. Sogar seine Kinder, Enkel und Urenkel werden die Folgen spüren! Doch denen, die mich lieben und sich an meine Gebote halten, bin ich gnädig. Sie und ihre Nachkommen werden meine Liebe erfahren über Tausende von Generationen." 5. Mose 5,9-10

(Vergleichbare Aussagen finden Sie auch in 2. Mose 34,7b und 4. Mose 14,18b.)

Um es noch einmal zu betonen: Wir sprechen hier von Ungerechtigkeit, nicht von Sünde. Jeder von uns ist für seine eigene Sünde verantwortlich, doch was an uns weitergegeben wurde, ist die Neigung, der Hang dazu, diese Triebkraft in jedem, die uns bis zu dem Punkt beeinflusst, wo wir eine bestimmte Sünde begehen. Es ist ein Zwang oder eine Sucht.

Deutlich wird dies bei Familien, wo die Dinge, die Gott hasst, wie Ehescheidung oder Alkoholismus, in jeder Generation wieder im Stammbaum auftauchen. Die Ungerechtigkeit wurde von Generation zu Generation weitergegeben und sie wurde nie behandelt. Sehr häufig ist die Ungerechtigkeit die Triebkraft, die ganze Familien wie unter einem Fluch stehen lässt, der sich in stofflichen Abhängigkeiten, sexueller Unmoral, Geisteskrankheiten, Selbstmordneigung, unkontrollierbarem Zorn und Süchten aller Art äußern kann. Wer also die Ungerechtigkeit nie angeht, kann zu einem „Täter der Ungerechtigkeit", „Gesetzlosen" oder „Übeltäter" werden, wie Jesus es nannte.

„Und dann werde ich ihnen bezeugen: Ich habe euch nie gekannt; weicht von mir, ihr Gesetzlosen." Matthäus 7,23; Schlachterübersetzung

Auch in den Psalmen ist oft die Rede von solchen Übeltätern: *„Bring mich nicht um wie die Gottlosen! Soll es mir so gehen wie denen, die nur Böses im Schilde führen? Mit ihren Mitmenschen reden sie freundlich, aber im Herzen schmieden sie finstere Pläne." Psalm 28,3*

„Der Gottlose wird durch und durch von der Sünde beherrscht; vor Gott hat er keine Ehrfurcht. Er bildet sich etwas darauf ein, Unrecht zu tun und andere zu hassen. Da! Sie stürzen zu Boden und sind unfähig, wieder aufzustehen!" Psalm 36,2-3.13

Ein Übeltäter ist ein Mensch, der weiß, dass es eine Triebkraft zum Bösen in seinem Leben gibt und der nicht bereit ist, etwas daran zu ändern. Er oder sie widersteht Autoritäten und niemandem ist es erlaubt, in sein oder ihr Leben hineinzureden. Dies kann mit der Angst zu tun haben, das Gesicht zu verlieren oder den Dienst für Gott. Aber wenn man nicht gegen diese Triebkraft angeht, steht man vor den Konsequenzen, wie sie bei Hesekiel beschrieben werden:

„Darum sage ich, der Herr: Ich gehe mit euch ins Gericht, ihr vom Volk Israel; ich spreche jedem Einzelnen das Urteil, das er verdient hat. Kehrt um, wendet euch ab von allem Unrecht, das ihr getan habt, damit ihr euch nicht weiter in Schuld verstrickt!" Hesekiel 18,30

Beispiele dafür finden wir im Leben vieler Männer und Frauen, die mit den richtigen Motiven anfingen, aber deren Ungerechtigkeit sie zu Fall gebracht hat.

„Hätte ich Böses im Sinn gehabt, dann hätte der Herr mich nicht erhört." Psalm 66,18

Was hat all das mit dem Thema Mammon und Geld zu tun? Jesus selbst bringt in Lukas 16 den Mammon mit der Ungerechtigkeit in Verbindung.

„Wenn ihr nun mit dem ungerechten Mammon nicht treu seid, wer wird euch das wahre Gut anvertrauen?" Lukas 16,11; Lutherübersetzung

In dieser Passage wird der Mammon von Jesus als ungerecht beschrieben. Dass dies so ist, hilft zu verstehen, warum die Geldliebe eine Triebkraft im Leben vieler Menschen ist. Sie werden nämlich nicht nur von außen durch einen dämonischen Geist beeinflusst, sondern darüber hinaus noch von dieser Triebkraft in ihnen selbst. Menschen morden, stehlen und zerstören andere Menschen und deren Besitz und Wohlstand um des Geldes willen. Es gibt diese verzehrende, antreibende Kraft in allen Kulturen und Völkern der Erde und sie wird durch die Ungerechtigkeit bewirkt. Armut kann wie ein Erbfluch auf einer Person liegen. Sie hängt zusammen mit Ungerechtigkeit und kann innerhalb einer Familie von Generation zu Generation weitergegeben werden. Sie hält Menschen gefangen und verhindert ihre Versorgung mit Geld, bis diese sich mit dem Fluch befassen, umdenken und die Vergebung durch Jesus Christus annehmen.

Lassen Sie uns einige andere Aspekte der Ungerechtigkeit betrachten, um unser Verständnis dafür zu erweitern. Zum Beispiel ihren Einfluss auf das Leben von Bileam.

„Den richtigen Weg haben sie verlassen und gehen in die Irre; genauso wie Bileam, der Sohn Beors. Er war bereit, für Geld

Unrecht zu tun. Aber Bileam wurde von seinem Unrecht überführt. Ein Esel war es, der mit menschlicher Stimme zu ihm sprach und den Propheten hinderte, sein wahnwitziges Unternehmen auszuführen." 2. Petrus 2,15-16

Hier wird uns von Bileams Ungerechtigkeit berichtet. Wenn wir uns die ganze Geschichte in 4. Mose 22 anschauen, sehen wir, dass die Liebe zum Geld eine große Rolle in seinem Leben spielte und er dafür bezahlt wurde, einen Fluch über das Volk Israel auszusprechen. Petrus gebraucht dafür das Wort ‚Unrecht, Ungerechtigkeit' und zeigt damit, welche Triebkraft eigentlich hinter Bileams Handeln stand.

„Ihr habt Lämmer als Opfer verbrannt – doch waren sie wirklich für mich bestimmt? Habt ihr mich geehrt mit euren Opferfesten? Habt ihr für mich Geld ausgegeben, um Gewürze für das Salböl zu kaufen? Und wie war es mit den besten Teilen der Opfertiere, mit dem Fett? Mich habt ihr nicht damit erfreut! Ich wollte nicht, dass die Opfer eine Last für euch sind. War es etwa zu schwer für euch, Weihrauch für mich zu verbrennen? Nein, ihr habt es nicht euch schwer gemacht, sondern mir, und zwar mit euren Sünden! Mit eurer Schuld habt ihr mir zu schaffen gemacht." Jesaja 43,23-24

Gott möchte, dass wir aktiv werden und uns mit unserem Verhalten beschäftigen, das von Ungerechtigkeit beeinflusst wird und das wir bis jetzt nicht in den Griff bekommen haben. Wenn wir solche Verhaltensmuster oder Triebkräfte in unserem Leben entdecken, dann ist es wichtig, zu Gott zu kommen, damit er die Wurzeln dieser Ungerechtigkeit aufdeckt und uns dabei hilft, unser Denken an dieser Stelle zu ändern. In Apostelgeschichte 8,23 sagte Petrus zu Simon, dem Zauberer, dass seine Ungerechtigkeit in seiner Bitterkeit bestand. Die Ungerechtigkeit in unserem Leben mag sich anders äußern und ihre Wurzel in einem anderen Lebensbereich haben. Unter anderem kann sie sich wie bei Simon in der Liebe zum Geld zeigen und darin, Macht über das Leben anderer Menschen kaufen zu wollen.

Wir sind dankbar, dass Gott uns zeigt, wie wir mit Ungerechtigkeit umgehen sollen. In Jesaja 53 wird darüber hinaus deutlich, wie

Gott mit unserer Ungerechtigkeit umgeht und was er uns in seinem Sohn alles geschenkt hat. Denn Jesus Christus starb sowohl für unsere einzelnen Übertretungen oder Sünden als auch für unsere allgemeine Haltung der Ungerechtigkeit.

„Doch er wurde blutig geschlagen, weil wir Gott die Treue gebrochen hatten; wegen unserer Sünden wurde er durchbohrt. Er wurde für uns bestraft – und wir? Wir haben nun Frieden mit Gott! Durch seine Wunden sind wir geheilt." Jesaja 53,5

Hier wird Gottes Heilmittel beschrieben, doch wie erfolgt die Ansteckung? Wie können wir uns vor dem Einfluss der Ungerechtigkeit in unserem Leben schützen? Jakobus zeigt uns einen möglichen Ansteckungsweg:

„Genauso ist es mit unserer Zunge. So klein sie auch ist, so groß ist ihre Wirkung! Ein kleiner Funke setzt einen ganzen Wald in Brand. Mit einem solchen Feuer lässt sich auch die Zunge vergleichen. Sie kann eine ganze Welt voller Ungerechtigkeit und Bosheit sein. Sie vergiftet uns und unser Leben, sie steckt unsere ganze Umgebung in Brand, und sie selbst ist vom Feuer der Hölle entzündet." Jakobus 3,5-6

Die Zunge ist der hauptsächliche Überträger von Ungerechtigkeit. Worte, die aus der Quelle der Ungerechtigkeit fließen, verursachen nicht nur oberflächliche Wunden, sondern dringen tief in die Gefühle eines Menschen ein und wirken dort weiter. Die Ungerechtigkeit ist wie Galle oder ein Gift, das Bitterkeit nach sich zieht oder andere Sünden wie im Fall von Simon. Ungerechtigkeit ist wie ein Klebstoff, der alles, was mit ihr zu tun hat, anzieht und festhält.

„Denn ich sehe, dass du voller Gift und Galle bist. Du bist in deiner Schuld gefangen." Apostelgeschichte 8,23

Der Geist des Mammons (ein dämonisches Wesen voller Ungerechtigkeit) hatte also die Möglichkeit, Simons Gefühle durch dessen Bitterkeit zu beeinflussen. Der Geist konnte ihn täuschen und zwar durch die Liebe zum Geld und durch die Lüge, dass er durch Geld etwas aus seinem Leben machen könnte.

Das Gegenmittel gegen die Ungerechtigkeit wird im ersten Johannesbrief beschrieben.

"Wenn wir aber unsere Sünden bekennen, dann erfüllt Gott seine Zusage treu und gerecht: Er wird unsere Sünden vergeben und uns von allem Bösen reinigen." 1. Johannes 1,9

Johannes sagt uns hier, dass es eine Reinigung und Befreiung von allem Bösen, also von aller Ungerechtigkeit gibt. Das, wodurch wir gereinigt werden können, ist das Blut Jesu, sein stellvertretendes Opfer für uns. Doch wie jedes Heilmittel muss es auch angewendet werden. Das konkrete Bekennen unserer Sünden ist nötig, um Vergebung dafür zu empfangen. Petrus forderte Simon auf, von seinen verkehrten Wegen umzukehren und sein Denken verändern und erneuern zu lassen, also Buße zu tun. Er sollte nicht länger ein Übeltäter sein, sondern sich mit der Ungerechtigkeit in seinem Leben auseinandersetzen. Dies gilt genauso für den Geist des Geldes und die Ungerechtigkeit, die es ihm gestattet, unsere Gefühle in Beschlag zu nehmen. Die Angst vor mangelnder Versorgung, die Liebe zum Geld, der Dienst am Geld und all die Bindungen, die durch Geldliebe entstehen, müssen erkannt, bekannt und von Gott vergeben werden. Wir brauchen das Blut Jesu, damit wirkliche Umkehr geschehen kann und unsere aus Liebe zum Geld entstandenen Sünden bekannt und vergeben werden. Als Folge davon erfahren wir wahre Freiheit vom Geist des Mammons, der uns sonst bindet.

Um unsere Freiheit von der Liebe zum Geld auch leben zu können, muss die Gerechtigkeit Gottes in unser Leben kommen und unsere eigene Ungerechtigkeit aufheben. Davon spricht der Apostel Paulus in Römer 6.

"Nichts, keinen einzigen Teil eures Körpers sollt ihr der Sünde als Werkzeug für das Böse zur Verfügung stellen. Dient vielmehr Gott mit allem, was ihr seid und habt. Weil ihr mit Christus gestorben seid und er euch neues Leben schenkte, sollt ihr jetzt Werkzeuge in Gottes Hand sein, damit er euch für seine Ziele einsetzen kann. ... Denn nachdem ihr von der Herrschaft der Sünde wirklich frei geworden seid, könnt ihr jetzt Gott dienen und das tun, was ihm gefällt. Weil ihr das so schwer verstehen könnt, will ich es euch an einem bekannten Beispiel deutlich machen, dem Sklavendienst: Früher habt ihr der Zügellosigkeit

und dem Unrecht wie Sklaven gedient. Jetzt aber sollt ihr uneingeschränkt Gott dienen; lebt so, wie es ihm gefällt, denn ihr gehört zu ihm!" Römer 6,13.18-19

Gerechtigkeit ist das Gegenteil von Ungerechtigkeit. Das Wort Gottes ermutigt uns immer wieder zur Gerechtigkeit.

„Wisst ihr nicht, dass ihr dem Herrn gehorchen müsst, dem ihr euch verpflichtet habt? Und das heißt: Entweder entscheidet ihr euch für die Sünde und werdet ihr sterben, oder ihr hört auf Gott, und er wird euch annehmen." Römer 6,16

Wenn wir uns Gott unterordnen und seinem Wort gehorchen, führt uns das zur Gerechtigkeit und hält uns fern von der Ungerechtigkeit.

„Wo bisher die Sünde über alle Menschen herrschte und ihnen den Tod brachte, dort herrscht jetzt Gottes Gnade. Gott spricht uns von unserer Schuld frei und schenkt uns ewiges Leben durch Jesus Christus, unseren Herrn." Römer 5,21

Gott beruft uns dazu, in seiner Gnade zu handeln. Diese Gnade herrscht und sie hat Autorität durch ihre Gerechtigkeit. So beruft Gott auch uns dazu zu regieren.

„Hat aber der Ungehorsam eines einzigen Menschen zur Herrschaft des Todes geführt, um wie viel mehr werden dann alle, die Gottes überreiche Barmherzigkeit und seine Vergebung erfahren haben, durch Jesus Christus leben und einmal mit ihm herrschen." Römer 5,17

Unser Regieren mit Jesus und die Tatsache, dass wir Autorität, Herrschaft und Macht haben, kommt aus der Gerechtigkeit, die Gott besitzt, und aus seiner überströmenden Gnade. All das hat Gott uns geschenkt, um uns dauerhaft von der Ungerechtigkeit zu befreien. Wenn wir in den Spiegel schauen, dann sehen wir Gerechtigkeit – seine Gerechtigkeit. Wir müssen unser Augenmerk auf diese Gerechtigkeit richten, die wir durch Jesus Christus haben, und nicht auf unsere eigene Ungerechtigkeit. Paulus drückt das im 2. Korintherbrief folgendermaßen aus.

„Denn Gott hat Christus, der ohne jede Sünde war, mit all unserer Schuld beladen und verurteilt, damit wir freigesprochen sind und Menschen werden, die Gott gefallen." 2. Korinther 5,21

„Von den Engeln heißt es in der Heiligen Schrift: Gottes Engel sind Boten, die schnell sind wie der Wind, und seine Diener sind wie die Flammen eines Feuers. Von dem Sohn aber heißt es: Gott, deine Herrschaft bleibt immer und ewig bestehen. In deinem Reich herrscht die Gerechtigkeit. Denn du liebst das Recht und hasst das Unrecht. Darum hat dich dein Gott als Herrscher eingesetzt und mehr als alle anderen mit Freude beschenkt." Hebräer 1,7-9

„Und ist er [der Heilige Geist] erst gekommen, wird er den Menschen die Augen für ihre Sünde öffnen, für Gottes Gerechtigkeit und sein Gericht. Ihre Sünde ist, dass sie nicht an mich glauben. Gottes Gerechtigkeit zeigt sich darin, dass er sich zu mir bekennt und ich zum Vater gehe, wenn ihr mich dann auch nicht mehr sehen werdet. Und Gottes Gericht werden die Menschen daran erkennen, dass der Teufel, der Herrscher dieser Welt, bereits verurteilt ist."
Johannes 16,8-11

Die meisten Christen denken, dass uns der Heilige Geist aus folgendem Grund gegeben wird: Er will uns all das zeigen, was wir falsch machen (Sünde), uns beweisen, dass Gott zornig auf uns ist, weil er gerecht ist (Gerechtigkeit). Deshalb wird uns Gott verurteilen, wenn wir nicht aufhören zu sündigen (Gericht). Nein! Das ist das glatte Gegenteil von dem, was Jesus wirklich in der Bibel sagt.

Nach den Worten von Jesus ist der Heilige Geist gekommen, um uns überall, wo wir nicht auf Gott vertrauen, deutlich zu machen: Jesus ist unsere Gerechtigkeit. Satan ist schon gerichtet und hat deshalb keine Macht mehr in unserem Leben. Die einzige Sünde, die uns der Heilige Geist zeigt, ist die, dass wir Jesus nicht wirklich umfassend vertrauen. Wenn Ungerechtigkeit im Leben eines Christen herrscht, dann baut und vertraut er in diesem Augenblick nicht völlig auf Jesus. Viele setzen in einer solchen Situation ihre eigene Entschlossenheit und Willenskraft ein, um diese Ungerechtigkeit aus ihrem Leben zu verbannen. Genau dann wird der Heilige Geist aktiv und zeigt uns, dass wir es mit unserer eigenen Willensanstrengung nicht schaffen, Ungerechtigkeit aus unserem Leben zu vertreiben. Er macht uns klar, dass nur das stellvertretende Opfer von Jesus und nicht unsere eigenen Anstrengungen uns befreien können.

Der Heilige Geist versucht nicht, uns die Dinge zu sagen, die wir falsch gemacht haben. Das tut unser eigenes Gewissen ständig. Er überzeugt uns vielmehr davon, dass wir durch Jesus schon gerecht vor Gott stehen. Wie bereits gesagt, ist er nicht gekommen, um uns zu erklären, dass wir gerichtet werden, wenn wir nicht aufhören zu sündigen, sondern dass der Herrscher dieser Welt, Satan, bereits gerichtet ist. Der Heilige Geist hilft uns, die Gerechtigkeit anzunehmen, die Jesus für uns erworben hat, und jeden Tag darin zu leben.

„Sorgt euch vor allem um Gottes neue Welt, und lebt nach Gottes Willen! Dann wird er euch mit allem anderen versorgen."
Matthäus 6,33

Hier wird eine doppelte Betonung auf die Gerechtigkeit Gottes gelegt. In Römer 14,17 wird die Herrschaft Gottes als Gerechtigkeit, Friede und Freude im Heiligen Geist definiert. Das heißt, man könnte Matthäus 6,33 auch folgendermaßen lesen: „Euch aber muss es zuerst um die Gerechtigkeit, den Frieden und die Freude im Heiligen Geist und die Gerechtigkeit gehen." Wir glauben, dass diese doppelte Betonung uns daran erinnern soll, dass das Gegenteil von Ungerechtigkeit und Übeltaten die Gerechtigkeit ist, die von Gott kommt und die wir durch Jesus Christus besitzen. Wir ermutigen Sie, über dieses Thema der Gerechtigkeit nachzudenken, denn so wird Ihr Denken von der Gerechtigkeit Gottes geprägt. In Apostelgeschichte 8 sehen wir Simon, der sich unbedingt mit der Ungerechtigkeit in seinem Leben befassen musste, obwohl er zum Glauben gekommen und getauft worden war. Doch er war bestimmt von der Liebe zum Geld und zu dem, was er sich damit kaufen konnte. Jesus will uns von Ungerechtigkeit befreien, so dass der Mammon keine Gelegenheit hat, sich in unseren Gefühlen einzunisten und uns in Geldliebe zu verstricken.

Zusammengefasst können wir sagen: Der Mammon möchte erreichen, dass Menschen dem Geld Macht in ihrem Leben einräumen, es soll heilig gehalten und zur Quelle des eigenen Wohlbefindens werden. Die Menschen werden dann das Geld mehr lieben als Gott und sie werden eher in der Furcht vor Geldmangel leben, als in Ehrfurcht vor Gott.

Es gilt: Wenn Gott Ihre Quelle ist, dann wird das Geld zu Ihrem Diener, mit dessen Hilfe Sie die Herrschaft Gottes ausdehnen. Andererseits, wenn Geld Ihre Quelle ist, wird Gott nicht Ihr Diener sein, um Ihnen Geld zu verschaffen. Solange Sie nicht erkennen, wie ohnmächtig Geld an sich ist, werden Sie nicht frei vom Jagen danach!

Lassen Sie uns nun Anzeichen betrachten, die den Einfluss des Mammons in unserem Leben deutlich machen. Wir erkennen dadurch, wo der Feind möglicherweise mit der Liebe zum Geld einen Zugang auch zu unseren Gefühlen finden kann.

Zehn Symptome für den Einfluss des Mammons

Die meisten Menschen nehmen den Einfluss, den der Mammon auf ihr Leben hat, nicht wahr. Wir listen hier zehn Merkmale auf, die wir im Leben von Menschen beobachtet haben und die zeigen, auf welche Weise der Mammon wirkt. Den Einfluss des Mammons zu erkennen, ist der erste Schritt auf dem Weg zur Befreiung.

1. Angst und Sorge in Bezug auf das Geld – „Werde ich genug zum Leben haben?"

Viele Menschen leben in großer Angst wegen des Geldes. Reiche befürchten, ihr Geld zu verlieren, und Arme, nicht genug Geld zum Leben zu haben. In beiden Fällen bestimmen Angst und Sorge die Gefühle. Im Buch der Sprüche finden wir folgende Aussage:

„Herr, ich bitte dich um zweierlei, erfülle mir doch diese Bitten, solange ich lebe: Bewahre mich davor, zu lügen und zu betrügen, und lass mich weder arm noch reich sein! Gib mir nur so viel, wie ich zum Leben brauche! Denn wenn ich zu viel besitze, bestreite ich vielleicht, dass ich dich brauche, und frage: Wer ist denn schon der Herr? Wenn ich aber zu arm bin, werde ich vielleicht zum Dieb und bereite dir, meinem Gott, damit Schande!" Sprüche 30,7-9

Das feste Vertrauen auf Gottes Versorgung befreit uns davon, dass wir uns auf Geld als Quelle konzentrieren und uns deshalb Sorgen über das Geld machen. Als Menschen, die von ihren Geldängsten befreit wurden, entwickeln wir drei charakteristische Einstellungen:

A. Was ich besitze, habe ich als ein Geschenk von Gott erhalten. Ich bin lediglich ein Haushalter dessen, was Gott mir anvertraut hat. Meine Bedürfnisse werden von Gott gestillt und nicht durch meine eigenen Anstrengungen. Ich brauche mich nicht um Geld zu sorgen, denn alles, was mir zur Verfügung steht, habe ich von meinem Vater im Himmel erhalten, der mich liebt. Dies befreit mich von Furcht und Angst.

B. Gott kümmert sich um meinen Besitz. Weil alles, was ich habe, ein Geschenk Gottes ist, kann ich ihm erlauben, diesen Besitz zurückzuhalten, denn ich bin nur ein Verwalter seiner Mittel. Wenn z.B. etwas gestohlen oder beschädigt wird, dann wird Gott es ersetzen, wenn er will, dass ich es weiterhin zur Verfügung habe. Ich kann also frei von aller Angst sein und davon ausgehen, dass Gott sich um meinen (seinen!) Besitz kümmert.

C. Was ich habe, das stelle ich auch anderen zur Verfügung. Nichts, was ich habe, ist wirklich mein Eigentum, und ich bin lediglich ein Verwalter von Gottes Mitteln. So kann ich Besitz und Ressourcen anderen so zur Verfügung stellen, wie Gott mich führt, ohne die Furcht davor, dass etwas verloren geht oder beschädigt wird. Als guter Haushalter werde ich anderen allerdings weitergeben, wie sie Dinge angemessen behandeln und so selbst gute Haushalter sein können.

„Die Leiden des Reichseins". Unter dieser Überschrift fand sich im *Time Magazine* vom 29. Februar 1988 ein Artikel, der die wachsende Angst von immer mehr reichen Menschen zum Thema hatte. Ihr Leiden wird ‚Krankheit des Reichtums' genannt. Psychologen fangen an zu begreifen, dass großer Reichtum oft mit einer Menge an emotionalen und psychischen Ängsten verbunden ist, die Menschen regelrecht zu Krüppeln werden lassen. In dem Artikel ist weiter zu lesen, dass Familien, in denen seit einigen Generationen großer Wohlstand vorhanden ist, oft von einer chronischen und um sich greifenden Angst beherrscht werden. Sie fürchten, diesen Reichtum zu verlieren, der der ganzen Familie eine gewisse Identität gibt.

In Matthäus 6,25-34 forderte Jesus seine Zuhörer fünf Mal auf, sich keine Sorgen um die eigene Versorgung zu machen und keine Angst vor Mangel zu haben. In Vers 33 sagt er:

„Sorgt euch vor allem um Gottes neue Welt, und lebt nach Gottes Willen! Dann wird er euch mit allem anderen versorgen." Matthäus 6,33

Es geht um unsere Blickrichtung. Wenn wir Gott „zuerst suchen", lenkt das unser Herz und unsere Sinne in seine Richtung. Wir suchen dann Gott und seinen Willen in jeder Angelegenheit. Dann haben wir mit Sicherheit keine Sorgen und Ängste in Bezug auf Finanzen. Diese Aussage der Bibel enthält übrigens eine Art Lügendetektor. Wenn ich Menschen frage: Geht es Ihnen zuerst um Gottes Reich und seine Gerechtigkeit?, antworten viele: O ja, selbstverständlich, natürlich! Aber wenn ich dann weiter mit ihnen spreche, fangen viele an, von ihren Sorgen und Ängsten wegen des Geldes zu reden. Was sie sagen, zeigt, was wirklich in ihren Herzen ist, dass es ihnen eben nicht zuerst um Gottes Herrschaft geht. Echtes Suchen lenkt unseren Blick in eine Richtung. Wenn diese Richtung Gott und seine Herrschaft ist, dann bin ich „besetzt" und kann nicht gleichzeitig meine Sorgen pflegen.

2. Misswirtschaft mit Geld – „Ich weiß nicht, wo es geblieben ist."

Viele Christen haben kein System, mit dessen Hilfe sie über ihre Finanzen Buch führen. Sie können also weder sich selbst noch einem anderen über ihre Finanzen Rechenschaft ablegen. Sie wissen auch nicht, wie viel sie regelmäßig monatlich brauchen, um versorgt zu sein. Für diesen Zustand gebrauche ich (Craig) oft folgendes Beispiel:

Stellen Sie sich vor, Sie sind der Verwalter einer milliardenschweren Stiftung, deren Ziel darin besteht, Geld an Christen zu geben, die das anvertraute Vermögen dazu nutzen, die Herrschaft Gottes auszuweiten. Stellen Sie sich weiter vor, dass zwei christliche Familien zu Ihnen kommen und Sie um eine Zuwendung bitten. Die erste Familie kommt zu Ihnen und erzählt Ihnen genau, wie sie ihr Geld in der Vergangenheit genutzt hat und gibt Ihnen einen Haushaltsplan, der zeigt, wie die Zuwendungen in der Zukunft genutzt werden sollen.

Die zweite Familie kommt ohne all dies zu Ihnen. Sie kann Ihnen weder sagen, was sie in der Vergangenheit mit ihrem Geld gemacht hat, noch wie sie damit in Zukunft umgehen will. Als Sie den Mann fragen, wie viel Geld er braucht, sagt er Ihnen: Ein paar tausend Euro. – Und wie viel genau?, Antwort: Ich weiß es nicht so genau, vielleicht siebentausend. – Wofür wollen Sie das Geld nutzen?, fragen Sie. Um meine Rechnungen zu bezahlen. – Wie hoch sind Ihre Rechnungen jeden Monat?, fragen Sie und erhalten als Antwort: Keine Ahnung.

Welcher Familie würden Sie lieber Geld anvertrauen? – Natürlich der ersten, ist die selbstverständliche Antwort. Dann stelle ich eine weitere Frage: Wenn Sie ein solcher Verwalter wären, könnten Sie dann zu treuen Händen und guten Gewissens gegenüber dem Eigentümer des Vermögens Ihrer eigenen Familie Geld anvertrauen? Manch einer lässt dann den Kopf hängen und antwortet mit Nein. Warum nicht, frage ich. Weil ich in der gleichen Situation stecke wie die zweite Familie. Ich habe keine Haushaltsplanung und keine Buchführung über unsere Einnahmen und Ausgaben, antwortet mein Gegenüber. Dann muss ich ihm die Frage stellen: Glauben Sie, dass Gott dümmer ist als die Menschen? Wenn nicht einmal Sie selbst sich Geld anvertrauen würden, warum sollte Gott das tun?

Gott hat tatsächlich solch einen Fonds gestiftet, der Milliarden enthält, und er nimmt jederzeit Anträge entgegen. Aber Sie müssen Ihre Buchführung vorbereiten, damit Sie wissen, wie viel Geld Sie beantragen wollen und in der Lage sind, dem Verwalter des Fonds darüber Rechenschaft zu geben, wie Sie die Geldmittel nutzen wollen.

Misswirtschaft mit Geld ist das typische Ergebnis von fehlender Buchführung und mangelnder Finanzplanung. Einige meinen zwar, dass solche Planung nicht nötig sei, weil Gott sie versorgt, doch genau dieses Missverständnis führt zu fehlender Eigenverantwortung und damit zur Misswirtschaft.

3. Ständiger finanzieller Mangel – „Ich habe nie genug Geld."

„Am Ende meines Geldes ist immer noch so viel Monat übrig..." Dieses Problem scheinen sowohl reiche als auch arme Leute zu haben. Sie übernehmen nicht die Verantwortung für ihre finanzielle Situation und machen keine Haushaltsplanung. Das Ergebnis: Sie geben ständig mehr aus, als sie einnehmen. Und Kredite sind scheinbar die attraktive, kurzfristige Lösung dieses Geldmangels.

Wenn eine Familie ständig 120 % der vorhandenen Mittel ausgibt, entsteht das Gefühl, dass ihr nie ausreichend Geld zur Verfügung steht. Viele Menschen ziehen daraus den – falschen – Schluss, dass sie nur mehr Geld verdienen müssten, dann wären ihre finanziellen Probleme gelöst. In Wirklichkeit besteht ihr Problem darin, wie sie ihr Geld ausgeben und nicht in der Menge, die ihnen zur Verfügung steht. Wenn man sich angewöhnt hat, immer 120 % der Einnahmen auszugeben, spielt es dann wirklich eine Rolle, ob man monatlich 1.000 oder 10.000 Euro zur Verfügung hat? Der größere Betrag wird lediglich dazu führen, dass pro Monat 2.000 Euro zu wenig da sind, statt der fehlenden 200 Euro beim ersten Beispiel. Wenn Sie monatlich mehr Geld haben, gibt Ihnen das lediglich neue Möglichkeiten, dieses Geld auszugeben.

4. Falsche Sparsamkeit – „Das können wir uns nicht leisten"

Wenn der Geist des Mammons mich davon überzeugt hat, dass Geld der entscheidende Faktor in meinem Leben ist, dann werde ich – auf falsche Art – sehr vorsichtig, wie ich mein Geld ausgebe. Ein extremes Beispiel für diese Einstellung ist ein Mann, an den ich (Craig) mich erinnere. Er hatte ein Vermögen von mehreren Millionen aufgebaut. Doch er war sehr besorgt um sein Geld und hatte große Probleme damit, etwas auszugeben. Sobald seine Frau oder seine Kinder etwas kaufen wollten, was sie brauchten, war seine Antwort: Das können wir uns nicht leisten. – Hier liegt das Augenmerk wieder auf dem Geld als meinem Versorger, nicht auf Gott. Diese Einstellung kann ein Problem sowohl von Reichen als auch von Armen sein und ist in erster Linie gar nicht von der finanziellen Situation abhängig.

Als gute Verwalter müssen wir die Frage beantworten: Wie viel ist genug? Der Geist des Mammons möchte nicht, dass wir diese Frage klären. Denn er will in uns Bedürfnisse wecken und uns dadurch steuern. Aber Gott möchte uns dabei helfen, eine Antwort auf diese Frage zu finden.

Jesus wurde nicht durch seine Bedürfnisse gesteuert. Er tat das, was der Vater ihm auftrug, selbst angesichts ungestillter Bedürfnisse. Der Teufel wird niemals damit aufhören, Bedürfnisse zu erzeugen.

Wenn wir also durch unsere Bedürfnisse getrieben werden, wem folgen wir dann?

„Euer Vater weiß genau, was ihr braucht, noch ehe ihr ihn um etwas bittet." Matthäus 6,8

In einem späteren Kapitel werden wir darüber sprechen, wie wir unsere echten Bedürfnisse festlegen können und einen Haushaltsplan erstellen, der unsere Verpflichtungen, Notwendigkeiten und unsere Wünsche enthält. Und wir werden Gott fragen, was alles in diesem Budget enthalten sein sollte.

Der Prophet Amos stellt die Frage:

„Gehen etwa zwei Menschen miteinander denselben Weg, ohne sich vorher verabredet zu haben?" Amos 3,3

Ich bin mir sicher, dass wir uns alle Gott als Begleiter auf unserem Weg wünschen, auch im Bereich der Finanzen. Wenn wir Gott also fragen, was zu unseren Notwendigkeiten und Wünschen zählen soll, und wir dem gehorchen, was er uns sagt, dann wird ein falsches „Ich kann es mir nicht leisten" verschwinden. Sie wissen dann, was Sie brauchen. Werbung, die neue Bedürfnisse in Ihnen wecken soll, ist nicht mehr wirksam. Sie ist eine Versuchung, aber Sie können ihr widerstehen. Wir werden Ihnen später in der praktischen Anwendung zeigen, wie das geschieht.

5. Impulsives Kaufverhalten – „Ich will es sofort."

Oft passiert es, dass jemand mit einem Einkauf nach Hause kommt und der Ehepartner fragt: Warum hast du das gekauft? Wozu brauchen wir das? Dann kommt als Antwort: Ich weiß es nicht genau, aber es war ein echtes Schnäppchen. – Viele Menschen kaufen Dinge, die sie eigentlich nicht brauchen oder wollen, nur weil sie billig sind. Wenn sie durch die Kaufhäuser schlendern, diese Tempel Mammons, schreit sein Geist durch alle möglichen Dinge auf sie ein: Kauf mich! Kauf mich doch! Ich bin billig. So ein gutes Angebot findest du nie wieder!

Dieses Verhaltensmuster findet man häufig bei Menschen, die noch nicht gelernt haben, ihre Mittel zu verwalten, und die dem Heiligen Geist noch nicht erlaubt haben, Herr über ihre Finanzen zu sein.

Ich (Earl) denke, dass es ganze Städte gibt, über die der Geist des Geldes regiert. Hongkong ist ein Beispiel dafür. Ich kann mich gut an das erste Mal erinnern, als meine Frau Dorothy und ich dort waren. Bevor wir dorthin flogen, riet uns ein Freund, etliche leere Koffer mitzunehmen, weil man in Hongkong so viele Sachen kaufen könne, und zwar viel günstiger als in Kanada, unserer Heimat.

Nachdem wir angekommen waren, hatten wir Zeit, einen Ausflug in das Geschäftsviertel zu unternehmen und wir gingen durch die riesigen Kaufhäuser. Ich sagte zu meiner Frau: Schau dir diese Preise an, das ist unglaublich! Zu Hause müssten wir das Fünffache bezahlen, siehst du das? – Es wurde ein richtiger Kampf, einfach nur durch die Kaufhäuser zu gehen. Wir begannen, einen Einkaufswagen zu füllen. Ich fühlte, dass mein Puls schneller schlug und ich begann zu schwitzen. Angst machte sich breit. Und als ich darüber nachdachte, stellte ich fest, dass ich Angst davor hatte, einen der Gänge zu verpassen und damit ein wirklich gutes Angebot zu übersehen.

Ich wandte mich zu meiner Frau um und sagte: Dorothy, irgendetwas geschieht mit mir. Der Geist des Mammons beeinflusst mich. Lass uns erst einmal von hier verschwinden und eine Tasse Tee trinken gehen. – Wir setzten uns hin und fingen an, die Namen derjenigen auf eine Liste zu schreiben, die wir mit unseren Einkäufen segnen wollten. Von dem Moment an, wo wir uns mit dem Gedanken beschäftigten, Geld auszugeben, um anderen Gutes zu tun, verschwand die Macht des Geldgeistes. Dann ging ich ohne jede Angst und ohne den Druck, den ich vorher gespürt hatte, zurück in das Kaufhaus. Wir machten unsere Einkäufe mit dem Ziel, andere damit zu segnen, und verließen das Kaufhaus mit großem Frieden in unseren Herzen.

Ich habe festgestellt, dass dieser Geist so stark in unseren Gedanken wirken kann, dass manche Menschen bei der Schnäppchenjagd beinahe zu Tode getrampelt werden. Mein Geheimnis besteht darin, immer mit einer Liste einkaufen zu gehen, auf der die Dinge stehen, die ich wirklich brauche oder die ich mir wirklich wünsche, oder die Namen der Menschen, die ich damit segnen möchte.

6. Geiz – „Davon kann ich keinen Zehnten geben."

Einige Menschen haben noch mehr Angst davor, Geld zu geben als Onkel Dagobert, der Geizhals schlechthin. Diese Bedenken davor, den Zehnten zu geben – oder überhaupt etwas zu geben – sind immer ein Anzeichen dafür, dass man unter dem Einfluss des Mammons steht. Geiz ist schlicht und ergreifend die Angst, selbst nicht genug zu haben, um meine Bedürfnisse zu stillen. Diese Angst führt dann dazu, dass ich mein Geld festhalten muss. Auch dieses Kennzeichen ist unabhängig von meiner finanziellen Situation. Manche Menschen, die mit großen Geldbeträgen umgehen, sind sehr geizig. Sie bezahlen ihre Rechnungen zu spät und geben aufgrund des Geizes in ihrem Herzen keinen Zehnten. Andere Menschen, die sehr wenig besitzen, können genauso geizig sein. Für Arm und Reich ist Geiz oft ein Anzeichen dafür, dass man an den Geist des Mammons gebunden ist.

7. Habgier – „Ich kann nie genug haben."

Begierde und Habgier sind nicht dasselbe. Worin aber besteht der Unterschied? Begierde ist der Wunsch, etwas zu besitzen, was man noch nicht hat, während Habgier der Wunsch ist, mehr von dem zu bekommen, was man schon hat. In Lukas 12,16-20 erzählt Jesus die Geschichte eines Reichen, der immer größere Scheunen baute, um seine Ernte darin unterbringen zu können. Am Ende nennt Gott ihn einen Dummkopf, denn er verliert sein Leben, weil er sein Vertrauen auf seinen Besitz gesetzt hat statt auf Gott. Jeder Reiche, der sich seiner tatsächlichen Bedürfnisse und Wünsche nicht bewusst ist, wird auf die Frage wie viel genug ist, antworten: Nur ein kleines bisschen mehr.

Das weltliche System ist darauf ausgerichtet, Bedürfnisse zu erzeugen. Kaufleute bieten einen Artikel umsonst oder sehr günstig an und daneben viele Dinge, an denen sie gut verdienen. Das klingt dann so: Dies ist das erste Stück und Sie erhalten es zum absoluten Sonderpreis. Danach folgen im regelmäßigen Abstand weitere zehn oder hundert Lieferungen. Aber Sie können natürlich jederzeit kündigen... Einmal in diesem System gefangen, wird es schwierig, wieder herauszukommen. Diese Erfahrung haben wir alle wahrscheinlich schon mehr oder weniger gemacht.

8. Unzufriedenheit – „Andere haben mehr als ich, das ist ungerecht."

„Ich sage das nicht, um euch auf meine Not aufmerksam zu machen. Schließlich habe ich gelernt, in jeder Lebenslage zurechtzukommen. Ob ich nun wenig oder viel habe, beides ist mir durchaus vertraut, und so kann ich mit beidem fertig werden: Ich kann satt sein und hungern; ich kann Mangel leiden und Überfluss haben. Alles kann ich durch Christus, der mir Kraft und Stärke gibt."
Philipper 4,11-13

Manch einer kann sich mit dieser Aussage von Paulus identifizieren und weiß auch, was es bedeutet, Mangel zu leiden. Aber der Schlüssel zu diesen Versen ist das Wissen von Paulus, wie er mit diesen unterschiedlichen Situationen umgehen konnte. Er wusste, wie er mit viel und mit wenig leben konnte.

Wenn wir uns die Lebensumstände von Paulus ansehen, wird klar, dass die Zeiten, in denen er wenig hatte, die Zeiten waren, in denen Gott ihm auftrug, das weiterzugeben, was er hatte. Das Wissen darum, wie man mit wenig oder viel leben kann, bedeutet, sich nicht vom Geist des Mammons kontrollieren zu lassen. Dazu muss ich auf Gott schauen und wissen, dass er in jeder Situation meine Quelle ist und darf mir nicht gestatten, wegen meiner Lebensumstände unzufrieden zu werden.

Ich (Earl) habe mich gefragt, warum Paulus solche Extreme in seinem Leben erfuhr: Manchmal hatte er nichts und manchmal lebte er im Überfluss. Ich bin sicher, dass Paulus im Gehorsam gegenüber Gott alles gab, was er hatte, und dadurch Gott alles zur Verfügung stellte. Gott hat ihm dann im Überfluss alles wieder zurückgezahlt. Sie können Gott im Geben nicht übertreffen.

„Wer den Armen etwas gibt, gibt es Gott, und Gott wird es reich belohnen." Sprüche 19,17

9. Bindung an Schulden – „Ich kann es nicht zurückzahlen."

„Der Gewissenlose leiht sich Geld und zahlt es nicht zurück. Doch wer Gott gehorcht, ist freundlich und schenkt gerne." Psalm 37,21

Schulden nehmen Einfluss auf unser Leben. Sie behindern den Fluss des Geldes. Schulden zu haben ist einer der Hauptmechanismen, den der Geist des Mammons benutzt, um Menschen in der Abhängigkeit von Geld und Besitz zu halten. Wenn der Mammon im Leben eines Menschen herrscht, gerät solch ein Mensch oft in finanzielle Abhängigkeiten und zwar durch die Zinsen, die er aufgrund seiner Schulden zahlen muss. Wer dem Mammon gehorcht, ist deshalb oft nicht in der Lage, sich selbst zu beherrschen und etwas, was er sich sehnlich wünscht, erst zu einem späteren Zeitpunkt zu kaufen. Ungeplantes Konsumieren ist ein deutlich sichtbares Anzeichen für die Herrschaft des Mammons im Leben eines Menschen.

Unser Wirtschaftssystem ermutigt unter anderem durch die Ausgabe von Kreditkarten dazu, Schulden zu machen. Wir müssen daher lernen, wie wir mit unseren persönlichen Schulden richtig umgehen, sie loswerden und in Zukunft vermeiden. Der weise Gebrauch von Kreditkarten ist eine Fähigkeit, die man erlernen kann.

Auch das Verleihen will gelernt sein: Durch die Art und Weise wie wir Geld verleihen, können wir andere Menschen unter einen Schuldengeist bringen. Jede Bank bestimmt die Bedingungen, zu denen sie Geld verleiht. Rückzahlungen erfolgen in der Regel monatlich.

Als Christen wollen wir im Umgang mit anderen Christen oder Familienangehörigen die Beziehung pflegen und sagen daher vielleicht: Zahl es mir zurück, wenn du kannst. – Tun Sie das niemals! Es verletzt die Prinzipien des Wirtschaftssystems und bringt denjenigen, der sich Geld borgt, unter den Einfluss des Mammons. Dieser Geist wird versuchen, den Fluss von Geld zu stoppen, so dass die Schulden nicht zurückgezahlt werden können und die Beziehung dadurch zerstört wird. Wie viele Leute kennen Sie, die angespannte Beziehungen haben, weil Geld auf die oben beschriebene, ungute Weise verliehen wurde?

In Kapitel 7 werden wir uns ausführlicher damit auseinandersetzen, wie man mit persönlichen Schulden umgeht und Geld so verleihen kann, dass Beziehungen erhalten bleiben.

10. Überschätzte Macht des Geldes – „Nur Bares ist Wahres."

Diese Überschätzung erkennt man daran, wie Menschen über Geld reden. Es ist ihr Gesprächsthema Nummer eins. Sie lassen sich von Leuten beeindrucken, die viel Geld besitzen. Sie sprechen ständig darüber, wie sie mehr Geld verdienen können. An ihren Gesprächen merkt man, dass sie dem Geld geradezu hinterherjagen. Gottes Plan dagegen ist es, dass das Geld zu uns kommt. Wir sollen nicht arbeiten, um „Geld zu machen", sondern vielmehr bereit sein, dass Gott uns Geld zukommen lässt und wir es für ihn einsetzen können.

„Wer früher von Diebstahl lebte, der soll sich jetzt eine ehrliche Arbeit suchen, damit er auch noch Notleidenden helfen kann."
Epheser 4,28

Wir arbeiten, um geben zu können!

Wer die Macht des Geldes überschätzt, misst dem Geld große Bedeutung in seinem Leben zu. Diese Person denkt, dass Menschen mit viel Geld viel Macht haben, und Menschen, die wenig Geld haben, ohnmächtig sind. Selbst Regierungen auf der ganzen Welt scheinen zu glauben, dass jedes gesellschaftliche Problem mit Geld gelöst werden könne. Wenn es ein Problem mit Drogen, Kriminalität etc. gibt, fragen sie: Wie viel Geld ist nötig, um das Problem zu beheben? Auch Christen glauben oft: Wenn ich nur ein bisschen mehr Geld hätte, könnte ich so viel mehr zur Ausbreitung von Gottes Reich tun...

Das hieße, dass der Mammon unsere Möglichkeiten bestimmt, Gott zu dienen, und nicht länger Gott unsere Quelle ist, die unseren Dienst ermöglicht. So geben wir dem Mammongeist Autorität über unsere Handlungen, je nachdem, ob Geld vorhanden ist oder nicht. Wenn Geld der ausschlaggebende Faktor in Ihren Entscheidungen ist, dann sind Sie käuflich. Und wenn Sie käuflich sind, dann wird der Teufel Ihnen Ihren Preis bieten.

Vor einigen Jahren hielt der Bibellehrer Bob Mumford einen Vortrag mit dem Titel „Mammon – prophetische Einsichten". Bob hatte sich Kassetten von einem Finanzseminar, das ich (Earl) gehalten hatte, angehört, und Gott hatte ihm zusätzliche spezifische Einsichten in diesem Bereich geschenkt. Ich möchte Ihnen die sieben Hauptpunkte nennen, die Bob in seinem Vortrag erwähnt.

1. Wohlstand, in welcher Form auch immer, kann niemals Bestandteil meiner Person sein. Ich bin stets ein Haushalter, Eigentümer von nichts, Haushalter von allem.
2. Die Definition ‚wahrer Reichtümer' muss mit Gottes Vorstellungen in Einklang gebracht werden. Wenn wir uns nach den von Gott gegebenen Prinzipien richten, werden diese Leitlinien in uns wahre Reichtümer hervorbringen.
3. Der Mammon erzwingt einen Handel: Irdisches für Himmlisches. Dieser Geist sagt: Diene mir und ich werde dich segnen!
4. Sie können nicht dem Geld an sich hinterherjagen. Wenn Sie das tun, werden Sie aus den Augen verlieren, dass die Herrschaft Gottes wichtiger als alles andere ist.
5. Ein Haushalter darf niemals seinen Verantwortungsbereich vernachlässigen. Gehen Sie sorgfältig damit um. Wenn Sie Ihnen anvertrautes Gut für sich selbst beschlagnahmen, werden Sie sich selbst Schwierigkeiten machen.
6. Glauben Sie nie, dass Sie Gott dienen können, ohne dass auch Ihr Geld ihm zur Verfügung steht. Wir müssen unsere Kontrolle darüber an Gott abgeben.
7. Gott ist Liebe. Und seine Liebe prägt unsere Beziehung, nicht die Liebe zum Geld.

Legen Sie an dieser Stelle eine Pause ein. Denken Sie über das Gelesene nach und bitten Sie den Heiligen Geist, Ihnen zu zeigen, in welchen Lebensbereichen der Geist des Geldes Ihr Denken und Ihr Gefühl beeinflussen kann. Nennen Sie Gott diese Bereiche. Umkehr zu Gott ist die Art und Weise, wie Gott auch mit dem Thema Geld in unserem Leben umgehen möchte.

Kapitel 2
Glaube an Gottes Versorgung – „Spatzenglaube"

Johannes 4,23-24

Geist	Wahrheit
Glaube *Römer 10,17* Wort	Glaube *Lukas 17,5-10* Gehorsam
GNADE	BAUSTEINE
Er wird euch dafür alles schenken, was ihr braucht, ja mehr als das. So werdet ihr nicht nur selbst genug haben, sondern auch noch anderen von eurem Überfluss weitergeben können. (2. Korinther 9,8)	1. Erkennen Sie den Geist des Geldes und weisen Sie ihn zurück. (Mein Herz gehört Gott allein.) 2. Glauben Sie an Gottes Versorgung. (Gott ist meine Quelle.)

Wie ein Christ mit Geld umgeht, zeigt sein Verständnis der Gnade Gottes. Die grundlegenden Handlungsprinzipien in Gottes Ökonomie sind Geben und Empfangen. Die der weltlichen Ökonomie dagegen sind Kaufen und Verkaufen. Geben und Empfangen ist ein einseitiger Ausdruck von Gnade. Wenn Sie geben, erwarten Sie keine Gegenleistung. Kaufen und Verkaufen dagegen verlangt einen Austausch. Wenn ich nun Geld nehme, das von den Menschen für das Kaufen und Verkaufen vorgesehen ist, und es gebe, ohne etwas dafür zu erwarten, dann habe ich es aus dem Kreislauf der Leistung genommen und der Gnade zur Verfügung gestellt. Indem ich das tue, raube ich dem Geld alle übernatürlichen Eigenschaften, die ihm zugeschrieben werden, und erkläre der geistlichen und natürlichen Welt, dass der Mammon nicht meine Quelle ist.

Wenn aber ein Christ Geld spendet und erwartet, etwas von Gott zurückzubekommen, damit seine eigenen Bedürfnisse gestillt werden, dann hat er das Konzept der Gnade Gottes nicht verstanden. Ich (Craig) habe diese Auffassung zu oft gehört: Wer Mangel leidet, soll geben.

Dann erfüllt Gott seine finanziellen Bedürfnisse, denn „wer sät, der wird ernten..." Das ist falsch, falsch und nochmals falsch! Dieses Verständnis macht die Gnade Gottes zunichte. Es wirft uns zurück in das weltliche System des Austauschs und bringt uns unter die Herrschaft des Mammons, während wir doch denken, Gott zu dienen. In Matthäus 6 jedoch widerspricht Jesus eindeutig dieser Vorstellung des Säens und Erntens, das nur die eigenen Bedürfnisse erfüllen soll.

„Niemand kann zwei Herren gleichzeitig dienen. Wer dem einen richtig dienen will, wird sich um die Wünsche des anderen nicht kümmern können. Er wird sich für den einen einsetzen und den anderen vernachlässigen. Auch ihr könnt nicht gleichzeitig für Gott und das Geld [den Mammon] leben. Darum sage ich euch: Macht euch keine Sorgen um euren Lebensunterhalt, um Essen, Trinken und Kleidung. Leben bedeutet mehr als Essen und Trinken, und der Mensch ist wichtiger als seine Kleidung. Seht euch die Vögel an! Sie säen nichts, sie ernten nichts und sammeln auch keine Vorräte. Euer Vater im Himmel versorgt sie. Meint ihr nicht, dass ihr ihm viel wichtiger seid? Und wenn ihr euch noch so viel sorgt, könnt ihr doch euer Leben um keinen Augenblick verlängern. Weshalb macht ihr euch so viele Sorgen um eure Kleidung? Seht euch an, wie die Lilien auf den Wiesen blühen! Sie können weder spinnen noch weben. Ich sage euch, selbst König Salomo war in seiner ganzen Herrlichkeit nicht so prächtig gekleidet wie eine dieser Blumen." Matthäus 6,24-29

Jesus gibt seinen Jüngern hier eine Einführung zum Thema Gnade, indem er die Lüge entlarvt, dass Gott menschliche Bedürfnisse durch das Prinzip des Säens und Erntens erfüllen würde. Jesus weist darauf hin, dass Gott für die Grundbedürfnisse der Vögel und Blumen sorgt, und zwar ohne dass diese säen oder ernten, arbeiten oder sich darum kümmern. Mit anderen Worten, ihre Versorgung ist nicht von ihren eigenen Anstrengungen abhängig. Gott kümmert sich um Vögel und Blumen ganz einfach deshalb, weil er sie wertschätzt.

Jesus macht ganz deutlich, dass Sie als Person für Gott viel mehr wert sind als die Vögel und Blumen. Das heißt also, dass die grundlegende Versorgung für Ihr Leben von Gott, dem himmlischen Vater kommt, und zwar weil er Sie liebt. Das ist es, was Jesus lehrt. Dies bezeichne ich (Craig) als „Spatzenglaube", ein Glaube, der von Herzen kommt. Alle finanziellen Entscheidungen und Handlungen, die das Reich Gottes betreffen, brauchen diese Grundlage. Ohne solch ein grundlegendes Vertrauen auf Gott, dass er sich um mich und meine Bedürfnisse kümmert, weil er mich liebt, werden die nachfolgenden Finanzprinzipien der Bibel ganz leicht durch den Mammongeist verfälscht und dazu benutzt, Menschen zu verwirren.

Sie mögen mich jetzt fragen: Behaupten Sie etwa, dass finanzielles Säen und Ernten mit der Erwartung, etwas zurückzubekommen, falsch ist? – Nein, ganz bestimmt nicht! Säen und Ernten ist ein korrektes biblisches Prinzip, doch es dient nicht dazu, die eigenen Bedürfnisse zu erfüllen. Wenn dieses Prinzip so vermittelt wird, macht es Gottes Gnade zunichte, denn dann lässt es Ihre Versorgung von Ihren eigenen Anstrengungen abhängig sein, und nicht von Gottes Liebe.

Der Spatzenglaube ist also das Fundament aller übrigen Gedanken über Finanzen. Er ist ein absolutes Vertrauen, eine feste Zuversicht, und er äußert sich dadurch, dass ich mich mit meiner ganzen Persönlichkeit darauf verlasse, dass Gott mich liebt und für mich sorgen wird.

Die Versorgung, die ich empfange, verstehe ich also als ein Geschenk von Gott, nicht als etwas, das mir zusteht. Wenn ich vierzig Stunden pro Woche für meinen Arbeitgeber arbeite, sagt mir dieses feste Vertrauen, dass ich sozusagen für Gott arbeite, und nicht für Menschen. Das Geld, das ich von meinem Arbeitgeber bekomme, ist nicht das, was mir von ihm zusteht, sondern es ist die Versorgung, die mir durch die Gnade als ein Geschenk von Gott, der mich liebt, zur Verfügung gestellt wird. Diese Tatsache macht Gott zu meiner Versorgungsquelle. Mein Arbeitgeber ist lediglich dazu bestimmt, der momentane Kanal zu sein, durch den diese Versorgung zu mir kommt.

Wenn ich das verstanden habe und dann höre, dass meine Firma verkleinert wird und ich meine Anstellung möglicherweise verliere, werde ich nicht von der Angst geplagt, nun nicht mehr versorgt zu werden, denn mein Arbeitgeber ist nicht meine Quelle. Die Quelle hat sich nicht verändert. Gottes Liebe für mich hat sich nicht verändert. Das heißt: Meine Versorgung ist sicher. Gott gebraucht einfach einen anderen Kanal, durch den die Versorgung meiner Bedürfnisse zu mir fließt.

Viele Menschen denken, dass Versorgung notwendigerweise die Form von Geld haben muss. Das stimmt aber nicht. Gott kann Sie mit einem Haus, einem Auto, Nahrung, einem Flugzeug oder allem, was Sie brauchen, um Ihre Berufung zu erfüllen, versorgen, und zwar ganz ohne Geld. Um es noch einmal zu betonen: Der Mammon vermittelt ständig die Botschaft, dass die Kraft zum Leben im Geld steckt. Doch Gott versorgte Elia mit Nahrung (1. Samuel 17), er versorgte Mefi-Boschet mit Nahrung, Kleidung und einer Wohnmöglichkeit (2. Samuel 9) und er versorgte über fünftausend Menschen durch Jesus mit Nahrung – und das alles ohne Geld.

Mit diesem Verständnis werde ich zum Verwalter von Wohlstand oder Geld, das Gott mir als ein Geschenk seiner Gnade zukommen lässt. Wenn ich anerkenne, dass er meine Quelle ist, kann das Geld nicht länger mein Leben bestimmen. Wenn Gott mir nun sagt, dass ich etwas als Spende geben soll, dann werde ich dieses Geld nicht mehr als mein Geld ansehen, für das ich hart gearbeitet habe, oder als verlorene Kaufkraft, die ich unter großem persönlichen Verzicht opfere. Nein! Ich sehe mich selbst als Verwalter eines kleinen Anteils von Gottes Mitteln oder von Mitteln des weltlichen Systems, die ebenfalls Gott mir anvertraut hat. Meine persönliche Versorgung ist durch Gottes Liebe bereits sichergestellt. So sehe ich keine Gefahr, wenn er mich auffordert, Geld für ein bestimmtes Projekt zu geben, das der Ausbreitung seines Reiches dient. Wenn sich eine Möglichkeit zum Geben auftut, muss ich also nicht zu meinem Konto „beten": Sparbuch, Sparbuch, in der Hand, sag, wie ist mein Kontostand? – Stattdessen kann ich mit dem lebendigen Gott darüber reden, was er durch mich tun möchte.

Der Glaube an Gottes Versorgung ist Basis und Schlüssel für unseren Umgang mit Finanzen. Wenn dieses Fundament im Leben eines Christen fehlt, wird er Geld nicht als ein Werkzeug ansehen, mit dem er Gott dienen kann, sondern er wird nur die Kaufkraft des Geldes sehen und die Dinge und Dienstleistungen, die er im Austausch dafür unbedingt braucht. Lassen Sie mich Ihnen ein paar praktische Beispiele geben.

Ich (Craig) war eine Zeitlang in Afrika, um dort unter Einheimischen Vorträge zu halten. Die meisten von ihnen hielten sich für sehr arm. Doch etliche waren nicht so arm und hatten im Verhältnis zur wirtschaftlichen Lage des Landes gute Arbeitsplätze. Eine Woche lang sprach ich bei einer Konferenz für Gemeindeleiter. Der Gründer der Gemeindebewegung sammelte bei jedem Treffen eine Kollekte ein, und im Laufe der Woche kam Geld im Wert von etwa 42 US-Dollar zusammen. Die ganze Konferenz hatte allerdings mehr als fünfmal so viel gekostet. Die Gemeindeleiter, die an der Konferenz teilnahmen, sahen offensichtlich keinen Wert darin, mehr zu geben.

Ich hatte eine Reihe von Büchern und Kassetten mitgebracht, die ich diesen Leitern geben wollte. Allerdings merkte ich, dass sie diese Materialien vielleicht nicht schätzen würden, wenn sie nichts kosteten. Daher legte ich für jedes Buch und jede Kassette einen bestimmten Preis fest. Alle Materialien waren innerhalb der ersten zwei Treffen ausverkauft. Es war interessant festzustellen, dass diese „armen" christlichen Leiter zwar kaum Geld für die Kollekte hatten, aber verhältnismäßig viel Geld, um das zu kaufen, was sie wollten. Anders ausgedrückt sahen sie bei der Kollekte keine Möglichkeit, dass etwas zu ihnen zurückkommen könnte, aber sie erkannten den direkten Wert von Büchern oder Kassetten, die sie für ihr Geld bekamen. Ein deutlicher Hinweis auf die oben beschriebene Bindung an den Mammon. Geld hat nur dann Wert, wenn es gegen etwas eingetauscht werden kann. Diese Einstellung findet sich natürlich nicht nur im ländlichen Afrika, sondern ist durchaus auch unter uns Christen in der westlichen Welt verbreitet.

Ich erinnere mich an eine Studie aus den Neunzigerjahren. Sie untersuchte den Gebrauch von Geld unter charismatisch ausgerichteten Christen weltweit. Nach meinen Aufzeichnungen fand diese Studie heraus, dass ein charismatischer Christ durchschnittlich 17,30 Euro pro Jahr für das Reich Gottes gab, also etwa 33 Cent pro Woche. Die gleiche Personengruppe gab allerdings etwa 2,08 Euro pro Woche, also 108,16 Euro jährlich, für christliche Bücher, Videos, Kassetten, Geschenke und Konferenzen aus. Offensichtlich sahen charismatische Christen in aller Welt mehr Wert darin, christliche Sachen zu kaufen, als darin, für die Ausbreitung der Guten Nachricht zu geben.

Der Ort der Versorgung

Als ich (Craig) darüber sprach, wie wir Gott von Herzen vertrauen können, stellte mir ein Zuhörer folgende Frage: Behaupten Sie etwa, dass, wenn ich darauf vertraue, dass Gott meine Versorgungsquelle ist, er automatisch in seiner Gnade für mich sorgen wird? Wenn das so ist, dann kann ich ja meine Arbeit kündigen und erwarten, dass Gott mich versorgt, nicht wahr?

Natürlich wollte er in erster Linie spotten, doch die Frage hat einen ernsten Kern. Was genau ist falsch an dieser Annahme? Gott erinnerte mich an Elia, wie er in 1. Könige 17 beschrieben wird, um die Frage des Mannes zu beantworten. Ich entdeckte, dass es wichtig ist, den Ort und den Kanal für Gottes Versorgung zu erkennen. Im Falle des Zuhörers war Gottes Versorgungskanal für ihn sein momentaner Arbeitgeber. Ich glaube, dass viele Missverständnisse bei Christen daher rühren, dass sie nicht wissen, welchen Ort und welchen Versorgungskanal Gott für sie ausgewählt hat. Lassen Sie uns den Bericht im Leben des Elia genauer betrachten.

„Danach befahl der Herr Elia: Du musst fort von hier! Geh nach Osten, überquere den Jordan, und versteck dich am Bach Krit! Ich habe den Raben befohlen, dich dort mit Nahrung zu versorgen, und trinken kannst du aus dem Bach. Elia gehorchte dem Herrn und versteckte sich am Bach Krit, der von Osten her in den Jordan fließt. Morgens und abends brachten die Raben ihm Brot und Fleisch, und seinen Durst stillte er am Bach." 1. Könige 17,2-6

Das erste, was uns im Leben des Elia auffällt, ist die Tatsache, dass Gott mit ihm sprach. Elia bekam von Gott ganz spezifische Anweisungen über den Ort, an dem Gott ihn versorgen wollte. Er war kein Atheist, der darauf vertraute, dass das Geld seine Quelle sein würde. Er hörte auf das, was Gott ihm sagte. Das gleiche

Prinzip trifft auch auf uns zu. Wir müssen in einer dynamischen Beziehung zum lebendigen Gott stehen, um zu wissen, wo der Ort ist, an dem Gott uns versorgen wird. Gott kann im Leben eines Christen des Öfteren den Ort und den Kanal der Versorgung ändern. In solchen Zeiten ist es entscheidend, auf Gott zu hören, damit wir wissen, dass sich Ort und Kanal geändert haben. Elia hörte also von Gott, dass er an den Bach Krit gehen sollte und dort von Raben mit Brot und Fleisch versorgt würde, obwohl im Land eine Hungersnot herrschte.

Ich habe festgestellt, dass sich viele Christen in solchen Zeiten fürchten, wenn der Kanal der Versorgung verändert wird. Ich glaube daher, dass es für uns wichtig ist zu wissen, dass sich Kanal und Ort der Versorgung verändern können, aber dass die Quelle der Versorgung immer die Gleiche bleibt.

Auf Grund von Gottes Zusage zog Elia von seinem Wohnort an den Bach Krit. Gott hatte ihm kein Geld versprochen, sondern nur Versorgung. Elia hätte an dem Ort bleiben können, wo er war. Dann hätte er Mangel gelitten, wäre zornig auf Gott geworden und letztlich vielleicht bitter. Ich glaube, das passiert vielen Christen. Sie versäumen einfach, dass Gott Ort und Kanal für ihre Versorgung geändert hat. Folglich sind sie an einem anderen Ort als dem, den Gott für sie vorgesehen hat, und an dem er sie versorgen will.

Um solch eine Veränderung des Versorgungskanals zu bemerken, ist es nötig, bereits Erfahrungen mit Gott gesammelt zu haben. Elia brauchte ein gewisses Maß an Glauben für seinen Umzug an den Bach Krit. Ich bin sicher, dass Vertrauen erforderlich war, um zu glauben, dass Raben ihn jeden Tag mit Nahrung versorgen würden. Er brauchte Glauben, um das Fleisch und das Brot, das die Raben brachten, auch zu essen. Haben Sie jemals darüber nachgedacht, wo Raben Brot und Fleisch herbekommen? Doch lassen Sie uns die Geschichte ein wenig weiterverfolgen.

„Nach einiger Zeit vertrocknete der Bach, denn es hatte schon lange nicht mehr geregnet. Da sagte der Herr zu Elia: Geh nach Phönizien in die Stadt Zarpat, und bleib dort! Ich habe einer Witwe den Auftrag gegeben, dich zu versorgen." 1. Könige 17,7-9

Als das Wasser im Bach versiegte, hatte Elia schon gelernt, dass Gott wohl einen neuen Kanal der Versorgung öffnen würde. Sicherlich sprach Gott zu ihm, sobald das Wasser im Bach versiegt war. Die meisten Christen neigen zur Panik, wenn Gott einen bestimmten Kanal, den er bisher zu ihrer Versorgung genutzt hatte, versiegen lässt. Viele werden in solchen Zeiten vom Mammon gepackt und in ihrem Verhalten zu Atheisten, die verzweifelt versuchen, ihr Versorgungsproblem selbst zu lösen. Wer dagegen fest mit Gottes Versorgung rechnet, verlässt nicht einfach die Quelle der Versorgung, sondern stellt fest, dass sich ihr Kanal ändert.

Wenn der Mann, der mir diese Frage stellte, einfach seine Arbeit gekündigt und von Gott erwartet hätte, für ihn zu sorgen, weil er ja fest auf ihn vertraute, hätte er sich an einem Ort außerhalb der Versorgung Gottes wiedergefunden. Es ist entscheidend wichtig, den Ort und Kanal Ihrer Versorgung durch Gott zu erkennen. Ich fand den Gedanken immer merkwürdig, dass Elia die Anweisung bekam, zu einer Witwe nach Zarpat zu gehen, und dass sie es sei, die für ihn sorgen würde. Wenn ich Elia gewesen wäre, hätte ich gedacht, dass Gott mich zu einer reichen Person in Zarpat schicken würde, und nicht zu einer Witwe, die nicht einmal genug für sich selbst hatte, geschweige denn für einen Gast. Als ich über diesen Abschnitt nachdachte, entdeckte ich, dass Gott zwei Ziele mit seiner Anweisung verfolgte. Er wollte dadurch etwas im Leben der Witwe bewirken und Elia durch sie versorgen. Wie geht es weiter?

„Sogleich machte Elia sich auf den Weg. Am Stadtrand von Zarpat traf er eine Witwe, die gerade Holz sammelte. Er bat sie um einen Becher Wasser. Als sie davoneilte und das Wasser holen wollte, rief er ihr nach: Bring mir bitte auch ein Stück Brot mit! Da blieb die Frau stehen und sagte: Ich habe keinen Krümel Brot mehr, sondern nur noch eine Handvoll Mehl im Topf und ein paar Tropfen Öl im Krug. Das schwöre ich bei dem Herrn, deinem Gott. Gerade habe ich einige Holzscheite gesammelt. Ich will nun nach Hause gehen und die letzte Mahlzeit für mich und meinen Sohn zubereiten. Danach werden wir wohl verhungern. Elia tröstete sie. Hab keine Angst, so weit wird es nicht kommen! Geh nur und tu, was du dir

vorgenommen hast! Aber back zuerst für mich einen kleinen Brotfladen, und bring ihn mir heraus! Nachher kannst du für dich und deinen Sohn etwas zubereiten. Denn der Herr, der Gott Israels, verspricht dir: Das Mehl in deinem Topf soll nicht ausgehen und das Öl in deinem Krug nicht weniger werden, bis ich, der Herr, es wieder regnen lasse. Die Frau ging nach Hause und tat, was Elia ihr gesagt hatte, und tatsächlich hatten Elia, die Frau und ihr Sohn Tag für Tag genug zu essen. Mehl und Öl gingen nicht aus, genau wie der Herr es durch Elia angekündigt hatte." 1. Könige 17,10-16

Elia musste ein festes Vertrauen haben, um dieser Anweisung Gottes folgen zu können. Können Sie sich vorstellen, wie es für Elia war, eine mittellose Witwe zu bitten, ihm zu essen und zu trinken zu bringen? Dies war zuallererst wohl ziemlich demütigend. Darüber hinaus widersprach es auch dem gesunden Menschenverstand. Wenn ich Elia gewesen wäre, hätte ich gedacht: Herr, ich habe deine Anweisungen wohl missverstanden. Diese Witwe ist mittellos. Ich sollte sie nicht bitten, für mich zu sorgen. Ich sollte stattdessen von den anderen Bewohnern des Ortes ein Opfer einsammeln, so dass sie überleben kann. Sie sagt, dass sie so arm sei, dass sie nun die letzte Mahlzeit für sich und ihren Sohn zubereitet. Herr, hier muss ein Fehler vorliegen. Ich kann sie einfach nicht bitten, mir etwas zu geben.

Würde es nicht schrecklich für Sie sein, wenn Sie das tun müssten, was Gott von Elia forderte? Können Sie sich vorstellen, dass Sie eine mittellose Witwe, die ihre Henkersmahlzeit zubereitet, treffen und Gott Ihnen sagt, Sie sollen sie bitten: Bevor du deine letzte Mahlzeit zubereitest, hole mir erst etwas Wasser und backe mir einen kleinen Brotfladen und bring ihn mir?

Warum verlangte Gott von Elia, die Frau um den letzten Bissen zu bitten, den sie hatte? Ich glaube, dass es auch hier um den festen Glauben an Gottes Versorgung ging. Worauf vertraute die Witwe in Bezug auf ihre Versorgung? Offensichtlich auf ihren Vorrat an Mehl und Öl. Weil dieser nun zu Ende ging, erwartete sie ihren Tod. Gott wollte, dass sie ihr Vertrauen nicht länger auf materielle Dinge setzte, sondern auf ihn, den lebendigen Gott. Er wollte die Quelle ihrer Versorgung sein. Und welchen Weg wählte er, dies zu erreichen?

Er verlangte von Elia, sie um die letzte materielle Sicherheit zu bitten. Dies zerstörte die Möglichkeit, auf das Mehl und Öl als ihre Nahrungsquelle zu vertrauen.

Gott war nicht hinter ihrem Mehl und Öl her, noch war Elia es. Gott wollte ihr Vertrauen. Er wollte ihre Versorgungsquelle sein. Ich glaube, dass dies auch heute auf Menschen Gottes zutrifft, die Opfer einsammeln. Manche haben den Eindruck, sie seien hinter dem Geld her. Zugegeben, nicht alle haben aufrichtige Motive, aber ich glaube, dass wirkliche Menschen Gottes in erster Linie hinter dem Vertrauen der Geber her sind. Und dieses Vertrauen auf Gott macht Wunder möglich.

Als die Witwe tat, worum Elia sie gebeten hatte, ermöglichte sie es Gott, durch ein Wunder einzugreifen. Eine lange Zeit ging weder das Mehl noch das Öl aus. Dadurch lernte sie, Gottes Zusage zu vertrauen, und nicht ihrem materiellen Besitz.

Ich (Craig) erinnere mich gut an das erste Mal, als ich von Gott aufgefordert wurde, etwas Ähnliches zu tun. Vor etlichen Jahren arbeitete ich in einem christlichen Beratungsdienst. Die Arbeit wurde von denjenigen getragen, die zur Beratung kamen. Als Ratgeber baten wir alle, die unsere Beratung in Anspruch nahmen, am Ende des Treffens zu beten und Gott zu fragen, wie viel sie dafür geben sollten.

Nachdem ich einem jungen Mann Rat gegeben hatte, bat ich ihn zu beten und Gott zu fragen, wie viel er mir geben sollte. Er antwortete, dass wir erst gar nicht beten bräuchten, denn er sei mittellos und hätte nichts, was er geben könnte. Ich merkte, wie der Geist Gottes mich dazu drängte, ihm zu sagen: Ich glaube Ihnen nicht, zeigen Sie mir Ihre Geldbörse! Er öffnete seine Geldbörse und tatsächlich: Sie war leer.

Darauf sagte ich zu ihm: Ich bin mir sicher, dass Sie etwas haben. Leeren Sie Ihre Hosentaschen. – Er tat es, und zum Vorschein kamen 50 Cents. Als ich sagte: Ich wusste, dass Sie etwas haben, bekam er einen großen Schreck und meinte: Diese 50 Cents sind alles, was ich habe, und ich brauche sie, um mit dem Bus nach Hause zu fahren. Ich habe diese 50 Cents für leere Pfandflaschen bekommen, die ich zum Getränkemarkt gebracht habe. Es schneit draußen und ich wohne

30 km von hier entfernt und es kostet genau 50 Cents, um mit dem Bus nach Hause zu fahren. Ich brauche dieses Geld für die Busfahrt.

Ich fühlte mit ihm mit, doch ich stellte auch fest, dass er auf seine 50 Cents vertraute, und nicht auf Gott. Der Mammon hielt ihn in der Furcht und der Liebe zum Geld gefangen. Weder Gott noch ich waren hinter seinem Geld her. Wir wollten seinen Glauben stärken, denn in seinen Gedanken war für Gott kein Platz. Bei der Frage, wie er nach Hause kommen sollte, dachte er nicht an ihn. Daher sagte ich ihm: Da die Busfahrt 50 Cents kostet, werden Sie, wenn Sie etwas geben, wohl Kandidat für ein Wunder sein. Wir werden Gott fragen, wie viel von den 50 Cents Sie heute geben sollen. Sie müssen wissen, dass ich nicht an Ihrem Geld interessiert bin. Sie könnten natürlich die ganzen 50 Cents geben, aber das würde für diese Arbeit auch keinen großen Unterschied bedeuten.

Ich bedauerte den jungen Mann ein wenig, als ich so streng mit ihm sprach. Es schien ein bisschen merkwürdig, diesem armen Mann die letzten 50 Cents zu nehmen. Doch ich wusste, es war nötig, sonst würde er nie vom Geist des Mammon frei werden, der ihn schon so lange in der Armut gefangen hielt, und zwar durch sein falsches Vertrauen in das Geld. Schließlich willigte er ein und wir beteten. Er fühlte, dass er fünf Cents geben sollte. Ich musste ihm also 45 Cents zurückgeben. Dann dankten wir für seine Gabe von fünf Cents. Halbherzig sagte er seinem Vertrauen auf das Geld ab, erklärte seine Freiheit vom Mammon und betete, dass er von jetzt an auf Jesus Christus als Quelle seiner Versorgung vertrauen wolle.

Der junge Mann verließ daraufhin mein Büro, murrend, weil er nun nicht mehr genug Geld für die Busfahrt hatte und die 30 km nach Hause durch den Schnee gehen musste. Als er in der folgenden Woche wiederkam, hatte dieser Mann – Sie haben es sich vielleicht schon gedacht – von einem großartigen Wunder zu berichten. Er erzählte mir, dass er immer noch wütend war, als er an der Bushaltestelle ankam. Doch als er nach unten schaute, lag direkt neben dem Haltestellenschild ein 5-Cent-Stück. Er hob es auf und dachte sich: Mann, da hab ich aber Glück gehabt. – Er sagte mir, dass es ihm erst auf der Hälfte der Strecke nach Hause dämmerte, dass die Münze, die er gefunden hatte, die direkte Versorgung Gottes für ihn war. Zu Hause angekommen, fand er einen unerwarteten Scheck in der Post über fünf Dollar. Er merkte, dass dies die 100-fache Rückzahlung der fünf Cents war, die er bereit war zu geben. Als der Mann zu seinem Termin in der nächsten Woche kam, war er sehr aufgeregt, als es darum ging, ein Opfer zu geben. Er konnte es kaum abwarten, bis die Sitzung vorüber war, so dass er ein Opfer geben und sein Vertrauen auf Gott zum Ausdruck bringen konnte. Ich kann mich nicht mehr genau erinnern, aber ich glaube, dass er in der nächsten Woche ungefähr zwei Dollar hatte und dafür betete, wie viel er davon geben sollte. Dieser Mann wuchs in seinem Vertrauen und in der finanziellen Versorgung, die er erfuhr, von Woche zu Woche. Das kleine Opfer von fünf Cents, das ich von ihm bekam, war der Schlüssel, um sein Vertrauen in das Geld zu zerstören. Es war sein Augenöffner dafür, dass Gott wirklich die Quelle seiner Versorgung ist.

Gericht und Befreiung

Für viele Menschen reicht es nicht, ein schnelles Gebet zu sprechen und darin zu erklären: Ich liebe das Geld nicht! – Sie brauchen darüber hinaus Gericht und Befreiung, indem sie ihren Glauben in die Tat umsetzen und damit zeigen, dass sie auf Gott als Quelle der Versorgung vertrauen. Diese Erfahrung habe ich (Earl) immer wieder gemacht. Jesus demonstrierte dies bei seiner Begegnung mit einem reichen Mann.

„Als Jesus weitergehen wollte, lief ein Mann auf ihn zu, warf sich vor ihm auf die Knie und fragte: Guter Lehrer, was muss ich tun, um das ewige Leben zu bekommen? Jesus entgegnete: Weshalb nennst du mich gut? Es gibt nur einen, der gut ist, und das ist Gott. Du kennst doch seine Gebote: Du sollst nicht töten! Du sollst nicht die Ehe brechen! Du sollst nicht stehlen! Sag nichts Unwahres über deinen Mitmenschen! Du sollst nicht betrügen! Ehre deinen Vater und deine Mutter! – Lehrer, antwortete der junge Mann, an diese Gebote habe ich mich von Jugend an gehalten. Jesus sah ihn voller Liebe an: Etwas fehlt dir noch: Verkaufe alles, was du hast, und gib das Geld

den Armen. Damit wirst du im Himmel einen Reichtum gewinnen, der niemals verloren geht. Und dann komm und folge mir nach! Über diese Forderung war der Mann tief betroffen. Traurig ging er weg, denn er war sehr reich." Markus 10,17-22

Um diese Begebenheit verstehen zu können, müssen wir einen jüdischen Brauch erklären. Wenn eine Person jemanden „gut" nannte, war klar, dass diese Person sich dem anderen, dem Guten, in allem, was er sagte, unterordnen würde. Jesus stellte den reichen Mann auf die Probe, indem er sagte, dass nur einer gut ist, nämlich Gott, und fortfuhr, indem er sechs der Zehn Gebote zitierte. Beachten Sie, dass der reiche Mann erwiderte, dass er sich seit seiner Kindheit an diese Gebote gehalten hatte. Er verstand, was es bedeutet, jemanden „gut" zu nennen.

Jetzt war Jesus bereit, ihm einen Rat zu geben. In Vers 21 lesen wir, dass Jesus den Mann voller Liebe ansah. Er verachtete ihn nicht, nein, er liebte ihn von Herzen. Jesus erkannte, dass dieser Mann unter der Herrschaft des Mammons stand. Es gab einen Konflikt zwischen seiner Liebe zu Gott und der Liebe gegenüber dem Mammon. Das Rezept von Jesus bestand darin, in das Herrschaftsgebiet des Mammons einzumarschieren. Er sollte alles verkaufen, was er hatte, und das Geld den Armen geben. Jesus wollte, dass dieser Mann endlich aus der Gefangenschaft des Mammon frei würde. Er war nicht hinter dem Geld dieses Mannes her, er wollte ihn vielmehr als Person für sich gewinnen. Doch der Mann ging traurig und tief betroffen weg, denn er hatte einen großen Besitz. Seine Reichtümer besaßen einen ungeheuren Einfluss auf ihn. Er war blind für die Liebe, die Jesus für ihn hatte, und taub für die Worte Gottes.

Im Buch der Sprüche heißt es:

„Wer den Armen etwas gibt, gibt es Gott, und Gott wird es reich belohnen." Sprüche 19,17

Gerne hätte ich den reichen Mann gefragt: Wo ist das Problem? Jesus bat dich doch nur, den Armen etwas zu geben. Du wirst lediglich Gott etwas leihen, und er wird es dir zurückzahlen. – Wenn aber der Geist des Mammons Ihr Denken im Griff hat, sehen Sie nur den eigenen Verlust. Jesus wollte, dass er den Mammon entweihte und dadurch seine Sucht und Bindung zerbrach. Doch er war nicht dazu in der Lage, obwohl er Jesus „gut" genannt hatte.

Es ist interessant zu sehen, „...wie entsetzt seine Jünger über diese Worte waren" (Vers 24). Warum reagierten sie so? Ich glaube, dass viele von ihnen recht wohlhabend waren und selber Geld in ihren Taschen hatten. In Vers 26 heißt es: „Darüber erschraken die Jünger noch mehr, und sie fragten sich: Wer kann dann überhaupt gerettet werden?" Ich glaube, ihre Frage war: „Jesus, wenn es das ist, was wir tun müssen, um in die Herrschaft Gottes zu gehen, was geschieht dann mit uns? Wir haben auch Geld! Müssen wir das Gleiche tun?" Als Jesus Simon Petrus berief und Jakobus und Johannes, die Söhne des Zebedäus, die mit Simon zusammen ein Fischereigeschäft hatten, da verließen sie, nachdem sie ihre Boote an Land gerudert hatten, alles und folgten Jesus nach (siehe Lukas 5,10-11). Sie waren Geschäftsleute und doch verließen sie alles. Der Geist des Mammons hatte keinen entscheidenden Einfluss auf ihr Leben.

Ein anderes Beispiel finden wir in Matthäus 9,9, wo Jesus Matthäus in seinem Zollbüro sitzen sah. Er berief ihn dazu, ihm als Jünger nachzufolgen, und sofort stand Matthäus auf und folgte ihm nach. Gerade im Leben eines Steuereintreibers würde man mit dem starken Einfluss des Mammons rechnen, doch Matthäus folgte Jesus sofort. Es ist nicht weiter verwunderlich, dass die Jünger über das, was Jesus zu dem reichen Mann gesagt hatte, bestürzt und entsetzt waren. Doch Jesus forderte von ihnen nicht genau dasselbe, denn sie standen nicht in der gleichen Weise unter dem Einfluss des Mammons.

Es gab einen Jünger, der unter der Herrschaft des Mammons stand, nämlich Judas Iskarioth. Als er sah, wie Maria kostbares Salböl über die Füße von Jesus goss, beschwerte er sich und sagte:

„Das Öl hätte man besser für dreihundert Silberstücke verkauft und das Geld den Armen gegeben. – In Wirklichkeit ging es ihm aber nicht um die Armen, sondern um das Geld. Er verwaltete die gemeinsame Kasse und hatte schon oft etwas für sich selbst daraus genommen." Johannes 12,5-6

Wo hatte Judas diese Worte gehört, die nun aus seinem Mund kamen? Er war dabei, als Jesus mit dem reichen jungen Mann sprach.

Und nun versuchte er, einen besonders geistlichen Eindruck zu machen. Mir (Earl) ist es passiert, dass Leute mich fragten: Muss jeder das tun, was Jesus von dem reichen jungen Mann verlangte? Ich antwortete: Ich weiß es nicht. Sie müssen Gott fragen. Aber wenn Sie diese Frage stellen müssen, könnte es sein, dass Sie es auch tun müssen. Die Frage ist: Worauf setzen Sie Ihr Vertrauen? Wer ist Ihre Quelle, Gott oder der Mammon? Wem jagen Sie nach, einer Beziehung zu Gott oder dem Geld?

Die Wirklichkeit sieht so aus, dass alles, was wir haben, Gottes Geschenk ist. Wie wir mit Geld umgehen, ist lediglich eine Prüfung, um herauszufinden, ob wir Gottes Gnade verstanden haben. Sehe ich meine Versorgung als ein Geschenk von Gott oder als etwas, das ich mir durch meine eigenen Anstrengungen verdient habe? Verwende ich Geld zum Geben und Empfangen? Verwende ich es dazu, andere mit der Gnade Gottes bekannt zu machen? Oder verwende ich es nur dazu, im weltlichen System des Kaufens und Verkaufens etwas für den gleichen Wert zu erwerben?

Wenn wir dieses Geld, das von Menschen zum Kaufen und Verkaufen geschaffen wurde, geben, ohne etwas dafür zurück zu erwarten, machen wir andere mit der Gnade Gottes bekannt und entweihen die heiligen Eigenschaften, die der Mammon dem Geld zuschreiben möchte. Geben ist ein geistlicher Kampf, in dem wir erklären, dass das Geld keine Macht in unserem Leben hat. Meine Fähigkeit, Ziele zu erreichen, wird in keiner Weise dadurch verringert, dass ich als Verwalter über wenig Geld verfüge. Da Gott die Möglichkeit hat, Geld aus dem weltlichen System für mich freizusetzen, wird meine Fähigkeit nicht durch das Geben eingeschränkt. Gott ist meine Quelle und ich vertraue darauf, dass er mich in seiner Gnade versorgt.

Kapitel 3
Die beiden Herrschaftsbereiche und ihre Wirtschaftssysteme

Die meisten Christen wissen, dass es auf der Erde zwei unterschiedliche und voneinander unabhängige Herrschaftsbereiche nebeneinander gibt: das Reich Gottes und den Herrschaftsbereich Satans. Innerhalb dieser beiden Reiche sind zwei völlig unterschiedliche und voneinander unabhängige ökonomische Systeme wirksam.

Das System „Welt" funktioniert unter der Herrschaft Satans (1. Johannes 5,19). Der Geist des Mammons arbeitet durch Kaufen und Verkaufen und beherrscht das weltliche Geldsystem. Im Gegensatz dazu steht die Herrschaft Gottes, die durch Jesus Christus ausgeübt wird und in Geben und Empfangen besteht.

Das Reich Gottes	Herrschaftsbereich Satans „Das Welt-System"
Angewandtes Wirtschaftssystem: **Geben und Empfangen**	Angewandtes Wirtschaftssystem: **Kaufen und Verkaufen**

Wachstum im weltlichen System entsteht durch Addition oder eine prozentuale Steigerung. Wachstum in der Ökonomie Gottes hingegen entsteht durch Multiplikation, die 30-, 60- oder 100-fach oder sogar noch höher ausfallen kann. Die Größe des Ergebnisses übertrifft die Saat also bei weitem (Matthäus 25,14-30; Lukas 19,11-27).

Viele sind mit der Multiplikation, wie sie im Reich Gottes stattfindet, nicht vertraut. Alles, was sie im Laufe ihres Lebens kennengelernt haben, ist prozentuales Wachstum im Sinne eines Stück-für-Stück-Hinzufügens. Die meisten Menschen halten daher jährliche Zuwachsraten von 20-30 % für das Maximum, was sie mit ihrem Geld erzielen können. Innerhalb des weltlichen Systems mag das stimmen, doch im Gegensatz zu einem 300-, 600- oder gar 1.000-prozentigen Wachstum, wie es in Gottes System möglich ist, ist solch ein Gewinn geradezu bescheiden.

Der Unterschied zwischen Wohlstand, Reichtum und Geld

Sind Wohlstand, Reichtum und Geld nicht austauschbare Begriffe für ein und denselben Sachverhalt? Keinesfalls. Wir glauben, dass diese Begriffe in der Bibel unterschiedlich gebraucht werden, denn sie beschreiben unterschiedliche Sachverhalte und müssen daher auch unterschiedlich gehandhabt werden.

Wohlstand wird von Gott geschaffen und von ihm verwaltet. Geld wird von Menschen geschaffen und durch den Geist des Mammons beeinflusst. Reichtum steht zwischen Wohlstand und Geld. Er kann unter den Einfluss Mammons geraten, so dass wir auf unseren Reichtum vertrauen und ihm dienen. Den richtigen Stellenwert des Reichtums sehen wir unter anderem in der Bitte Salomos an Gott, bevor er zum König wird.

„Gib mir Weisheit und Verständnis, damit ich dieses große Volk richtig führen kann. Denn wie sollte ich sonst gerechte Urteile sprechen können? Da sagte Gott zu Salomo: Ich freue mich, dass du dir nicht großen Besitz, Geld oder Ansehen gewünscht hast, auch nicht den Tod deiner Feinde oder ein langes Leben. Du hast mich um Weisheit und Verständnis gebeten, weil du mein Volk richtig führen willst, über das ich dich zum König eingesetzt habe. Du sollst erhalten, worum du mich gebeten hast: Weisheit und Verständnis. Aber ich will dir auch so viel Besitz, Geld und Ansehen geben, wie es kein König vor dir hatte und auch keiner nach dir haben wird."
2. Chronik 1,10-12

Zuerst: Was ist Wohlstand?
Wohlstand wird im Hebräischen definiert als Ressourcen, Material, Güter, Stärke, Macht und Besitztümer. Der aus ihm resultierende Reichtum kann für die Ziele Gottes und seiner Herrschaft eingesetzt werden.

Wir glauben, dass Wohlstand all das bezeichnet, was einen innewohnenden, immanenten Wert hat und von Gott geschaffen wurde. Im Alten Testament finden wir etliche Beispiele für wohlhabende Menschen. Gott segnete sie und so wurden sie Miteigentümer. Ihr Wohlstand äußerte sich im Besitz von Land, Häusern, Rindern und Herden von Kleinvieh, Gold und Silber in Barren oder als Schmuck, Bauholz, Öl, Gas, anderen natürlichen Rohstoffen und Menschen in Form von Knechten und Mägden. Ein Beispiel dafür sehen wir im Leben von Abraham.

„Abram war sehr reich. Er besaß viele Viehherden, dazu Silber und Gold." 1. Mose 13,2

All diese „Grundstoffe" haben einen ihnen innewohnenden Wert. Im Gegensatz zu unseren Geldscheinen, die nur einen vereinbarten Tauschwert haben, stellen Silber und Gold mit ihrem Materialwert eine eigenständige Größe dar. Wenn also Gott in 5. Mose 8,18 sagt: „Denkt vielmehr an den Herrn, euren Gott, der euch die Kraft gibt, Reichtum zu erwerben!", bezieht sich das nicht auf Geld, sondern eher auf Wohlstand. Doch viele Christen jagen aufgrund dieses Bibelverses dem Geld hinterher.

Eine von Gottes Absichten mit dem Wohlstand war, dass er als Erbe dienen sollte. Wohlstand sollte sich von Generation zu Generation vermehren. Diesen Generationenvertrag unterstreicht Gott, indem er sich als Gott Abrahams, Isaaks und Jakobs vorstellt, als Gott dreier aufeinanderfolgender Generationen.

„Der Gute hinterlässt seinen Enkeln das Erbe, der Besitz des Sünders wird für den Gerechten aufgespart." Sprüche 13,22; Einheitsübersetzung

Wohlstand ist durch das Erbe für die Enkelkinder bestimmt. Wenn wir unser Erbe an unsere Enkel weitergeben, profitieren sie in jungen Jahren davon, so dass sie vorangehen und Gottes Plan und Absicht in ihrem Leben umsetzen können.

„Dem Reichen gibt sein Besitz Sicherheit; den Armen aber schützt nichts vor dem Untergang." Sprüche 10,15

Lassen Sie uns noch einmal zu der Begegnung von Jesus mit dem reichen Mann zurückgehen. Im Anschluss fragen die Jünger Jesus, wer dann überhaupt in das Reich Gottes hineinkommen kann. Jesus schließt seine Antwort mit folgender Aussage:

„Das sollt ihr wissen: Jeder, der sein Haus, seine Geschwister, seine Eltern, seine Kinder oder seinen Besitz zurücklässt, um mir zu folgen und die rettende Botschaft von Gott weiterzusagen, der wird schon hier alles hundertfach zurückerhalten: Häuser, Geschwister, Eltern, Kinder und Besitz. All dies wird ihm – wenn auch mitten unter Verfolgungen – hier auf dieser Erde gehören und außerdem in der zukünftigen Welt das ewige Leben."
Markus 10,29-30

Es ist interessant, dass Jesus hier nicht vom Geld redet. Er fordert nicht dazu auf, alles Geld zu geben und verspricht nicht das Hundertfache an Geld als Ergebnis. Das Wort Gottes behandelt Geld auf andere Weise als Wohlstand. Jesus hat nie versprochen, dass man sein Geld vervielfältigt zurückbekommt, wohl aber, dass die, die ihren Wohlstand aufgeben, einen vervielfachten Ertrag ihres Wohlstandes empfangen werden.

Was aber ist dann Geld?
Geld ist lediglich ein Tauschmittel für Waren oder Dienstleistungen, das vom Menschen für den Handel geschaffen wurde. Es ist auch das Ergebnis bzw. die Ernte unserer Produktion. Geld bekommen wir für das, was wir herstellen oder an Dienstleistungen erbringen, und wir nutzen es dazu, Produkte oder Dienstleistungen von anderen zu erwerben.

Geld hat keinen Wert an sich, sondern sein Wert wird von Tag zu Tag am Markt festgelegt. Solch ein Markt ist in Wirklichkeit nicht mehr als die Meinung von Menschen. Mit anderen Worten: Geld ist immer nur so viel wert, wie viel Menschen ihm zubilligen. Vom Charakter her ist Geld ein amoralisches Gut, d.h. es ist in sich weder gut noch schlecht. Es wird traditionellerweise aus Metall, Papier oder Plastik in Form von Münzen oder Banknoten hergestellt und meist mit dem Aufdruck einer bedeutenden Person versehen.

Die folgenden fünf Charakteristika bilden die klassische Definition für Geld:

1. Geld ist verteilbar. Es muss für den Handel in verteilbaren Einheiten hergestellt werden.
2. Geld ist haltbar. Es darf nicht leicht zerstörbar sein und muss seinen Handelswert behalten. Sogar Papiergeld hat eine viel höhere Lebensdauer als z.B. Notizpapier.
3. Geld ist transportierbar. Es darf nicht schwer oder unhandlich sein, damit es leicht vom Besitzer für den täglichen Handel transportiert werden kann.
4. Geld ist leicht erkennbar. Es muss für alle offensichtlich sein, dass Geld ein von allen akzeptiertes Tauschmittel ist.
5. Geld ist knapp. Es muss wesentlich weniger Geld geben als nachgefragt wird. Die Geldmenge im Umlauf muss kontrollierbar sein. Wenn sie nicht vernünftig verwaltet wird, können die Folgen Inflation oder Deflation sein.

Wenn man fragt, wem das Geld gehört, würden viele Christen antworten, dass alles Gott gehört. Doch als Jesus mit den Pharisäern über das Thema Steuern sprach, stellte er klar, dass Geld nicht von Gott geschaffen wurde und folglich nicht zu Gott gehört. Es ist vom Menschen geschaffen worden und gehört dem weltlichen System an.

„Nun begannen die Pharisäer zu beraten, wie sie Jesus mit seinen eigenen Worten in eine Falle locken könnten. Sie schickten ein paar von ihren Leuten und einige Anhänger des Königs Herodes zu ihm. Die fragten ihn scheinheilig: Lehrer, wir wissen, dass es dir allein um die Wahrheit geht. Du sagst uns frei heraus, wie wir nach Gottes Willen leben sollen. Du redest den Leuten nicht nach dem Mund – ganz gleich, wie viel Ansehen sie besitzen. Deshalb sage uns: Ist es eigentlich Gottes Wille, dass wir dem römischen Kaiser Steuern zahlen, oder nicht? Jesus durchschaute ihre Hinterhältigkeit. Ihr Heuchler!, rief er. Warum wollt ihr mir eine Falle stellen? Zeigt mir ein Geldstück! Sie gaben ihm eine römische Münze. Wessen Bild und Name ist hier eingeprägt? Sie antworteten: Das Bild und der Name des Kaisers. Nun, dann gebt dem Kaiser, was ihm zusteht, und gebt Gott, was ihm gehört! Diese Antwort überraschte sie. Sie ließen Jesus in Ruhe und gingen weg." Matthäus 22,15-21

Obwohl Jesus in diesem Abschnitt eine Frage über Steuern beantwortet, sagt er auch etwas ganz Klares über die Natur des Geldes. Die römische Münze gehörte nicht Gott, sondern dem Kaiser. Wenn man also ein Klümpchen Gold nimmt, das seinen eigenen Wert hat, und seinem Wesen nach Wohlstand ist, es schmilzt, das Bild eines Menschen darauf prägt und es fürs Kaufen und Verkaufen bestimmt, dann hat dieses Gold den Herrschaftsbereich gewechselt. Gott ist nun nicht mehr der Eigentümer, sondern es gehört jetzt zum weltlichen System. Es ist Teil des ökonomischen Systems des Kaisers. Gott hat es dafür freigegeben.

Manche Menschen benutzen Geld als Speichermedium für Sachwerte oder Wohlstand. Einen Vorrat an Geld anzulegen ist leichter und verursacht geringere Kosten bei Geschäftsvorgängen als die Anlage in Häusern, Grundbesitz, Goldbarren oder ähnlichem. Diese müssen erst verkauft werden, wenn der Wohlstand für den Verbrauch zur Verfügung stehen soll. Geld ist dagegen den Schwächen unseres Wirtschaftssystems, wie Inflation und Deflation, unterworfen. Die Menschen versuchten, diese Schwäche zu beheben, indem sie alles Geld im Umlauf durch eine entsprechende Menge an Gold absicherten. Es ist durchaus etwas daran, dies zu tun, wenn man sich die Inflationsraten der Länder ansieht, die den Goldstandard aufgehoben haben. Zusammengefasst können wir sagen: Während also Wohlstand Gott gehört, gehört das Geld nicht zu Gott. Geld ist nicht durch Gott geschaffen worden, sondern vom Menschen und es gehört zum weltlichen System.

Welche Beziehung sollten wir als Christen zum Geld haben?
Die Bibel bezeichnet Geld als „kleines Ding". In Matthäus 25 erzählt Jesus ein Gleichnis von drei Knechten, denen ihr Herr Talente anvertraut hatte (eine damalige große Geldeinheit). Sie sollten sie für ihn verwalten. Einen treulosen Knecht tadelte der Herr, weil er das ihm anvertraute Geld nur vergraben hatte: „Hättest du doch mein Vermögen bei einer Bank angelegt! Dort hätte es wenigstens Zinsen gebracht!" (Vers 27) Vorher lobte der Herr die ersten beiden Knechte und sagte ihnen jeweils: „Du warst tüchtig und zuverlässig. In kleinen

Dingen bist du treu gewesen, darum werde ich dir größere Aufgaben anvertrauen. Ich lade dich zu meinem Fest ein!" (Vers 21 und 23) Was Jesus hier „kleine Dinge" nennt, ist ein großer Geldbetrag.

„*Doch bedenkt: Nur wer im Kleinen ehrlich ist, wird es auch im Großen sein. Wenn ihr bei kleinen Dingen unzuverlässig seid, werdet ihr es auch bei großen sein.*" Lukas 16,10

Wieder verwendet Jesus den Ausdruck „im Kleinen" und verwendet ihn für Geld, das Thema dieses Gleichnisses. Gott gebraucht Geld um Treue und Haushalterschaft zu lehren. Dann, in Vers 12, redet Jesus immer noch vom Geld und sagt:

„*Verwaltet ihr das Geld anderer Leute nachlässig, wer wird euch dann das schenken, was euch gehören soll?*" Lukas 16,12

Jesus spricht zu seinen Jüngern und stellt fest, dass das Geld einem anderen gehört, nämlich dem Kaiser oder dem weltlichen System. Das heißt, wir sollen nicht vom Geld beherrscht werden, sondern wir sollen das Geld beherrschen. Geld ist dazu da, unser Knecht zu sein. Wir sollen es so gebrauchen, dass es der Herrschaft Gottes zugutekommt. Wir sind dazu bestimmt, Haushalter dessen zu sein, was zum weltlichen System gehört, und dürfen daher nicht die grundlegenden Prinzipien verletzen, die in diesem System wirksam sind.

Wir Christen leben in diesem weltlichen System, aber wir gehören nicht dazu. Es ist nicht falsch zu kaufen und zu verkaufen. Aber wir leben nach anderen Prinzipien, die der Herrschaft Gottes entsprechen und die die Einschränkungen dieses weltlichen Systems überwinden.

Ein anderer Grund, warum wir wissen, dass Geld nicht Gott gehört, ist der, dass wir das lieben sollen, was Gott geschaffen hat und was er besitzt. Gott hat die Menschen geschaffen und wir sind dazu aufgerufen, einander zu lieben. Wenn Gott das Geld geschaffen hätte und sein Besitzer wäre, dann müssten wir das Geld lieben. Dagegen werden wir ganz konkret aufgefordert, das Geld nicht zu lieben, denn die Liebe zum Geld, die Habgier, ist die Wurzel für alles Böse.

„*Denn alles Böse wächst aus der Habgier. Schon so mancher ist ihr verfallen und hat dadurch seinen Glauben verloren. Wie viel Not und Leid hätte er sich ersparen können!*" 1. Timotheus 6,10

Das hebräische Wort für ‚Silber' oder ‚Geld' ist ‚kehsef'. Dieses Wort hat die gleiche Wurzel wie ein Verb, das ‚sich etwas wünschen' oder ‚sich nach etwas sehnen' bedeutet.

Wenn Wohlstand in Geld umgewandelt wird, wechselt es von einem Herrschaftsbereich in den anderen und die Menschen, die es verwalten, kommen unter den Einfluss des Mammongeistes und zwar auf eine Weise, wie sie es vorher nicht waren. Immer wieder sind mir (Craig) Leute begegnet, die ihren Besitz, z.B. einen Bauernhof, verkauften, den Erlös unter ihren Kindern oder Enkeln verteilten und schon nach einigen Jahren feststellen mussten, dass nichts mehr von diesem Geld übrig war. Was war passiert? Ein Bauernhof stellt Wohlstand dar, niemand misst ihn direkt in Kaufkraft. Sein Wert besteht einfach in dem realistischen Wert des Grundbesitzes. Aber in dem Augenblick, wo der Bauernhof verkauft wird, wird Wohlstand zu Geld und wechselt von einem Herrschaftsbereich in den anderen. Der Mammon will dann die Erben so beeinflussen, dass sie dem Geld einen außerordentlich hohen Wert und viel Macht zuschreiben. Wir machen uns oft keine Vorstellung davon, wie mächtig der Mammon ist, indem er bewirkt, dass Menschen dem Geld heilige Eigenschaften zuschreiben. Ein weiteres Beispiel dafür, wie der Mammon durch seine Macht unser Denken über das Geld beeinflussen kann, finden wir in der Apostelgeschichte.

„Keinem in der Gemeinde fehlte etwas; denn wer Häuser oder Äcker besaß, verkaufte seinen Besitz und übergab das Geld den Aposteln. Die verteilten es an die Bedürftigen. Zur Gemeinde gehörte auch der Levit Josef aus Zypern. Die Apostel nannten ihn Barnabas, das heißt ‚der Tröster'. Josef verkaufte seinen Acker und gab das Geld den Aposteln. Ein Mann namens Hananias verkaufte zusammen mit seiner Frau Saphira ein Grundstück. Sie beschlossen aber, heimlich einen Teil des Geldes für sich zu behalten. Den Rest brachte Hananias zu den Aposteln. Aber Petrus durchschaute ihn. Hananias, fragte er, warum hast du es zugelassen, dass der Satan von dir Besitz ergreift? Warum hast du den Heiligen Geist betrogen und einen Teil des Geldes unterschlagen? Niemand hat dich gezwungen, das Land zu verkaufen. Es war dein Eigentum.

Sogar das Geld hättest du behalten können. Wie konntest du nur so etwas tun! Du hast nicht Menschen betrogen, sondern Gott selbst. Nach diesen Worten brach Hananias tot zusammen. Alle, die davon hörten, waren entsetzt." Apostelgeschichte 4,34-5,5

Dieses Beispiel stammt aus der frühen Geschichte der Gemeinde, als Christen ihren Wohlstand in Geld umwandelten und das Geld für die Bedürfnisse anderer zur Verfügung stellten. Ich bin sicher, dass Ananias und Saphira diese Beispiele miterlebten und dachten, es sei eine gute Idee. Vielleicht meinten sie auch, dadurch zu erreichen, dass andere Gutes von ihnen denken würden.

Ananias und Saphira hatten keine Ahnung, unter welch großen Druck sie geraten würden, wenn sie ihren Besitz verkaufen und in Geld umwandeln würden. Offensichtlich wäre es ihnen wesentlich besser ergangen, wenn sie ihren Grundbesitz den Aposteln gegeben hätten und nicht das Geld. Als ihre Gabe noch die Form von Wohlstand besaß, waren sie gern bereit, das ganze Landstück an die Apostel zu geben. Doch in dem Moment, da es in Geld umgewandelt war, änderte sich ihre Einstellung. Sie wurden vom Mammon verleitet, dem Geld Macht zuzuschreiben, und dann kam es ihnen in den Sinn, etwas von dem Geld für sich zurückzubehalten und sie brachen dadurch ihr Versprechen, das sie Gott gegeben hatten. Dies zeigt deutlich den Einfluss, den der Mammon auf das Denken von Menschen hat.

Vielleicht erhielten Ananias und Saphira mehr Geld für ihr Landstück, als sie ursprünglich erwarteten. Deshalb wollten sie den Aposteln nur das Geld geben, mit dem sie gerechnet hatten. Da niemand sonst wusste, wie viel Geld sie bekommen hatten, würde es auch niemand erfahren. Ist es nicht erstaunlich, wie schnell Gott aus dem Denken verschwindet, wenn der Mammon sich dort breitmacht? Was für ein atheistisches Denken! Keiner wird es merken, dachten sie. Und was ist mit dem Heiligen Geist?

Das Resultat des Ganzen war, dass Ananias und Saphira ihr Leben verloren, weil sie Gott aus ihren finanziellen Angelegenheiten ausgeschlossen hatten. Dieser Bericht zeigt die Macht des Geldgeistes, uns zu täuschen, zu bestehlen, zu zerstören und letztendlich zu töten (das wahre Wesen des Feindes Gottes). Diese Wahrheit zeigt sich immer wieder in der Art und Weise, wie Wohlstand an christliche Werke und Gemeinden gegeben wird. Solche Organisationen bekommen verhältnismäßig leicht Grundbesitz, Häuser oder Güter, oft einfach als Segen Gottes. Doch sobald es um das Geld geht, das für christliche Einsätze nötig ist, reicht es vorne und hinten nicht. Dieses Geld muss nämlich erst aus dem weltlichen System herausgenommen und dem Reich Gottes zur Verfügung gestellt werden. Und weil das Geld mehr zum weltlichen System als zu Gott gehört, müssen auch Christen sich an die Regeln im weltlichen System halten.

Damit Christen Geld für die Ausbreitung des Reichs Gottes zur Verfügung stellen können, müssen sie sich mit dem Geist des Mammons beschäftigen und die Regeln für den Umgang mit Geld im weltlichen System beachten. Viele Christen verletzen diese Regeln für den Umgang mit Geld in der Welt und erwarten dann von Gott, dass er ihnen auf übernatürliche Weise Geld für christliche Arbeiten zur Verfügung stellt. Das ist so, als ob jemand das Gesetz der Schwerkraft missachtet und dann von Gott erwartet, dass er es außer Kraft setzt, nur weil er ihm dient. So geht es nicht! Auch Pastoren und Missionare müssen das Gesetz der Schwerkraft beachten; und ebenso das des Geldes.

„Wir gehören zu Gott, auch wenn die ganze Welt um uns herum vom Teufel beherrscht wird." 1. Johannes 5,19

Der Teufel regiert über das System der Welt und er kennt die Regeln, nach denen alles abläuft. Gesetzlich wie er ist, nutzt er es gegen uns aus, wenn wir uns nicht genügend mit den Regeln auskennen, nach denen das Geld in dieser Welt verwaltet wird. Wenn Gott für uns die Gesetze des weltlichen Systems außer Kraft setzen würde, hätte der Satan eine stichhaltige Anklage gegen die Gerechtigkeit Gottes vorzubringen. Aber wenn wir die Regeln des weltlichen Systems befolgen, können wir Gottes Finanzprinzipien im Glauben anwenden und zuversichtlich sein, dass uns das Geld zur Verfügung stehen wird, das wir brauchen. Noch einmal: Dazu müssen wir Gott in festem Vertrauen bitten (Jakobus 1,6) und die Bedingungen des weltlichen Systems in Bezug auf das Geld erfüllt haben (Geist und Wahrheit).

Petrus wurde einmal gefragt, ob Jesus die Bedingungen weltlicher Steuereinnehmer erfüllen und mit ihnen kooperieren würde.

„Bei ihrer Ankunft in Kapernaum kamen die Steuereinnehmer des Tempels zu Petrus und fragten: Zahlt euer Lehrer keine Tempelsteuer? – Natürlich tut er das, antwortete Petrus und ging in das Haus, um mit Jesus darüber zu reden. Doch Jesus kam ihm zuvor: Was meinst du, Petrus, von wem fordern die Könige Abgaben und Steuern, von ihren eigenen Söhnen oder von ihren Untertanen? – Von den Untertanen natürlich, antwortete Petrus. Jesus erwiderte: Dann sind die eigenen Söhne also steuerfrei. Doch wir wollen ihnen keinen Anlass geben, uns anzuklagen, darum geh an den See und wirf die Angel aus. Dem ersten Fisch, den du fängst, öffne das Maul. Du wirst darin eine Münze finden, die für deine und meine Abgabe ausreicht. Bezahle damit die Tempelsteuer!" Matthäus 17,24-27

Jesus verwaltete die Finanzen für seinen Dienst in Übereinstimmung mit den weltlichen Steuergesetzen. Er betonte Petrus gegenüber, dass sie eigentlich nicht Teil des weltlichen Finanzsystems seien, aber dennoch danach handelten, um weder den Gläubigen noch den Ungläubigen einen Anstoß zu geben. Geistlich gesehen waren sie von der Steuerzahlung ausgenommen, doch sie unterstellten sich selbst dieser Anweisung, um das Evangelium ungehindert predigen zu können. Jesus glaubte, dass Gott trotz dieser finanziellen Forderungen für ihre Bedürfnisse sorgen würde.

Ein Buch von Charles Blair mit dem Titel *A Man Who Could Do No Wrong* (Ein Mann, der nichts Böses tun konnte) veranschaulicht diesen Punkt. Pastor Blair hatte den Traum, mit Gottes Hilfe ein Seniorenheim zu errichten. Dieser Traum war ohne Zweifel ein wunderbarer Plan Gottes. Doch die Art und Weise, wie er das Geld für dieses Projekt sammeln wollte, verstieß gegen die Regeln des amerikanischen Steuerrechts. Blair glaubte, dass Geld Gott gehört. Er dachte weiterhin, dass er für ein bestehendes Projekt Geld sammeln könnte, um es dann für ein anderes von Gott gewolltes Projekt zu verwenden. Doch dadurch verletzte er die Regeln des weltlichen Systems. Diese besagen, dass Gelder, die für ein bestimmtes Projekt gesammelt werden, auch für dieses Projekt verwendet werden müssen.

Es war eine traurige Geschichte, bei der Blair viel über den Umgang mit Geld nach den Regeln des weltlichen Systems lernte; leider erst zu spät. Aufgrund etlicher Gesetzesübertretungen kam er vor Gericht. Charles Blair ist ein lebendiges Zeugnis für die Tatsache, dass man nicht gegen das System, zu dem das Geld gehört, verstoßen und dann von Gott erwarten kann, diese Misswirtschaft auszubügeln.

Was ist mit der dritten Kategorie von Finanzen, dem Reichtum?

Ist Reichtum ebenfalls von Wohlstand und Geld zu unterscheiden? Wir glauben schon. Wir definieren Reichtum als Geld, das für Sie arbeitet. Wenn Sie Geld über ihre Verpflichtungen und Bedürfnisse hinaus haben, dann sind Sie in der Lage, dieses Geld zu investieren und für sich arbeiten zu lassen. Das heißt also, dass Reichtum nicht auf Geld gegründet ist, für das Sie gearbeitet haben, sondern vielmehr auf Geld, das für Sie arbeitet. Heutzutage findet man Reichtum hauptsächlich in Form von Aktienkapital, Wertpapieren, Fonds, etc.

Wenn wir Geld so anlegen, wird der Geist des Mammons versuchen, uns zu beeinflussen, in diese Investitionen zu vertrauen, insbesondere was unsere zukünftigen Bedürfnisse betrifft. Paulus schreibt in seinem Brief an Timotheus, dass dieser die Reichen der Gemeinde dazu auffordern soll, nicht stolz zu sein und nicht ihrem Reichtum zu vertrauen, sondern Gott. Noch einmal erklärt Paulus hier, dass Gott unsere Quelle ist, und nicht der Reichtum.

„Den Reichen musst du unbedingt einschärfen, sich nichts auf ihren irdischen Besitz einzubilden oder sich auf etwas so Unsicheres wie den Reichtum zu verlassen. Sie sollen vielmehr auf Gott hoffen, der uns mit allem reich beschenkt, damit wir es genießen können."
1. Timotheus 6,17

Auch Jesus spricht im Gleichnis vom Sämann (Markus 4) darüber, dass Reichtum trügerisch ist. Dort fällt der Samen des Wortes auf verschieden beschaffenen Boden und unterschiedliche Gründe verhindern, dass der Same Frucht bringt. Einer dieser Gründe ist das „Unkraut", das als trügerischer Reichtum gedeutet wird und dem Samen die Möglichkeit raubt, zu wachsen und zu gedeihen.

Geld zu haben, das für uns arbeitet, ist nicht falsch. Tatsächlich handeln die Gleichnisse von den Talenten (Matthäus 25) und von den Goldstücken (Lukas 19) von Geld, das uns gegeben wurde, damit es für uns arbeitet und vervielfältigt wird. Mit anderen Worten: Es dient dazu, Reichtum zu schaffen. Wir müssen Gott gegenüber ehrlich sein, zu welchem Zweck wir Geld verwenden wollen. Manche Menschen sparen einfach nur für schlechte Zeiten, anstatt für einen bestimmten Zweck, wie die Ausbildung eines Kindes oder den Kauf eines anderen Autos. Reichtum, der nicht für ein bestimmtes Ziel bestimmt ist, kann leicht vom Mammon dazu gebraucht werden, unser Denken und unsere Gefühle zu beeinflussen, so dass wir auf diesen Reichtum vertrauen.

Wenn in einer solchen Situation der Aktienmarkt einbrach, sprangen viele, die auf ihren Reichtum vertrauten, aus dem Fenster in den Tod. Sie hatten ihr Vertrauen auf solche Reichtümer gesetzt, die gerade erheblich an Wert verloren hatten. Reichtum kann dazu verwendet werden, Wohlstand zu schaffen, oder er kann als Speichermedium für Geld dienen. Im Gleichnis lobte Jesus die Knechte, die das ihnen anvertraute Geld, das für sie arbeiten sollte, vervielfältigt hatten. Aber sie mussten es ihrem Herrn zurückgeben. Gott möchte, dass wir einen Überfluss an Geld in unserem Leben haben, so dass wir damit arbeiten können und es zur Verfügung haben, wenn Gott es verwenden möchte. Wenn wir Gott nach dem Zweck fragen, dem der Überfluss dienen soll, kann es sein, dass er in Reichtum umgewandelt werden soll, so dass das Geld jetzt für uns arbeitet oder er hat damit ein Ziel für die Zukunft. Ich (Earl) nenne diesen Fonds nach dem Text in Lukas 19,31 „Der Herr braucht ihn". Es ist Geld oder Reichtum, der für Gottes Ziele zur Verfügung steht, sobald Gott danach verlangt.

Wir haben nun gesehen, dass der Wohlstand Gott gehört. Er möchte, dass wir mit ihm gemeinsam Wohlstand in unseren Händen halten, der für mehrere Generationen zum Segen wird. Wenn wir Wohlstand in Geld umwandeln, bringen wir sofort den Mammon mit ins Spiel. Die Geschichte vom verlorenen Sohn ist dafür ein Beispiel.

„Ein Mann hatte zwei Söhne, erzählte Jesus. Eines Tages sagte der jüngere zu ihm: Vater, ich will jetzt schon meinen Anteil am

Erbe ausbezahlt haben. Da teilte der Vater sein Vermögen unter ihnen auf. Nur wenige Tage später packte der jüngere Sohn alles zusammen, verließ seinen Vater und reiste ins Ausland. Dort leistete er sich, was immer er wollte. Er verschleuderte sein Geld..."
Lukas 15,11-13

Beachten Sie hier, dass der jüngere Sohn seinen Anteil am Grundbesitz bekommt und diesen in Geld umwandelt, was er dann in einem verschwenderischen Leben verprasst. Sobald das Erbe zu Geld geworden ist, hat der Mammon Einfluss auf diesen Mann.

Viele Länder haben Gesetze, die verbieten, dass Minderjährige über ein Erbe in Form von Wohlstand verfügen können, um zu verhindern, dass dieses in Geld umgewandelt und verschleudert wird. Diese Gesetze beschäftigen sich mit der Realität des Mammons ohne eine genaue Kenntnis von der geistlichen Welt zu haben. Nichtsdestotrotz ist seine Wirkung – gerade auch im Leben junger Leute – offensichtlich.

Geistlicher Kampf um die Finanzen

Wir haben bereits festgestellt, dass Geld ein Produkt des weltlichen Systems ist, um damit zu kaufen und zu verkaufen. Wir sind alle im Ebenbild Gottes geschaffen und daher gehören wir Gott. Als Christen sind wir Haushalter dessen, was einem anderen gehört. Geld gehört dem weltlichen System. Trotzdem sind wir Haushalter des Geldes, das im Austausch für unsere Kreativität und (Arbeits-)Zeit zu uns kommt. Gott lehrt uns durch unseren Umgang mit Geld Treue und Haushalterschaft.

Es ist Gottes Absicht, uns viel Geld aus dem weltlichen System zur Verfügung zu stellen, damit wir es während unserer Lebenszeit für die Ausbreitung der Herrschaft Gottes verwenden. Mit Geld in unseren Händen können wir das System der Welt dazu bringen, Dinge zu tun, die den Absichten Gottes entsprechen. Wir können Flugtickets kaufen und die Gute Nachricht von Jesus Christus an jedem Ort der Erde verkündigen. Wir können Bibeln drucken und verbreiten. Mit Geld können wir im Namen und im Auftrag von Jesus Christus vielen Menschen zur selben Zeit Gutes tun. Körperlich anwesend sind wir immer nur an einem Ort, doch wenn wir Geld in verschiedene christliche Arbeiten über die ganze Welt verstreut geben, dann haben wir sozusagen die Möglichkeit, an vielen Orten gleichzeitig zu sein. Weil wir als Christen diese Möglichkeit haben, wird der Teufel alles in seiner Macht Stehende tun, dass uns nicht viel Geld zur Verfügung steht. Besonders, wenn er sieht, dass wir nicht vom Mammon kontrolliert werden und entschlossen sind, das Evangelium zu verbreiten. Auf der anderen Seite wird der Teufel solchen Menschen viel Geld in die Hände geben, die sich vom Mammon beherrschen lassen. Wer im Umgang mit Finanzen nicht diszipliniert ist, kann sich selbst damit zerstören, indem er sich von Gott ablenken lässt und immer stärker dem Geld nachjagt. Doch Jesus hat uns in seinem Namen Autorität über alle Werke Satans, des Feindes, gegeben. Daher können wir den geistlichen Kampf gegen ihn führen, um Geld zur Verfügung zu haben und unser Augenmerk beständig auf Gottes Reich und seine Absichten richten zu können. Von diesem Kampf wird in dem unten zitierten Abschnitt der Bibel gesprochen.

„Wie oft erliegen Menschen, die um jeden Preis reich werden wollten, den Versuchungen des Teufels, wie oft verfangen sie sich in seinen Netzen! Solche unsinnigen und schädlichen Wünsche stürzen die Menschen in den Untergang und ins Verderben. Denn alles Böse wächst aus der Habgier. Schon so mancher ist ihr verfallen und hat dadurch seinen Glauben verloren. Wie viel Not und Leid hätte er sich ersparen können! Du aber, mein lieber Timotheus, gehörst Gott und dienst ihm. Deshalb meide all diese Dinge. Bemüh dich vielmehr mit aller Kraft darum, das Richtige zu tun, Gott zu dienen, ihm zu vertrauen und deine Mitmenschen von ganzem Herzen zu lieben. Begegne ihnen mit Geduld und Freundlichkeit. Kämpfe den guten Kampf des Glaubens! Erringe so das ewige Leben. Dazu hat dich Gott berufen, und das hast du vor vielen Zeugen bekannt."
1. Timotheus 6,9-12

Ist es nicht interessant, zu sehen, dass der oft zitierte Vers 12 in einem Zusammenhang steht, der mit Geld zu tun hat?

Diesen geistlichen Kampf, den Kampf des Glaubens, führen wir auch in Bezug auf das Geld. Dies ist mehr als ein Befehlen im Namen von Jesus, dass etwas geschehen oder aufhören soll. Wir führen einen geistlichen Kampf um unsere Lebensgestaltung. Sehen wir uns an, wie Jesus in Johannes 14 reagierte, als der Teufel zu ihm kam.

„Ich habe nicht mehr viel Zeit, mit euch zu reden, denn der Teufel, der Herrscher dieser Welt, hat sich schon auf den Weg gemacht. Er hat [...] keine Macht über mich." Johannes 14,30

Wir können nicht so leben, dass wir die Prinzipien des weltlichen Systems ständig verletzen, indem wir z.b. Schulden nicht zurückzahlen oder Gelder veruntreuen, und gleichzeitig erwarten, dass wir in der geistlichen Welt Autorität über den Mammon haben. Wenn wir entschlossen sind, unsere persönlichen Finanzen in Ordnung zu bringen und konkrete Schritte dazu unternehmen, indem wir zu Gott umkehren, wird Gott uns die Autorität geben, in unseren Worten und unserem Leben den geistlichen Kampf zu bestehen. Wir sollten darauf achten, dass es nichts in unserem Umgang mit Finanzen gibt, dass dem Teufel die Möglichkeit einräumt, den Zufluss von Geld in unserem Leben zu verhindern.

Glaube entsteht durch das Hören auf die Botschaft, die Botschaft aber kommt aus dem Wort Gottes (Römer 10,17). Dieser Glaube äußert sich mindestens auf folgenden drei Ebenen:

1. Wir müssen glauben, was das Wort Gottes, die Bibel, sagt.
2. Wir müssen das Wort Gottes bekennen. Unsere eigenen Ohren müssen also hören, woran wir glauben.
3. Unser Lebenswandel muss mit dem, was wir glauben und bekennen, übereinstimmen.

Wie können wir das auf Finanzen praktisch anwenden? Wir müssen, auch was Geld betrifft, fest im Wort Gottes gegründet sein. Was sagt die Bibel über den Umgang mit Finanzen? Wir müssen zuerst den Kampf um den Zufluss von Geld in unser Leben im geistlichen Bereich gewinnen, bevor er sich im natürlichen Bereich auswirken kann. Dazu brauchen wir Verständnis, wie die Herrschaft Gottes über das Geld aussieht und müssen auch nach diesen Prinzipien leben, ohne unser Denken vom weltlichen System beeinflussen zu lassen. Unsere Handlungen müssen mit unserem Glauben und unserem

Bekenntnis zusammenpassen, ohne dass uns ständige Zweifel hin- und herwerfen. Jakobus beschreibt das folgendermaßen:

„Wenn es jemandem von euch an Weisheit fehlt, soll er Got darum bitten, und Gott wird sie ihm geben. Ihr wisst doch, dass er niemandem seine Unwissenheit vorwirft und dass er jeden reich beschenkt. Betet aber in großer Zuversicht, und zweifelt nicht; denn wer zweifelt, gleicht den Wellen im Meer, die vom Sturm hin- und hergetrieben werden. Ein solcher Mensch kann nicht erwarten, dass Gott ihm etwas gibt. In allem, was er tut, ist er unbeständig und hin- und hergerissen." Jakobus 1,5-8

„Denn wir kämpfen nicht gegen Menschen, sondern gegen Mächte und Gewalten des Bösen, die über diese gottlose Welt herrschen und im Unsichtbaren ihr unheilvolles Wesen treiben." Epheser 6,12

Wie wir in den vorangegangenen Kapiteln gesehen haben, will der Mammon unsere Gedanken und Gefühle beherrschen. Er wirkt als eine Macht in der geistlichen, unsichtbaren Dimension und will unsere finanziellen Angelegenheiten kontrollieren.

Wir alle kennen Menschen, die früher Gott liebten und ihm dienten. Doch irgendwann bekamen sie Geld in die Hände, wurden von der Liebe zum Geld gefangen genommen, verwendeten es nicht mehr in Gottes Sinn und heute lieben und dienen sie Gott nicht mehr. Wir haben beobachtet, dass wir momentan in einem geistlichen Kampf im finanziellen Bereich stecken, der vielleicht heftiger tobt als jemals zuvor. Der Kampf zwischen dem weltlichen System und der Herrschaft Gottes um die Herzen und Gedanken von Männern und Frauen in Bezug auf Finanzen ist gewaltig. Doch wir haben Waffen für unseren Kampf zur Verfügung, die nicht von Menschen stammen.

„Ich setze nicht die Waffen dieser Welt ein, sondern die Waffen Gottes. Sie sind mächtig genug, jede Festung zu zerstören, jedes menschliche Gedankengebäude niederzureißen, einfach alles zu vernichten, was sich stolz gegen Gott und seine Wahrheit erhebt. Alles menschliche Denken nehmen wir gefangen und unterstellen es Christus, weil wir ihm gehorchen wollen. In diesem Sinn werden wir auch jeden Ungehorsam strafen, aber zuerst müsst ihr als Gemeinde zum Gehorsam bereit seid." 2. Korinther 10,4-6

Möge Gott Ihnen, während Sie dieses Buch weiterlesen, Einsicht darüber schenken, wo Sie ganz persönlich in diesem geistlichen Kampf stehen. Wir wünschen Ihnen, dass Sie darüber hinaus erfahren, dass Gott Ihren Willen stärkt, dem Feind entgegenzutreten. Denn dieser wird versuchen, dass Ihnen kein Geld zur Verfügung steht und will Sie davon ablenken, Gott zu dienen und seinen Plänen entsprechend zu leben.

Fülle mit Sinn und Ziel

Zur Vorbereitung auf den nächsten Baustein ist es nötig, Gottes Plan zu verstehen, nämlich dass es denjenigen gut geht, die zu ihm gehören. Vieles ist im Laufe der Jahre über Fülle gelehrt worden. Es gab und gibt immer noch Reaktionen auf diese Botschaft, sowohl positive als auch negative. Die gute Nachricht ist, dass Gott sein Volk segnen will. Wir sind von Gott mit allen geistlichen Segnungen und Privilegien gesegnet worden. Alles, was zum Leben und zum Leben im Glauben dient, haben wir erhalten, einschließlich Wohlstand, Friede, Freude und Gesundheit. Gott hat mit Ihnen und uns einen Bund geschlossen, der mit dem Blut Jesu besiegelt und damit für gültig erklärt wurde. Das Leben in diesem Bund gehört zu der tiefen Beziehung, die wir zu Gott haben. Wenn Sie wissen, dass Sie in der Beziehung zu Gott leben, dann wissen Sie auch von dem Bund Gottes mit uns. Er enthält Gottes Zusage für seine Versorgung und seine Fülle.

Wofür steht ‚Fülle'? Das Wort bezieht sich zunächst nicht auf Geld, Reichtum oder Wohlstand. Es beschreibt einfach den Zustand eines Gefäßes, das voll ist, und zwar bis zum höchstmöglichen Punkt. In der Fülle leben, heißt einfach in einem oder mehreren wünschenswerten Bereichen das Maximum zu erreichen, ob dieser Wunsch sich nun auf den geistlichen, seelischen, physischen oder sozialen Bereich bezieht oder auch auf Finanzen.

In diesem Zusammenhang finden wir den Schlüsselbegriff in dem Wort ‚Wunsch'. Ein Wunsch kann gut oder schlecht sein. Wenn Wohlstand zum Guten verwendet wird, dann könnte eine Definition folgendermaßen aussehen: „Biblischer Wohlstand (Fülle) ist die Fähigkeit, Gottes Macht und Wissen zu nutzen, um damit für die Bedürfnisse der Menschen in jeglichem Lebensbereich zu sorgen." Gottes Wunsch ist es, dass die Menschen, die zu ihm gehören, Zugang zu seiner Macht und seinem Wissen haben, so dass durch den Heiligen Geist Gutes bewirkt werden kann.

In der geistlichen Welt kommt Fülle zu den Menschen, wenn das Evangelium von Jesus Christus verkündigt wird und Menschen in eine lebendige Beziehung zu Gott kommen, indem sie Jesus als Retter und Herrn in ihr Leben aufnehmen. Die Gute Nachricht ist die Kraft Gottes, die jeden errettet, der sein Vertrauen darauf setzt. Wer in diese lebendige Beziehung zu Gott eintritt, blüht geistlich auf und erfährt Gottes Fülle. Er ist vom Tod zum Leben hindurchgedrungen und ewiges Leben ist in das Leben eines Menschen gekommen.

Fülle in der seelischen Dimension hat einen Einfluss auf das Denken, den Willen und die Gefühle. Dadurch, dass wir unser Denken kontinuierlich durch Gottes Wort erneuern lassen, verändert sich unsere Denkweise.

„Passt euch nicht dieser Welt an, sondern ändert euch, indem ihr euch von Gott völlig neu ausrichten lasst. Nur dann könnt ihr beurteilen, was Gottes Wille ist, was gut und vollkommen ist und was ihm gefällt." Römer 12,2

Das Lesen im Wort Gottes, das Nachdenken darüber und das dementsprechende Handeln verändert unser Denken. Erst stimmten wir mit dem weltlichen System überein und jetzt entdecken wir die Prinzipien und Absichten Gottes. Solche Aktivitäten verwandeln unser Denken, es blüht dadurch regelrecht auf und wir erfahren Gottes Fülle. Wenn dagegen ein Geist der Armut unser Denken beeinflusst, erwarten wir nur, dass andere uns etwas wegnehmen wollen und werden darum bemüht sein, uns ständig selbst zu schützen. Das Resultat: Es fällt uns sehr schwer, etwas zu geben.

Unser Wille soll ebenfalls durch Gottes Fülle und seine Gedanken geprägt sein. Frei von Bindungen können wir ohne Aufschub Gott gehorchen. Denn aufgeschobener Gehorsam ist Ungehorsam.

Gott will auch, dass unsere Gefühle „aufblühen". Sie sollen mit unseren Entscheidungen übereinstimmen. Oft können sehr starke negative Gefühle uns daran hindern, richtige Entscheidungen zu treffen. Unsere Gefühle müssen von Gott gereinigt werden und dadurch wird Gott unseren Gefühlen helfen, die richtigen Entscheidungen zu unterstützen. Dann werden wir viel weniger von so bezwingenden Gefühlen wie Furcht, Scham, Stolz, Habgier und Ähnlichem gequält. Gefühle sollen unsere richtigen Entscheidungen unterstützen, und uns nicht davon abhalten, diese Entscheidungen zu treffen.

„Wenn ihr mir von Herzen gehorcht, dann könnt ihr wieder die herrlichen Früchte eures Landes genießen." Jesaja 1,19

Auch unser Körper soll aus dieser Fülle Gottes leben, von ihr bestimmt werden und gesund sein. Viele Stellen im Alten und im Neuen Testament unterstreichen: Gott möchte, dass es unserem Körper gut geht.

„Lieber Gajus! Ich hoffe, dass es dir gut geht und du an Leib und Seele so gesund bist wie in deinem Glauben." 3. Johannes 2

Gott möchte auch, dass wir in unseren Beziehungen zu anderen Menschen seine Fülle erfahren: Ehemänner und Ehefrauen, Kinder und Eltern, oder andere Familienangehörige, die weltweite Gemeinschaft der Christen und mit jedem.

„Seid einmütig untereinander! Strebt nicht hoch hinaus, und seid euch auch für geringe Aufgaben nicht zu schade. Hütet euch vor Selbstüberschätzung und Besserwisserei. [...] Soweit es irgend möglich ist und von euch abhängt, lebt mit allen Menschen in Frieden." Römer 12,16.18

„So spricht der Herr, euer Erlöser, der heilige Gott Israels: Ich bin der Herr, euer Gott. Ich lehre euch, was gut für euch ist, und zeige euch den Weg, den ihr gehen sollt. Ach, hättet ihr doch meine Gebote befolgt! Dann wäre euer Friede wie ein Strom, der nie versiegt. Euer Glück würde sich ausbreiten wie die Meereswellen." Jesaja 48,17-18

Das Geheimnis liegt darin, demütig zu leben. Das Wort Gottes lehrt uns, wie wir dies tun können. Gott will, dass wir glücklich sind. Und oft ermöglicht er auch Fülle im finanziellen Bereich. Gott brachte

Abraham, Josef, Josua und viele andere Leute, die in der Bibel beschrieben werden, zu Wohlstand. Das Gegenteil finanzieller Fülle ist Armut. Armut oder die Abwesenheit von Fülle ist ein Fluch, der denjenigen droht, die sich dem Schutz Gottes entziehen und ihm nicht gehorchen.

„Dem Reichen gibt sein Besitz Sicherheit; den Armen aber schützt nichts vor dem Untergang." Sprüche 10,15

Eine Mentalität des „es reicht gerade" fällt auch in diese Kategorie. Gerade genug für sich selbst zu haben, ist eigentlich Egoismus, weil Sie in Ihren Möglichkeiten, andere durch Geben zu segnen, eingeschränkt sind. Gott möchte, dass es Überfluss in unserem Leben gibt, so dass wir andere segnen können und ein Kanal für Finanzen sind, die sein Reich mit aufbauen.

„Der Geist des Herrn ruht auf mir, weil er mich berufen hat. Er hat mich gesandt, den Armen die frohe Botschaft zu bringen. Ich rufe Freiheit aus für die Gefangenen, den Blinden sage ich, dass sie sehen werden, und den Unterdrückten, dass sie bald von jeder Gewalt befreit sein sollen." Lukas 4,18

Beachten Sie, dass Jesus jedem Problem sein Gegenteil gegenüberstellt. Jesus brachte die Lösung: blind – sehend, unterdrückt – von Gewalt befreit, Gefangene – Befreite. Und die Armen? Sie hören die Gute Nachricht. Zu welchem Zweck? Um sie aus ihrer Armut zu befreien! Einige mögen fragen: Hat Jesus nicht gesagt, dass wir immer Arme bei uns haben werden? Die Antwort ist Ja, aber warum? Einfach deshalb, weil nicht alle dem Evangelium Glauben schenken werden, der Guten Nachricht, die Gottes Kraft zur Errettung ist; einer Errettung, die jeden Lebensbereich beeinflusst.

Warum Gott seine Kinder segnen will

Es gibt mindestens vier Gründe, warum Gott uns segnen will. Eine Bedeutung des hebräischen Wortes ‚segnen' ist ‚zu etwas befähigen'. Wie wir bereits gesehen haben, will Gott sicherlich die Menschen, die zu ihm gehören, dazu befähigen, erfolgreich zu sein. Hier sind vier Gründe dafür:

Erster Grund:
Gott schenkt uns seine Fülle einfach, weil wir seine Kinder sind

„Würde jemand von euch seinem Kind einen Stein geben, wenn es um ein Stück Brot bittet? Oder eine giftige Schlange, wenn es um einen Fisch bittet? Wenn schon ihr hartherzigen Menschen euren Kindern Gutes gebt, wie viel mehr wird euer Vater im Himmel denen Gutes schenken, die ihn darum bitten!" Matthäus 7,9-11

Gottes Wunsch ist es, seinen Kindern gute Gaben zu schenken, z.B. die Abwesenheit von Armut. Manche denken allerdings, Gott wolle uns durch Armut demütig halten. Das ist nicht Gottes Art, Demut wachsen zu lassen. Um im obigen Bild zu bleiben: Sie wollen das nicht für Ihre eigenen Kinder, warum sollte Gott es wollen?

Gott hat ein Ziel mit Fülle und Wohlstand. Sie sind kein Selbstzweck. Er hat sich selbst als ‚der Herr, der sieht' offenbart, als unser Versorger (1. Mose 22,13-14). Unser Augenmerk muss auf Gott als unsere Quelle gerichtet sein. Viele machen den Fehler, Wohlstand an sich zu ihrem Ziel zu erklären. Damit vertauschen sie die Realitäten und machen Geld zum Ziel und Gott wird das Mittel zum Zweck. Doch wenn Gott das Ziel in unserem Leben ist, können wir sein Ziel, das er mit dem Wohlstand verfolgt, entdecken.

Manche Christen empfinden großen Widerstand gegenüber einer Lehre vom Wohlstand, weil dieser Wohlstand schon oft missbraucht wurde und Menschen ihn einfach für sich anhäuften. Doch wir sollten nicht das Kind mit dem Bade ausschütten. Das Kind müssen wir immer behalten und nur das Badewasser loswerden. Wohlstand und Fülle brauchen einen festen Rahmen, sie müssen im Zusammenhang mit einem geschlossenen Kreis an Verpflichtungen, Notwendigkeiten und Wünschen stehen, einem Haushaltsplan, bei dessen Erstellung man die Frage beantwortet: Wie viel ist genug? Ohne Gottes Antwort auf diese Frage wird der Mammon unsere Gedanken und Gefühle manipulieren und wir werden den Wohlstand missbrauchen, den Gott uns zur Verfügung stellt. Wir brauchen klare Unterweisung in Bezug auf Geld und das weltliche System, das dahintersteht.

In manchem müssen wir uns von dem weltlichen Denken der klassischen Wirtschaftslehre lösen (vgl. S. 102ff). Dort wird uns Wohlstand wie ein Kuchen vorgestellt, als feste, unveränderliche Größe. Wer sein Stück des Kuchens vergrößern will, muss etwas von den Stücken anderer nehmen und deren Wohlstand damit schmälern. Doch in Gottes Augen ist Wohlstand im Überfluss vorhanden und sein Wert wird ständig durch eifrige Arbeit und kreative Ideen vergrößert. Wohlstand hängt auch von den Bündnissen Gottes mit uns Menschen ab und von unserer Bereitschaft und Fähigkeit, diese zu verstehen und danach zu leben.

„Denkt vielmehr an den Herrn, euren Gott, der euch die Kraft gibt, Reichtum zu erwerben! Denn er hält sich an den Bund, den er mit euren Vorfahren geschlossen hat und der heute auch für euch gilt." 5. Mose 8,18

Aller Wohlstand kommt von Gott und nur die, die mit Gott im Bund leben, haben das Recht, Wohlstand zu besitzen und zu nutzen.

„... das Vermögen des Gottlosen geht über an den, der Gott dient." Sprüche 13,22b

Wir müssen – auch was die Finanzen angeht – zu treuen Haushaltern Gottes werden, dann kann Gott uns so viel anvertrauen, dass wir andere segnen und ihm und der Ausbreitung seines Reiches dienen können. So geht Ihr Wohlstand nicht auf Kosten anderer! Gott hat die Macht, alle Menschen in Fülle leben zu lassen. Allerdings gibt es da Bedingungen, die erfüllt werden müssen. Wir müssen Gottes Regeln befolgen, die die Verwaltung seines Wohlstands betreffen. Es ist richtig: Der Mensch hat sich von Gott entfernt und hat das von Gott gegebene Ziel missbraucht, gesegnet zu werden und ein Segen für andere zu sein. In seinem Egoismus hat er alles für sich selbst genommen und den Wohlstand missbraucht. Doch dieser Missbrauch nimmt Gott nicht den Wunsch, seinen Kindern die Fülle zu geben.

Zweiter Grund:
Wohlstand ist dazu da, uns von der Sorge um Dinge zu befreien
Das weltliche System definiert Wohlstand anders, als er im Reich Gottes verstanden wird. Dieses System sagt uns, dass Wohlstand darin

besteht, Dinge zu erwerben und zu haben. Ein Autoaufkleber bringt das so zum Ausdruck: „Wer mit den meisten Spielsachen stirbt, hat gewonnen!" Eigentlich eine traurige Bilanz des weltlichen Systems. Gott möchte uns Gelingen schenken, damit unser Bedürfniskreis geschlossen wird und unser Finanzplan aufgeht. Dadurch schaffen wir Überfluss, der andere segnet und das finanziert, was zur Ausdehnung der Herrschaft Gottes dient und nicht länger dem unstillbaren Hunger des menschlichen Egoismus zum Opfer fällt.

„Wenn dieses Gute nun kommt, sagt nicht: Das haben wir aus eigener Kraft geschafft, es ist unsere Leistung! Denkt vielmehr an den Herrn, euren Gott, der euch die Kraft gibt, Reichtum zu erwerben! Denn er hält sich an den Bund, den er mit euren Vorfahren geschlossen hat und der heute auch für euch gilt." 5. Mose 8,17-18

Der Feind kann und darf Menschen Reichtum (Geld, das für sie arbeitet) zur Verfügung stellen, der dazu führt, dass sie nicht mehr darauf achten, dass Gott ihr Versorger ist. Wenn diese Menschen Gottes Ziel mit dem Wohlstand nicht verstehen, werden sie ihn für sich selbst verschwenden. Mit einem offenen Bedürfniskreis werden sie die Größe ihres Kreises ständig erweitern, ohne dabei Gott zu befragen, und sie werden diese Erweiterung als Gottes Segen deuten. Ohne einen geschlossenen Bedürfniskreis und ohne die Antwort auf die Frage, wie viel genug ist, wird Wohlstand zu einer Falle.

Es gibt zwei Arten von Sorgen. Zu wenig zu haben, verursacht eine Sorge, weil wir dann das nicht umsetzen können, was Gott von uns erwartet. Wir verbringen dann viel Zeit damit, Geld zu verdienen. Zu viel zu haben, verursacht ebenfalls eine Sorge, denn dann müssen wir uns um all unsere Siebensachen kümmern. Unser Besitz muss beschützt, erhalten und vernünftig verwaltet werden. Das kostet Zeit und noch mehr Mittel. Die Sorge um diesen Besitz wird zur Last. Wie finden wir das Gleichgewicht? Es ist für jeden anders und nur Gott weiß, wie groß Ihr Bedürfniskreis für die Aufgabe sein muss, zu der er Sie berufen hat. Dazu müssen wir den Willen Gottes herausfinden und mit ihm übereinstimmen. Gott kümmert sich darum und wird uns seine Prinzipien, seine Gebote und seine Meinung zeigen.

Manche Menschen sind von einer Einstellung der Armut geprägt. Für sie besteht Demut darin, mit gerade so viel Geld auszukommen, dass ihre Verpflichtungen und Notwendigkeiten abgedeckt sind. Sie haben keine Vorstellung davon, wie sie einen Überfluss verwalten und damit andere segnen könnten. Andere wünschen sich, dass Gott Ihnen Überfluss schenkt, allerdings nur um ihre versteckte Habgier befriedigen oder anderen zeigen zu können, wie viel sie besitzen. Der Punkt, auf den es ankommt, ist dieser: Wir brauchen einen geschlossenen Bedürfniskreis, der unsere Verpflichtungen, Notwendigkeiten und Wünsche abdeckt und Gott muss mit jeder einzelnen Kategorie einverstanden sein. Dann kann Gott uns als guten Haushaltern unseres geschlossenen Bedürfniskreises Überfluss anvertrauen, der dazu dient, seine Herrschaft auszudehnen. (Wir werden in Kapitel sechs eingehender besprechen, wie wir unseren Bedürfniskreis schließen und Verwalter von Gottes Ressourcen werden können.)

Dritter Grund:
Wohlstand ist dazu da, dass wir anderen gegenüber großzügig sein können
Ein Schlüsselprinzip im Reich Gottes ist das Geben. Gott möchte, dass wir auch finanziell seine Fülle erleben, damit wir in der Lage sind zu geben.

„So soll jeder für sich selbst entscheiden, wie viel er geben will, und zwar freiwillig und nicht aus Pflichtgefühl. Denn Gott liebt den, der fröhlich gibt." 2. Korinther 9,7

Das trifft sicherlich den Nagel auf den Kopf. Wir können manches geben, auch Zeit, Gaben und Einsatz, doch ein wesentlicher Bereich beim Geben sind die Finanzen. Wenn wir kein Geld haben, können wir gegenüber anderen in unserer Umgebung nicht großzügig sein. Deswegen möchte Gott uns Wohlstand schenken, damit wir großzügig sein können. Wir können Geld aus unserem geschlossenen Bedürfniskreis herausnehmen und es opfern, indem wir es seiner Bestimmung entziehen und es geben. Immer wieder neu können wir entscheiden, unser Geld zu geben, anstatt es für uns auszugeben. Geben kann auch aus unserem Überfluss kommen, durch Mittel, die über unseren geschlossenen Bedürfniskreis hinausgehen. Doch wie wir uns auch entscheiden, wir wollen uns in diesen Dingen von Gott leiten lassen, und nicht von Schuldgefühlen oder falschem Mitleid. Manch einer gibt, weil er weiß, dass er zu viel für sich selbst ausgegeben hat, und sich deshalb schuldig fühlt. Andere mögen aus Furcht geben oder weil sie sich unter Druck gesetzt fühlen. Gott will uns in unserem Geben leiten und möchte, dass wir mit unseren Finanzen zu seiner Verfügung stehen, um bestimmte Aufgaben zu erfüllen.

Vierter Grund:
Wohlstand ist dazu da, um den Missionsauftrag zu erfüllen

Mehrere Milliarden Euro werden benötigt, damit alle Menschen mit dem Evangelium erreicht werden können. Und eigentlich haben die Christen genug Mittel, um diese Aufgabe anzugehen. Leider sind diese Finanzen oft im weltlichen System begraben und werden nur prozentual vermehrt, anstatt durch den Gebrauch im Reich Gottes vervielfältigt zu werden. Wenn wir Geld geben, um das Evangelium zu verbreiten, sind wir an vielen Orten gleichzeitig aktiv. Wenn wir in weltweite Projekte zur Verkündigung der Guten Nachricht investieren, können wir dadurch fast allgegenwärtig sein. So kann unser Überfluss das weltliche System dahin bringen, die Herrschaft Gottes auszubreiten. Mit Geld können wir Bibeln drucken, überall hinreisen, Gemeinden bauen und Gutes im Auftrag von Jesus tun.

Dieser Einsatz von Wohlstand im Sinne der Bibel funktioniert in jeder Nation und Kultur der Erde. Wer sich nach Gottes Finanzprinzipien richtet, wird jeder Kultur zum Guten dienen. Jesus selbst gab diese Prinzipien in Israel weiter, einem Entwicklungsland unter fremder Herrschaft, das wirtschaftlich völlig abhängig von der Besatzungsmacht war und dessen eigene Währung nur dazu da war, die Tempelsteuer zu bezahlen.

Lassen Sie uns darüber nachdenken, wie Jesus mit den Finanzen umging, die er für seine Aufgaben brauchte. Es gibt keinen einzigen Bericht darüber, dass Jesus für Geld betete. In seinem Dienst war Judas der Schatzmeister. Er war zuständig für die Verteilung des Geldes an die Armen und für den Einkauf von Dingen für den Dienst.

Wir wissen, dass Judas ein Dieb war und regelmäßig Geld aus dem Beutel herausnahm. Wie lang würde Ihre Arbeit oder Ihr Geschäft heute laufen, wenn Sie einen Dieb als Schatzmeister hätten? Doch der Dienst von Jesus hatte nie einen Mangel!

„*Da nahm Maria ein Fläschchen mit reinem, kostbarem Nardenöl, goss es über die Füße Jesu und trocknete sie mit ihrem Haar. Der Duft des Öls erfüllte das ganze Haus. Aber einer von seinen Jüngern, Judas Iskarioth, der ihn später verriet, meinte entrüstet: Das Öl hätte man besser für dreihundert Silberstücke verkauft und das Geld den Armen gegeben.*" Johannes 12,3-5

Wie kam Judas auf diesen Gedanken? Ich bin sicher, dass er daran anknüpfte, was Jesus zu dem reichen jungen Mann sagte, und seinen Vorschlag deshalb gut fand. Doch seine eigentliche Motivation war folgende:

„*In Wirklichkeit ging es ihm aber nicht um die Armen, sondern um das Geld. Er verwaltete die gemeinsame Kasse und hatte schon oft etwas für sich selbst daraus genommen.*" Johannes 12,6

Wie viel befand sich in der Geldbörse? Wir wissen es nicht, doch es unterstützte den Lebensstil eines Diebes und der Dienst von Jesus hatte trotzdem keinen Mangel. Ich (Earl) habe eine Vermutung in Bezug auf Judas, die ich nicht direkt aus der Bibel begründen kann, aber von der ich meine, dass sie wahrscheinlich zutrifft. Wir wissen, dass Judas ein Dieb war. Angenommen es hätte keine kontinuierlichen Einnahmen in seinen Geldbeutel gegeben, an denen er sich bereichern konnte, dann hätte Judas Jesus und die anderen Jünger verlassen und sich etwas anderes gesucht, das seinen Lebensstil unterstützt hätte. Trotzdem fehlte es Jesus nie an Geld, um die Dinge zu tun, die sein Vater ihm auftrug. In Johannes 13, beim letzten gemeinsamen Mahl, sehen wir sogar, dass die übrigen Jünger die Motive von Judas nicht erkannten.

„*Keiner von den anderen am Tisch verstand, was Jesus mit diesen Worten meinte. Manche dachten, Jesus hätte Judas hinausgeschickt, um alles Nötige für das Fest einzukaufen oder den Armen etwas zu geben. Denn Judas verwaltete das Geld Jesu und seiner Jünger.*" Johannes 13,28-29

Jesus gab ständig den Armen und handelte immer nach den Prinzipien, die im Reich Gottes gelten. Wir sehen, dass er immer ausreichend mit Finanzen versorgt war.

In der Bibel verspricht Gott folgenden Menschen Wohlstand:
1. Denen, die über das Wort Gottes nachdenken. (Psalm 1)
2. Denen, die Gott suchen. (2. Chronik 17,5; 26,5)
3. Denen, die Gott gehorchen. (1. Chronik 22,12-13; Jesaja 1,19)
4. Denen, die auf Gott vertrauen. (Jeremia 17,7-8; 2. Chronik 20,20)

Schätze im Himmel

Das Studium der Wirtschaft im weltlichen System unterscheidet sich grundlegend vom Studium des Umgangs mit Finanzen nach göttlichen Prinzipien.

Zuerst einmal müssen wir das Wort ‚Wirtschaft' definieren. Die Wissenschaft der Ökonomie leitet sich vom griechischen Wort ‚oikonomia' ab, das ‚Verwaltung eines Haushaltes' bedeutet. Wir können also einen Haushalt nach biblischen Prinzipien verwalten oder nach dem System der weltlichen Ökomomie.

Doch was bedeutet dieses Verwalten inhaltlich? Paul Samuelson und William D. Nordhaus definieren Ökonomie in ihrem Buch *Volkswirtschaftslehre* folgendermaßen: „Ökonomie ist die Wissenschaft vom Einsatz knapper Ressourcen zur Produktion wertvoller Wirtschaftgüter und von der Verteilung dieser Güter in der Gesellschaft."

Sicherlich haben Sie bemerkt, dass in dieser Definition der Begriff „knappe Ressourcen" verwendet wird. Diese Art und Weise zu denken ist vom weltlichen System bestimmt. Die Bibel spricht nicht von einer Knappheit an Ressourcen in der Herrschaft Gottes, sondern vielmehr von Überfluss. Die Bibel spricht immer dann von Wachstum, Vervielfältigung und Wohlstand, wenn es um den Umgang mit Geld im Leben der Christen geht. Gottes Segen für Sie und mich geht nicht auf Kosten eines anderen. Daher muss unser Denken durch das Wort Gottes erneuert werden. Wir verwalten keine knappen Ressourcen, sondern Überfluss und wir erwarten Wachstum in jedem Bereich unseres Lebens. Früher hätten wir den Begriff Ökonomie gerne durch Königreichs-Ökonomie ersetzt, doch mit dem oben erläuterten Verständnis hätten wir damit nur einen Widerspruch in sich selbst geschaffen. Deshalb sprechen wir lieber vom königlichen Finanzsystem. Jesus stellt dieses Finanzsystem im folgenden Abschnitt der Bibel vor:

„Ihr sollt euch nicht Schätze sammeln auf Erden, wo sie die Motten und der Rost fressen und wo die Diebe einbrechen und stehlen. Sammelt euch aber Schätze im Himmel, wo sie weder Motten noch Rost fressen und wo die Diebe nicht einbrechen und stehlen. Denn wo dein Schatz ist, da ist auch dein Herz." Matthäus 6,19-21; Lutherübersetzung

Schätze auf Erden beziehen sich auf verschiedene Formen von Sicherheiten, Investitionen, Sparanlagen etc. Wenn Sie diese als wertvoll ansehen, dann sind sie etwas, was Sie schätzen, worauf Sie schauen, wenn Sie sich Sicherheit wünschen und außerdem etwas, worauf Sie vertrauen. Ihr Herz (Ihr Gefühl) wird sich an diese Dinge hängen und daran gebunden sein. Die Bibel sagt uns, dass wir keine Schätze auf Erden ansammeln sollen, weil sich unser Herz daran hängt und darauf vertraut. Das ist in Wirklichkeit Götzendienst (ein Vertrauen auf etwas anderes oder einen anderen als Jesus Christus). Wir sollen keine Schätze auf Erden sammeln, weil der Wert dieser Investitionen plötzlich verfallen kann und dann stürzt uns ein Börsencrash oder eine hohe Inflationsrate in die Verzweiflung.

Das weltliche System kontrolliert die Geldmenge, die sich im Umlauf befindet. Geld ist, wie wir gesehen haben, ein anerkanntes Tauschmittel ohne eigenständigen Wert. Der Wert des Geldes ist nur eine Widerspiegelung seiner Kaufkraft, die durch unstabile Finanzmärkte festgelegt wird. Es ist wichtig, nicht zu viel und nicht zu wenig davon zur Verfügung zu haben.

In der oben angeführten Bibelstelle malt Jesus ein Bild des Geldes, bedroht von Motten, Rost und Dieben. Wenn wir dieses Bild mit unseren Begriffen nachzeichnen, dann sehen wir unsere heutigen „Geldfresser": Inflation lässt den Geldwert verfallen, weil sich zu viel Geld im Umlauf befindet. Tatsächlich hält die Wachstumsrate der

Investitionen vieler Menschen nicht einmal mit der Inflationsrate des Geldes Schritt. Deflation bewirkt steigenden Geldwert. Doch diese Flucht in Geldwerte hat einen wirtschaftlichen Abschwung oder sogar eine Rezession zur Folge. Internationaler Devisenhandel verursacht Kursschwankungen, die kleinere Volkswirtschaften in den Ruin treiben können. Und nach einer längeren Zeit fast ungebrochenen Wachstums gerade der Aktienmärkte macht sich immer stärkere Unsicherheit breit. Auch unser Geld heute ist alles andere als sicher.

Wer heute auf Geld vertraut als Sicherheit für seine Zukunft, wird enttäuscht werden. Wir alle haben von Menschen gehört, die im Jahre 1929 aus Gebäuden sprangen, weil erst der Aktienmarkt und dann ihre Welt zusammenbrach. Daneben gibt es viele persönliche Tragödien bei Menschen, die einen finanziellen Rückschlag nicht verkraften und dadurch in Drogen, Affären, Spielsucht, Verbrechen und anderes hineinrutschen. Ist es also falsch, in das weltliche System zu investieren? Nein. Doch es ist falsch, diese Investitionen als Schätze anzusehen, denn als Schätze werden Ihre Investitionen Sie besitzen und gleichzeitig an das weltliche Finanzsystem binden.

Jesus rät uns, für uns selbst Schätze im Himmel zu sammeln, wo es diese Probleme nicht gibt und wo unsere Herzen sich nicht an diese Schätze binden. Gott hat uns so geschaffen, dass unsere Herzen immer nach dem streben, was wir als unseren Schatz ansehen (Vers 21). Daher möchte Jesus, dass wir unseren Schatz am richtigen Ort haben, damit wir nach wirklichen Werten streben. Das ökonomische System der Welt mit all seinen Problemen und Begrenzungen hat keinen Einfluss auf unsere Schätze im Himmel. Wir sollten also lernen, das zu tun, wozu Jesus uns auffordert, wenn er sagt: „Sammelt euch vielmehr Schätze im Himmel".

Weil Gott einen großartigen Plan für unser Leben hat, wusste Jesus, dass wir während unseres Lebens viel Geld brauchen werden, um Gottes Aufgabe zu erfüllen. Aus diesem Grund hat er uns die Grundlagen für sein königliches Finanzsystem gegeben, das uns durch Wachstum und Vervielfältigung versorgt und nicht durch Inflation, Deflation, Entwertung oder Diebstahl gefährdet ist.

Gott möchte uns seine Absichten zeigen, so wie er sie Mose zeigte. (2. Mose 33,11: „Der Herr sprach mit Mose von Angesicht zu Angesicht, wie Freunde miteinander reden...") In Matthäus 6,19-34 lehrt uns Jesus Gottes Finanzprinzipien. Er gibt diese erst weiter, nachdem er uns in Vers 20 die Basis „Sammelt euch Schätze im Himmel" gegeben hat. Auf diesen Grund baut er seine weitere Lehre auf, wie der Anschluss von Vers 25 mit „darum" zeigt. Gott liebt uns so sehr, dass er nicht möchte, dass wir in irgendeinem Bereich unseres Lebens Schaden erleiden. Darum hat er uns in seinem Wort mehr als 2.000 Verse gegeben, die uns auch im Bereich der Finanzen leiten sollen. Wie können wir jetzt seiner Aufforderung in Vers 20 folgen?

Lassen Sie uns noch einmal den Abschnitt ansehen, der beschreibt, wie Jesus dem reichen jungen Mann begegnet. Dort sagt uns Jesus, wie wir für uns selbst Schätze im Himmel sammeln können.

„Jesus sah ihn voller Liebe an: Etwas fehlt dir noch: Verkaufe alles, was du hast, und gib das Geld den Armen. Damit wirst du im Himmel einen Reichtum gewinnen, der niemals verloren geht. Und dann komm und folge mir nach! Über diese Forderung war der Mann tief betroffen. Traurig ging er weg, denn er war sehr reich."
Markus 10,21-22

Jesus erkannte, dass dieser junge Mann seinen Schatz in seinem Reichtum sah und dass er unter der Herrschaft des Mammons stand. Daher war dieser junge Mann nicht in der Lage, der Aufforderung von Jesus zu folgen. Jesus liebte ihn und wollte, dass er frei würde, deshalb sagte er ihm, wie er frei werden könnte: Er sollte all seinen Besitz und seinen Reichtum in Geld umwandeln und das Geld weggeben. Auf diese Weise würde er den Mammon entweihen, das heißt er würde dem Mammon seine Macht und Anbetung wegnehmen. Beachten Sie, dass Jesus ihn nicht ohne Verständnis für die göttlichen Finanzprinzipien ließ, denn er sagte ihm: „Damit wirst du im Himmel einen Reichtum gewinnen, der niemals verloren geht". Jesus hatte gehofft, dass dieser Mann die göttlichen Finanzprinzipien annehmen würde. Er wusste, wenn der junge Mann gehorchte und immer dann, wenn Jesus es ihm sagte, geben würde, dann würde ihm seine Gabe auf dem Konto „Schätze im Himmel" gutgeschrieben. Unglücklicherweise nahm der junge Mann die Chance nicht wahr. Der Schritt erschien ihm zu groß. Der Mammon kontrollierte seine Gefühle und sein Denken und er ging traurig und tief betroffen weg.

Konto: „Schätze im Himmel"	
SOLL	HABEN

Wir müssen uns diese „Schätze im Himmel" wie ein Konto mit Soll und Haben vorstellen. Wir können auf dieses Konto einzahlen und wir können davon abheben. Genau wie bei einem normalen Bankkonto. Nur ohne die Probleme, die es dort geben kann. Jesus wusste, dass dieser reiche Mann eine Finanzquelle für die Zukunft brauchte, und er wollte, dass er frei würde, um ihm nachzufolgen. Ein Vertrauen in das weltliche Finanzsystem würde ihn dagegen in der Abhängigkeit halten.

Banken zahlen normalerweise nur sehr geringe Zinssätze für das Guthaben auf einem Sparkonto. Dagegen vervielfältigt sich das Guthaben auf dem Konto der „Schätze im Himmel", wie alles, was Gott in die Hand nimmt. Gott forderte Adam und Eva auf, fruchtbar zu sein und sich zu vermehren. Vervielfältigung war Gottes ursprüngliche Absicht. Die zwei Gleichnisse in Matthäus 25,14-29 und Lukas 19,13-26 handeln von dem treuhänderischen Umgang mit Geld. In beiden Gleichnissen lobt der Herr die Knechte, die das ihnen anvertraute Vermögen vervielfältigt hatten. In Matthäus 25 wird eine zweifache und in Lukas 19 eine zehn- und fünffache Vervielfältigung erwähnt. Wir glauben daran, dass unser Konto im Himmel sich vervielfältigt. Es enthält immer ein größeres Guthaben als das, was wir eingezahlt haben. Jesus achtet auf unser Konto. Er sagt uns, wann und wo wir geben sollen. Damit zahlen wir dann ein Guthaben auf unser Konto im Himmel ein und er vervielfältigt es.

„Jesus setzte sich nun in die Nähe des Opferkastens im Tempel und beobachtete die Leute, die ihre Gaben einwarfen. Viele Reiche spendeten hohe Beträge. Dann aber kam eine arme Witwe und warf zwei der kleinsten Münzen in den Opferkasten. Jesus rief seine Jünger zu sich und sagte: Eines ist sicher: Diese arme Witwe hat

mehr gegeben als alle anderen. Die Reichen haben nur etwas von ihrem Überfluss gegeben, aber diese Frau ist arm und gab alles, was sie hatte – sogar das, was sie dringend zum Leben gebraucht hätte." Markus 12,41-44

Jesus saß im Tempel. Er beobachtete dieses Ereignis und sprach mit seinen Jüngern darüber. Sicherlich hatte er ihnen schon Gottes Finanzprinzipien beigebracht. Die Witwe gab das, was sie eigentlich selber zum Leben brauchte. Sie verstand das Konzept der „Schätze im Himmel" und wie Gottes Versorgung durch das Geben funktionierte. Jesus saß also im Tempel und sah von der ersten Reihe aus all das, was gegeben wurde. Wir wissen, dass der irdische Tempel nach dem Vorbild des wirklichen Tempels gestaltet wurde, der im Himmel ist (Hebräer 9,24). Jesus ist bereits in den Himmel gegangen und damit in den himmlischen Tempel. Daher brauchen wir kein Abbild mehr, wir haben bereits den wirklichen Tempel. Jesus hat nun seinen Platz im Tempel eingenommen und sieht unser Konto im Himmel. Er ist an unserem Guthaben interessiert und freut sich darüber, wenn wir geben, wie er es möchte. Nicht alles Geben wird von ihm angeordnet. Manche Menschen geben aus Schuld, Furcht oder dem Wunsch, etwas zu bekommen. Wir sollten Gott bitten uns zu zeigen, ob wir geben sollen, und wenn ja wie viel und wofür.

Der Apostel Paulus wurde von Jesus gelehrt und war daher in der Lage, Timotheus über Gottes königliche Finanzprinzipien zu unterrichten. In seinen Briefen schreibt Paulus unter anderem, was Timotheus reichen Christen über ihren Umgang mit ihrem Reichtum sagen sollte.

„Den Reichen musst du unbedingt einschärfen, sich nichts auf ihren irdischen Besitz einzubilden oder sich auf etwas so Unsicheres wie den Reichtum zu verlassen. Sie sollen vielmehr auf Gott hoffen, der uns mit allem reich beschenkt, damit wir es genießen können. Sie sollen Gutes tun und gern von ihrem Reichtum abgeben, um anderen zu helfen. So werden sie wirklich reich sein und sich ein gutes Fundament für die Zukunft schaffen, um das wahre Leben zu gewinnen." 1. Timotheus 6,17-19

Lassen Sie uns diese Verse näher untersuchen. Wir hatten Reichtum definiert als Geld, das für Sie arbeitet. Reichtum und Geld wird vom Wohlstand unterschieden und befindet sich unter dem Einfluss des Mammons. Dieser Geist will, dass wir auf unseren Reichtum vertrauen und ihn als Quelle unserer Zukunft ansehen. Paulus warnt die Reichen davor, stolz, arrogant oder hochmütig zu sein und ihrem unsicheren Reichtum zu vertrauen. Motten, Rost und Diebe mindern den Wert dieses Reichtums, der ein Schatz in den Herzen der Menschen ist. Stattdessen ermahnt Paulus die Reichen, ihr Vertrauen auf Gott zu setzen, der uns alles gibt, damit wir es genießen können. Und „alles" bedeutet wirklich alles!

In Vers 18 fordert Paulus die Reichen auf, Gutes zu tun und großzügig und gern zu geben. Das Ergebnis sehen wir in Vers 18b und 19: „So werden sie wirklich reich sein und sich ein gutes Fundament für die Zukunft schaffen". Paulus weiß, dass sie in Zukunft Geld brauchen werden, und um eine gute Grundlage für göttliche Finanzprinzipien zu legen, sollen sie geben, wenn Gott sie dazu auffordert, und dies wird ihnen dann auf ihrem Konto im Himmel gutgeschrieben. Inflation, Deflation, Entwertung und finanzielle Betrügereien haben auf dieses Konto im Himmel keinerlei Einfluss. Folglich ist es ein Ort, an dem ihre Herzen Ruhe und Frieden finden können.

In Vers 19 heißt es, dass sie wirklich reich sein werden, das heißt einen Reichtum haben werden, der nicht durch das weltliche System beeinflusst wird und eine gute Grundlage für die Zukunft darstellt. Die Menschen suchen nach einer Investitionsform, die eine gute finanzielle Grundlage für die Zukunft ist. Paulus stellt fest, dass unser Geben die Grundlage schlechthin für unsere finanzielle Zukunft ist. Damit ergreifen wir das wahre und ewige Leben.

Mit anderen Worten: mit ruhigen Herzen können wir das tun, wozu Gott uns auffordert. Wir konzentrieren uns nicht darauf, unseren Lebensunterhalt zu verdienen, sondern darauf, dass wir anderen etwas geben können. Das gleiche Finanzprinzip, was Paulus hier Timotheus lehrt, sehen wir auch im Epheserbrief.

„Wer früher von Diebstahl lebte, der soll sich jetzt eine ehrliche Arbeit suchen, damit er auch noch Notleidenden helfen kann."
Epheser 4,28

In Philipper 4,14-19 schreibt Paulus an die Christen in Philippi und unterrichtet sie in Finanzdingen. Der Vers 19 ist vielen Christen vertraut. Wir hören ihn oft beim Einsammeln der Kollekte. Doch der Vers steht ja nicht allein da, er ist vielmehr die Schlussfolgerung eines Prozesses, der in dem vorangehenden Abschnitt skizziert wird.

„Trotzdem war es sehr freundlich von euch, mir in meiner Notlage zu helfen. Ihr wisst ja, dass ich mich von keiner anderen Gemeinde als von euch in Philippi habe unterstützen lassen. Gleich von Anfang an, als ich von Mazedonien weiterzog, um die rettende Botschaft zu verkünden, wart ihr die Einzigen, von denen ich als Gegenleistung für meinen Dienst Geld annahm. Ihr habt schon an meinen Lebensunterhalt gedacht, als ich in Thessalonich war, und danach habt ihr mir noch mehrmals geholfen. Dabei geht es mir gar nicht um das Geschenk, sondern um die Frucht, die daraus erwächst: Gott wird euch für eure Liebe und Fürsorge belohnen." Philipper 4,14-17

Der obige Text zeigt, wie wir Geld ins Reich Gottes investieren können. Dieses Geben, so wie es von Gott angeordnet wird, eröffnet ein Soll- und-Haben-Konto für das Geben und Empfangen. Paulus ermutigte die Philipper, weiterhin zu geben, weniger um seinetwillen, sondern vielmehr um ihrer selbst willen.

Ihre Gaben würden sich auf ihrem Konto ansammeln und vervielfältigen. Wir sehen, dass Paulus hier wieder das Konzept der „Schätze im Himmel" beschreibt. Er wusste, dass auch die Philipper in Zukunft Finanzen brauchen würden, und durch die jetzigen Gutschriften auf ihr Konto würden sie dieses Geld zur Verfügung haben.

„Ich habe alles bekommen, was mir Epaphroditus von euch überbrachte. Nun habe ich alles, was ich brauche, ja mehr als das! Eure Gabe ist wie ein wohlriechendes Opfer, das Gott gefällt. Aus seinem Reichtum wird euch Gott, dem ich gehöre, durch Jesus Christus alles geben, was ihr zum Leben braucht." Philipper 4,18-19

Wie kann Paulus den Philippern so entschieden zusagen, dass Gott in jeder Hinsicht für sie sorgen wird? Er tut dies mit absoluter Zuversicht, weil er versteht, was der feste Glaube an Gottes Versorgung bedeutet, und weil er weiß, dass sie große Schätze für sich selbst im

Himmel gesammelt haben. Sie werden von diesem Konto im Himmel abheben können. Gott ist ihre Quelle und sie richten sich nach seinen königlichen Finanzprinzipien!

In der Apostelgeschichte finden wir den Bericht von Kornelius und seiner Begegnung mit einem Engel Gottes. Es ist interessant zu sehen, woran Gott bei Kornelius denkt. Die Bibel berichtet, dass Gott seine Gebete und seine Gaben an die Armen bemerkt.

„Erschrocken sah Kornelius auf und fragte: Was willst du, Herr? Da antwortete ihm der Engel: Gott hat deine Gebete gehört und kennt deine guten Taten [deine Almosen]." Apostelgeschichte 10,4

Wir wissen, wie wir auf unser Konto im Himmel etwas einzahlen können, nämlich indem wir geben, wenn Gott uns dazu auffordert. Es ist Gehorsam, nicht Furcht, Schuld oder Zwang, der die Gabe unserem Konto gutschreibt. Wie können wir nun etwas von unserem Konto abheben, wenn wir Finanzen brauchen?

Bei unserer irdischen Bank müssen wir uns an eine bestimmte Vorgehensweise halten. So ist es auch mit unserem Konto im Himmel. Wir wissen, dass Gott nicht auf Bedürfnisse reagiert, sondern auf Vertrauen. Die Bibel sagt, dass es ohne Vertrauen unmöglich ist, Gott zu gefallen (Hebräer 11,6). Glaube ist also die grundlegende Voraussetzung dafür, unser Konto im Himmel zu gebrauchen. Wir müssen im festen Vertrauen bitten. In Johannes 16 sehen wir, was Jesus die Jünger über dieses Prinzip lehrt.

„Am Tag unseres Wiedersehens werden all eure Fragen beantwortet sein. Ich sage euch die Wahrheit: Wenn ihr den Vater um etwas bittet und euch dabei auf mich beruft, wird er es euch geben. Bisher habt ihr in meinem Namen nichts von Gott erbeten. Bittet ihn, und er wird es euch geben. Dann wird eure Freude vollkommen sein." Johannes 16,23-24

Wenn wir Geld von unserem Konto im Himmel abheben wollen, dann geschieht dies dadurch, dass wir Gott im festen Vertrauen darum bitten und nicht zweifeln. So können wir Geld von unserem Konto im Himmel abheben. Dazu müssen wir ganz spezifisch um unser Geld bitten und nicht nur beten: Ich brauche Geld! Wenn solch eine Person ein Haushalter „dessen ist, was einem anderen gehört" (Lukas 16,12) und ein funktionierendes Konto im Himmel hat, dann kann sie nach

Markus 11,23-24 Geld abheben. Gott wird dafür sorgen, dass Geld aus dem weltlichen System in die Hände derer kommt, die sich nach den göttlichen Prinzipien für den Umgang mit Finanzen richten.

„Denn das ist sicher: Wenn ihr glaubt und nicht im Geringsten daran zweifelt, dass es wirklich geschieht, könnt ihr zu diesem Berg hier sagen: Hebe dich von der Stelle und stürze dich ins Meer! – und es wird geschehen. Ja, ich sage euch: Um was ihr auch bittet – glaubt fest, dass ihr es schon bekommen habt, und Gott wird es euch geben!" Markus 11,23-24

Wir haben die Zuversicht, dass Gott dieses Geld zur Verfügung stellt, weil wir verstanden haben, was es bedeutet, auf Gott zu vertrauen. Die Versorgung unserer grundlegenden Bedürfnisse ist deshalb garantiert, weil unser Vater im Himmel uns liebt. Wenn wir also unseren Haushaltsplan erstellen und für die Zukunft planen, dann sind wir in der Lage, Gott ganz spezifisch um einen bestimmten Geldbetrag zu bitten, mit dem unser täglicher, wöchentlicher oder monatlicher Bedarf gedeckt wird, und zwar im Glauben an ihn und in der Zuversicht, dass er uns das gibt, worum wir ihn bitten.

Übrigens sind wir alle dazu berufen, im Vertrauen auf Gott zu leben. Doch das ist kein blinder Glaube, der keine Grundlage hätte. Wir wissen, dass wir ein Konto im Himmel haben, das von Jesus Christus überwacht wird, und das wir „Schätze im Himmel" genannt haben. Wenn wir durch unser Geben auf dieses Konto eingezahlt haben, dann ist mehr als genug darauf, um unseren zusätzlichen Bedarf abzudecken. Dieses Prinzip ist auf alle Christen in allen Lebenssituationen anwendbar. Manch einer denkt, dass es nur auf Missionare und Evangelisten zutrifft, die im Vertrauen auf Gott leben, oder auf solche, die keine Arbeit oder einfach nicht genug für ihre Bedürfnisse haben. Dieses Denken zeigt, dass wir oft auf unseren Arbeitgeber oder unsere eigene Arbeitsleistung vertrauen, was unsere Versorgung angeht. Wenn wir eine Arbeit haben, müssen wir erkennen, dass unser Arbeitgeber oder unsere Tätigkeit nicht unsere Quelle ist. Gott beauftragt unseren Arbeitgeber damit, unser Gehalt zu zahlen, doch er allein ist unsere Quelle und zwar immer. Unsere Grundbedürfnisse werden in unserem Vertrauen auf Gott gestillt und unser

Konto „Schätze im Himmel" steht dann für alle anderen Anfragen zur Verfügung.

Lassen Sie mich (Earl) ein Beispiel aus meinem eigenen Leben erzählen. Ich war 19 Jahre lang bei IBM beschäftigt. Ich erinnere mich genau an den Tag, an dem ich meine letzte Gehaltsüberweisung von der Firma erhielt, nachdem Gott mich, meine Frau und unsere Familie dazu berufen hatte, in die Arbeit von Jugend mit einer Mission einzusteigen. Wir hatten keine Angst, weil wir wussten, dass Gott unsere Quelle ist. Wir wussten, dass sich nichts wirklich veränderte. Alles, was geschah, war, dass Gott nun einen anderen Kanal öffnen würde, durch den Geld zu uns fließen würde. Das Geld war und blieb auf der Erde, aber die Kontoführung erfolgte im Himmel. Es war mir schon vorher klar, dass IBM nicht meine Quelle war, sondern nur dazu delegiert, mein Gehalt zu zahlen. Gott war mein Arbeitgeber und meine Quelle. Wenn Ihre Firma bankrott geht oder Ihr Job durch eine Wirtschaftskrise verloren geht, dann kann Gott andere Beschäftigungsmöglichkeiten finden, indem er einen anderen Arbeitgeber als unseren Versorgungskanal benutzt. Ihr Konto im Himmel ist immer funktionstüchtig, egal was gerade auf der Erde geschieht. Deshalb ist es für uns so wichtig, unser Geld nach den von Gott gegebenen Finanzprinzipien zu verwalten.

Eine andere Frage, die uns vielleicht noch immer im Kopf herumgeht, ist: Wie kommen die Finanzen zu uns? Was ist Gottes Kanal und wo ist der Ort, an dem er mich versorgen will? In Kapitel zwei sprachen wir darüber, dass Gott viele Möglichkeiten hat, uns mit Geld zu versorgen. Lassen Sie uns nun drei verschiedene Möglichkeiten betrachten, die Gott dazu nutzen kann.

Die erste Möglichkeit ist die Versorgung mit „Manna". So wie Gott in der Wüste seinem Volk das Manna zur Verfügung stellte, kann er seine Kinder auch heutzutage versorgen. Es ist immer spannend, solche Geschichten zu lesen. Sei es aus dem Leben von Georg Müller in England, der Essen und Geld fast täglich auf wundersame Weise bekam, um seine Waisenkinder zu ernähren und ihnen die nötigen Häuser zu bauen, oder Geschichten aus unserer Zeit, aus dem Leben von Christen in aller Welt. Diese Art von Gottes Versorgung ist immer wieder spannend.

Die zweite Möglichkeit besteht darin, dass wir etwas ernten, wofür wir nicht gearbeitet haben. Als die Israeliten den Jordan überquerten, hörte das Manna auf, und sie wurden durch eine Ernte versorgt, für die sie nichts getan hatten. Ihre Aufgabe war es zu ernten, was andere gesät hatten. Diese Ernte kann durch Erbschaften oder spezifische Gaben von anderen als ein Segen zu Ihnen oder Ihrer Familie kommen.

Die dritte Möglichkeit, durch die Gott uns versorgen kann, besteht in bestimmten Samen, den Gott in Ihre Hände gibt, damit durch diesen Samen Arbeitsstellen geschaffen oder Investitionen bereitgestellt werden. Nachdem die Israeliten die Ernte in Kanaan eingefahren hatten, wurden sie dazu aufgefordert, für die nächste Ernte die Saat selber auszusäen. Wenn wir mit Gott gemeinsam durchs Leben gehen, sollte unsere Arbeit gesegnet sein (Haggai 2,19). Gott will, dass wir wissen, dass wir in unserer Arbeit fruchtbarer sein werden, wenn unser Leben ihm unterstellt ist. Es kann sein, dass Gott Ihnen eine Idee gibt, die, wenn Sie sie verwirklichen, ein neues Unternehmen begründet oder das alte entscheidend verbessert, die sich finanziell lohnt und für Ihre Bedürfnisse sorgen wird. Wenn wir offen sind für Menschen, die uns der Heilige Geist in den Weg stellt, für eigene Ideen und Möglichkeiten, die sich uns bieten, und wenn wir uns selbst weiterbilden, dann wird das Türen für eine Beförderung oder eine Gehaltserhöhung öffnen. Gott lenkt beständig unsere Gedanken und Gefühle und gibt uns etwas, das wir weiterverfolgen sollten.

Es gibt zwei einander ergänzende Kräfte, die unseren finanziellen Wohlstand beeinflussen: Die erste ist unsere Übereinstimmung mit Gott und die zweite ist die fleißige Arbeit unserer Hände.

„Wer Gutes sagt und tut, dem wird es gut ergehen. Denn der Mensch bekommt, was er verdient." Sprüche 12,14

Wir brauchen beides: das Bekenntnis unseres Glaubens und unsere Arbeit. Das Bekenntnis ohne Arbeit ist Aberglaube und hat nicht die Ausdauer, die wahren Wohlstand bringt. Auf der anderen Seite begrenzt richtige Arbeitsethik ohne die geistliche Kraft des Glaubens Gottes Gnade und sein Wirken, obwohl er uns Wohlstand geben möchte. Wenn wir glauben und eifrig arbeiten, empfangen wir im Bund mit Gott den vollen Segen. Gott hat die Möglichkeit, uns zu befördern, uns eine Gehaltserhöhung zu schenken oder uns Wachstum über alle Erwartung hinaus zu geben, wenn wir eifrig und gut arbeiten.

In Matthäus 6 fordert uns Jesus dazu auf, nachdem er die „Schätze im Himmel" erklärt hat, uns über Finanzen keine Sorgen zu machen. Stattdessen sollen wir die Herrschaft Gottes und seine Gerechtigkeit zur Hauptsache unseres Lebens machen, dann wird uns alles andere dazugegeben. Fünf Mal ermahnt Jesus, dass wir uns keine Sorgen machen sollen über das Geld oder die Dinge, die wir mit Geld kaufen können (Verse 25, 27, 28, 31, 34). Jesus hat nicht nur gesagt: „Macht euch keine Sorgen!", sondern er hat uns alles gesagt, was wir wissen müssen, damit wir nicht in Sorge geraten. Wir werden aufgefordert, uns zuallererst um Gottes Herrschaft und seine Gerechtigkeit zu kümmern, also uns Schätze im Himmel zu sammeln. Für uns als Christen ist es entscheidend wichtig zu wissen, wie Gottes System funktioniert und uns danach zu richten. Auf diese Weise ist Gott unsere Quelle und nicht unsere Arbeitsstelle oder das weltliche System. Wenn wir auf diese Wahrheit gegründet sind, dann haben Finanzsorgen keinen Platz in unserem Herzen.

Hosea warnt das Volk Gottes, dass es umkommt, wenn es ihm an Erkenntnis fehlt (Hosea 4,6). Und in Sprüche 5,23 sagt uns die Bibel, dass derjenige, der ohne Gott lebt, sich aus Mangel an Selbstbeherrschung sein eigenes Grab schaufelt. Daher ist es für uns entscheidend, dass wir Gottes Finanzprinzipien verstehen. Auch wenn einige behaupten: O, diese Prinzipien werden nur in den reichen westlichen Ländern funktionieren. Nein, diese Finanzprinzipien funktionieren in jeder Kultur und jedem Land dieser Welt. Jesus selbst lebte und lehrte diese Prinzipien in Israel, das zur damaligen Zeit ein Land der Dritten Welt war.

Teil 2

Fünf biblische Verwendungsweisen des Geldes

Weisheit statt Methoden

Wenn wir uns die fünf verschiedenen biblischen Verwendungsweisen von Geld anschauen, ist es nicht nur entscheidend zu wissen, was wir zu tun haben, sondern auch warum. König Salomo war ein Mann, der als König von Israel finanziell außerordentlich erfolgreich war. Sein Vater David lehrte ihn nicht nur, was er zu tun hatte, sondern auch das Warum. Und David betete für seinen Sohn Salomo um Weisheit und Verständnis.

„Mein Sohn, fuhr David fort, der Herr möge dir beistehen und dir helfen, den Tempel des Herrn, deines Gottes, zu bauen, wie er es vorausgesagt hat. Er gebe dir Weisheit und Einsicht, wenn er dich als König über Israel einsetzt, damit du das Gesetz des Herrn, deines Gottes, befolgst. Wenn du so lebst, wie es dem Herrn gefällt, und dich nach den Geboten richtest, die er Israel durch Mose gegeben hat, dann wird dir alles gelingen. Darum sei stark und entschlossen! Lass dich durch nichts entmutigen, und fürchte dich nicht!"
1. Chronik 22,11-13

Weisheit und Verständnis sind weit wertvoller als Methoden, nach denen man sich richten kann. Viele Menschen versuchen, die Methoden anderer zu benutzen, ohne die zugrundeliegenden Gedanken zu verstehen. Das endet fast immer als Reinfall und große Enttäuschung. Ich (Craig) bin vielen Christen begegnet, die mir sagen: Ich habe alles versucht, was mir dieser und jener Finanzberater sagte, doch es hat nicht funktioniert. – Dies verrät mir sofort, dass mein Gegenüber nicht verstanden hat, was hinter diesen Methoden steckt, sondern einfach versucht hat, sie nachzumachen.

Salomo war so erfolgreich, weil er nicht nur die Methoden seines Vaters gelernt hatte, sondern weil er nach der Weisheit Gottes strebte. Das Ergebnis für Salomo war Wohlstand, der durch Weisheit und Einsicht in die Prinzipien zustande kam.

„In der Nacht darauf erschien ihm Gott und sprach zu ihm: Erbitte von mir, was du willst! Salomo antwortete: Schon meinem Vater David hast du sehr viel Gutes getan. Und nun hast du mich zu seinem Nachfolger gemacht. Du lässt mich ein Volk regieren, das

man weder zählen noch erfassen kann. Herr, mein Gott, so bitte ich dich nun, dass du die Zusage erfüllst, die du meinem Vater David gegeben hast! Gib mir Weisheit und Verständnis, damit ich dieses große Volk richtig führen kann. Denn wie sollte ich sonst gerechte Urteile sprechen können? Da sagte Gott zu Salomo: Ich freue mich, dass du dir nicht großen Besitz, Geld oder Ansehen gewünscht hast, auch nicht den Tod deiner Feinde oder ein langes Leben. Du hast mich um Weisheit und Verständnis gebeten, weil du mein Volk richtig führen willst, über das ich dich zum König eingesetzt habe. Du sollst erhalten, worum du mich gebeten hast: Weisheit und Verständnis. Aber ich will dir auch so viel Besitz, Geld und Ansehen geben, wie es kein König vor dir hatte und auch keiner nach dir haben wird." 2. Chronik 1,7-12

Ich glaube, dass Salomo Gott um Weisheit und Verständnis bat, weil sein Vater David ihm dies beigebracht hatte und dasselbe für sich selbst erbeten hatte. Gott beantwortete diese Bitte nicht nur mit Weisheit und Verständnis, sondern auch mit Reichtum, Wohlstand und Ansehen. Jeder von uns täte gut daran, Gott nicht um Wohlstand zu bitten, sondern vielmehr um Weisheit und Einsicht. Während wir uns die fünf biblischen Verwendungsweisen von Geld ansehen, sollten Sie Gott bitten, Ihnen nicht nur äußere Formeln an die Hand zu geben, sondern vielmehr Weisheit und Verständnis für das, was hinter den Prinzipien steht.

Lassen Sie uns nun genauer die fünf biblischen Verwendungsweisen von Geld betrachten. Wir haben gelernt, dass Geld nicht unser Meister sein soll, sondern ein Knecht unter unserer Kontrolle. Wenn wir erkennen, dass Geld ohnmächtig ist, dann sind wir frei von der Jagd nach dem Geld und können es dazu nutzen, die Herrschaft Gottes auszudehnen. Wie können wir es einsetzen? Wir glauben, dass in 2. Korinther 9,8-11 fünf legitime Verwendungsweisen beschrieben werden.

„Er wird euch dafür alles schenken, was ihr braucht, ja mehr als das. So werdet ihr nicht nur selbst genug haben, sondern auch noch anderen von eurem Überfluss weitergeben können. Schon in der Heiligen Schrift heißt es ja von dem Mann, den Gott reich

beschenkt hat: *Großzügig schenkt er den Bedürftigen, was sie brauchen; auf seine barmherzige Liebe kann man immer zählen. Gott aber, der dem Sämann Saat und Brot schenkt, wird auch euch Saatgut geben. Er wird es wachsen lassen und dafür sorgen, dass eure Opferbereitschaft Früchte trägt. Ihr werdet alles so reichlich haben, dass ihr unbesorgt weitergeben könnt. Wenn wir dann eure Gabe überbringen, werden viele Menschen Gott dafür danken."*
2. Korinther 9,8-11

Zuerst einmal sehen wir, dass Gott uns reichlich mit seiner Gnade beschenken kann. Gott kann das tun, es geschieht jedoch nicht automatisch. Gewisse Bedingungen müssen erfüllt werden. Die Hauptbedingung, um Gottes Gnade zu empfangen, ist das Vertrauen auf ihn. Haupthindernis für das feste Vertrauen auf Gott ist der Versuch, ihn dazu zu bringen, dass er unsere Bedürfnisse aufgrund unserer Anstrengungen stillt. Wenn unser Vertrauen auf Gott fest steht, empfangen wir seine Versorgung als ein Geschenk und nicht als etwas, das er uns schuldet. Gott freut sich darüber, dass wir durch seine Gnade in allem Genüge haben.

Ich (Craig) liebe es, wenn Gott Superlative wie „alles" und „immer" benutzt. Sie zeigen seinen Herzenswunsch für uns. Er möchte, dass all seine Gnade in unserem Leben immer zur Entfaltung kommt. Und er stellt uns einen Überfluss an Wohlstand für ganz bestimmte Ziele zur Verfügung. Wie wir bereits erwähnten, können viele Christen das Wort Wohlstand nicht mehr hören wegen der Art und Weise, wie er von bestimmten Christen definiert wurde. Ich möchte hier eine andere Definition gebrauchen: Wohlstand bedeutet, stets ausreichend von Gott versorgt zu werden, um damit Gottes Absichten verwirklichen zu können. Für ein planloses Leben ist diese Art der Versorgung nicht gedacht. Gott möchte uns Erfolg schenken und uns Überfluss geben, damit wir durch gute Werke seine Herrschaft auf der Erde ausbreiten können.

In 2. Korinther 9,11-12 werden fünf verschiedene Verwendungsweisen von Geld beschrieben:

1. Samen für den Sämann (der Zehnte)
2. Brot zum Leben (Verbrauch)

3. Vervielfältigung der Saat für das Aussäen (Säen und Ernten)
4. Wachsende Frucht der Gerechtigkeit (Einsatz von Geld befreit Menschen von Bindungen)
5. Großzügigkeit (Geben)

Die meisten Christen schätzen sich selbst so ein: Sie haben Punkt 1 verstanden, wissen etwas über Punkt 2 und 5 und von Punkt 3 und 4 haben sie noch nie etwas gehört.

Jede dieser fünf Verwendungsweisen des Geldes hat ein anderes Ziel im Reich Gottes und erzielt ein anderes Ergebnis. Es ist ganz klar, dass wir kein Geld für eines dieser Ziele verwenden können, wenn wir kein Geld haben. Wenn aber Gott, der unsere Quelle ist, uns Geld zur Verfügung stellt, dann sollten wir es auf eine Weise verwenden, wie es oben beschrieben ist. (Übrigens: Das Zahlen von Zinsen für unsere Schulden fehlt auf dieser Liste der Verwendungsmöglichkeiten.) Lassen Sie uns jetzt die Punkte im Einzelnen betrachten.

Kapitel 4

Samen für den Sämann

―――――――――――― **Johannes 4,23-24** ――――――――――――

Geist	Wahrheit
Glaube *Römer 10,17* Wort GNADE	Glaube *Lukas 17,5-10* Gehorsam BAUSTEINE
Er wird euch dafür alles schenken, was ihr braucht, ja mehr als das. So werdet ihr nicht nur selbst genug haben, sondern auch noch anderen von eurem Überfluss weitergeben können. **(2. Korinther 9,8)**	1. Erkennen Sie den Geist des Geldes und weisen Sie ihn zurück. (Mein Herz gehört Gott allein.) 2. Glauben Sie an Gottes Versorgung. (Gott ist meine Quelle.) 3. Fangen Sie an, regelmäßig den Zehnten zu geben. (Geben ist meine Grundhaltung, keine Sonderleistung.)

Der erste Verwendungszweck des Geldes, Samen für den Sämann, ist in unseren Augen das Geben des Zehnten. Dies ist das erste, was wir mit unserem Geld tun müssen. Damit geben wir Gott das, was ihm zusteht, bevor wir Geld für irgendetwas anderes ausgeben. Lassen Sie uns in diesem Zusammenhang zunächst die Fragen nach dem Was?, Wo?, Wann? und Wie? betrachten.

Was ist der Zehnte?

Der Begriff ‚Zehnter' kommt von dem hebräischen Wort ‚maaser', das einen Anteil von zehn Prozent bezeichnet. Kann man einen Zehnten in Höhe von 12 % geben? Nein! Oder in Höhe von 8 %? Nein! Man kann den Zehnten nur in Höhe von 10 % geben, denn genau das ist die Bedeutung des Wortes. Sie geben also Ihren Zehnten, wenn Sie ganz einfach den zehnten Teil des Ihnen zur Verfügung stehenden Einkommens an Gott geben. Die Frage, ob wir den Zehnten von unserem Netto- oder Brutto-Einkommen geben sollten, kommt dann auf, wenn wir die Wirkungsweise des Mammons nicht verstehen. Das Ziel ist nicht, mehr für mich selbst zu behalten, sondern das richtig zu verwalten, von dem Gott sagt, dass es ihm gehört. Gott ist die Quelle meiner Versorgung und er wird meine Bedürfnisse decken. Den Zehnten zu geben ist tatsächlich ein Teil des geistlichen Kampfes, in den wir gestellt sind.

Die Art und Weise, wie der Zehnte berechnet wird, mag davon abhängen, wie man sein Einkommen erhält. Wenn Ihre Haupteinkommensquelle eine nicht-selbstständige Arbeit ist, und sie ein regelmäßiges Einkommen beziehen, dann beträgt Ihr Zehnter einfach 10 % Ihres Bruttolohnes. Wenn Sie selbstständig oder Geschäftsinhaber sind, kann es sein, dass Sie kein regelmäßiges Einkommen beziehen, sondern sich mit dem versorgen, was Ihr Betrieb an Gewinn erwirtschaftet. In diesem Fall sollte Ihr Zehnter 10 % Ihres Gewinns oder des Geschäftszuwachses betragen. Denn wenn ein Betrieb nur 7 % Gewinn erzielt und der Inhaber gibt 10 % des Bruttoerwerbs als Zehnten, dann wird er einen monatlichen Verlust von 3 % machen. Dieser Geschäftsinhaber wird nicht sehr lange im Geschäft bleiben, wenn er diese Gewohnheit beibehält.

Ein Freund von mir (Craig) ist Milchbauer und hat ein großes Herz für Gott. Gott zeigte ihm, dass er nicht den Zehnten gegeben hatte, wie er es hätte tun sollen, es tat ihm leid und er fing an, den Zehnten seines Bruttoerwerbs zu geben. Nach einiger Zeit bemerkte er, dass seine Ersparnisse aufgezehrt wurden und er jeden Monat weiter ins Minus rutschte. Es dauerte nicht lange und ein Bankangestellter klärte ihn darüber auf, dass sein milchwirtschaftlicher Betrieb weniger als 10% Gewinn erzielte. Der Bankangestellte half meinem Freund dabei zu erkennen, dass er nur 10 % seines tatsächlichen Gewinns als Zehnten geben sollte und nicht 10 % des Bruttoerwerbs oder Umsatzes.

Wer sein Geld mit Immobilien oder Anlagen in Wertpapieren erzielt, tut sich oft schwer damit, seinen Zehnten zu berechnen, weil er seinen Gewinn nie als Geld bekommt und jeder Gewinn wieder neu investiert wird. Das Ziel hier wäre, den tatsächlichen Gewinn jeder Transaktion zu berechnen und 10 % dieses berechneten Gewinns zu geben.

Wenn wir darüber sprechen, was der Zehnte ist, lassen Sie uns auch darüber sprechen, was er nicht ist. Den Zehnten zu geben ist nicht die Lösung all Ihrer finanziellen Probleme. Einige wohlmeinende Christen haben behauptet: Wenn Sie erst damit beginnen, den Zehnten zu geben, werden sich Ihre finanziellen Probleme wie von selbst lösen. – Nein. Viele versuchen, eine Methode anzuwenden, ohne die dahinterliegende Weisheit verstanden zu haben. Den Zehnten zu geben ist eine gute Sache, aber manche Christen vertrauen darauf und nicht auf Gott als ihre eigentliche Quelle. Nur die Beziehung zu Christus und das Vertrauen in ihn ist die Antwort auf Ihre finanziellen Probleme.

Den Zehnten zu geben bewirkt nicht, dass ich besser vor Gott dastehe. Gott schätzt diejenigen, die den Zehnten geben nicht mehr als die, die es nicht tun, noch begünstigt er sie. Nur das Vertrauen darauf, dass Jesus für mich gestorben ist, lässt mich gerecht vor Gott stehen. Wenn das nicht stimmt, dann baue ich nur auf meine religiösen Anstrengungen, um damit gerecht vor Gott zu sein.

Den Zehnten zu geben nimmt nicht einfach einen finanziellen Fluch weg. Den Zehnten mit der richtigen Einstellung zu geben mag manchen finanziellen Reinfall verhindern. Ihn nicht zu geben, kann schwerwiegende finanzielle Konsequenzen für die Zukunft haben. Doch den Zehnten zu geben, beseitigt keinen finanziellen Fluch. Vielen ist auf der Grundlage von Maleachi 3,8-10 gesagt worden, dass sie unter einem Fluch stehen, wenn sie den Zehnten nicht geben.

„Findet ihr es etwa richtig, wenn ein Mensch Gott betrügt? Ihr betrügt mich doch die ganze Zeit! Ihr entgegnet: Womit haben wir dich denn betrogen? Ihr habt mir den zehnten Teil eurer Ernte nicht gegeben, und ihr habt den Priestern ihren Anteil an den Opfergaben verweigert. Das ganze Volk betrügt mich, deshalb habe ich euch verflucht. Ich, der allmächtige Gott, fordere euch nun auf: Bringt den zehnten Teil eurer Ernte in vollem Umfang zu meinem Tempel, damit in den Vorratsräumen kein Mangel herrscht! Stellt mich doch auf die Probe, und seht, ob ich meine Zusage halte! Denn ich verspreche euch, dass ich dann die Schleusen des Himmels wieder öffne und euch mit allem überreich beschenke." Maleachi 3,8-10

Nur: Sie können keinen Fluch durch irgendeine richtige Tat Ihrerseits beseitigen. Allein das Vertrauen darauf, dass Jesus für Ihre Sünden gestorben ist, kann und wird einen Fluch wegnehmen

(Galater 3,13-14). Sollte schon ein Fluch auf Ihnen lasten, dann kann er nur durch den Glauben an den stellvertretenden Tod von Jesus aufgehoben werden. Worin besteht dieser Fluch? Gott will, dass wir unsere Finanzen nach göttlichen Prinzipien verwalten. Wenn wir das nicht tun, dann sind wir der Gnade des weltlichen Systems ausgeliefert – und die gibt es nicht! Dieses System ist verflucht, weil es unter der Kontrolle Satans steht. Nur die Umkehr von toten Werken (dem weltlichen System) und der Glaube an die Erlösung und Versorgung durch Jesus Christus befreit uns aus diesem verfluchten System.

Wohin geht der Zehnte?
Maleachi 3,10 fordert uns dazu auf, den Zehnten in die Vorratsräume zu bringen. Wir glauben, dass damit in erster Linie die örtliche Gemeinde gemeint ist, in der Sie geistliche Nahrung erhalten und versorgt werden. Dort sind die Menschen, die Sie kennen, für Sie sorgen und denen Sie geistliche Autorität gegeben haben, damit diese Sie im Wort Gottes unterrichten. Über den Zehnten hinaus ist es sinnvoll und richtig, Missionswerke, evangelistische Fernsehsender oder die christliche Schule, die Ihre Kinder vielleicht besuchen, finanziell zu unterstützen.

Wann wird der Zehnte gegeben?
Der Zehnte sollte gegeben werden, wenn man Geld bekommt. Also wöchentlich oder monatlich, wann immer man sein Geld erhält. Wer, wie oben bereits erwähnt, als Selbstständiger nur unregelmäßige Einkünfte bekommt, tut sich am leichtesten, wenn er seinen Zehnten immer dann berechnet und gibt, wenn eine Transaktion abgeschlossen ist, auch wenn noch kein Geld da ist. Sonst geschieht es zu leicht, dass man das Geben ganz vergisst.

Warum wird der Zehnte gegeben?
Dies ist eine entscheidende Frage. Wir werden uns Zeit nehmen, um über den Grund dafür nachzudenken. Wie wir bereits am Anfang dieses Kapitels gesagt haben, ist es mindestens ebenso wichtig, Verständnis und Wissen zu bekommen, wie es einfach in die Tat umzusetzen.

Viele Christen geben daher zwar den Zehnten, lehnen aber gleichzeitig Gottes Ziele ab, die mit diesem Geld verbunden sind.

Der erste Grund, warum wir den Zehnten geben sollten, ist die Tatsache, dass es auch der „Weg unserer Vorfahren" war (Jeremia 6,16). Den Zehnten zu geben setzt Gottes übernatürliche Kraft in Bezug auf die Finanzen frei. Manche meinen zwar, dass der Zehnte zum alttestamentlichen Gesetz gehört und daher für unser Leben nicht mehr relevant ist, doch begegnen wir dem Zehnten zum ersten Mal im Alten Testament in 1. Mose 14,20, als Abraham dem König von Salem, Melchisedek, den Zehnten gab. Dies war ungefähr 430 Jahre vor dem Gesetz des Mose (vgl. Hebräer 7,4-8). Wir glauben, dass das Prinzip des Zehnten nicht nur für eine bestimmte Zeit, Nation oder einen bestimmten Teil der Bibel relevant ist, sondern vielmehr, dass der Zehnte von jeher der „Weg unserer Vorfahren" im Glauben war.

Er ist ein allgemeingültiges Prinzip, so wie das physikalische Gesetz der Schwerkraft. Diese Art Prinzipien gelten für jeden und zu jeder Zeit. Weder die Schwerkraft noch das Geben des Zehnten ist davon abhängig, ob Sie alt oder jung sind, Mann oder Frau, Europäer sind oder Amerikaner, Afrikaner, Australier oder Asiate. Sie gelten für alle zu jeder Zeit in gleicher Weise.

Man mag einwenden: Aber wir sind doch unter der Gnade, deshalb müssen wir uns nicht nach diesen alttestamentlichen Prinzipien richten. Das stimmt. Sie müssen gar nichts tun. Es ist Gottes Wunsch, dass Sie dahin kommen, auf Jesus Christus zu vertrauen. Doch es ist ihre Entscheidung, Christus anzunehmen. Niemand zwingt Sie dazu. Das Befolgen mancher Prinzipien nützt uns nur ungemein. Die Errettung ist eines davon. Ihre Errettung wird Ihnen in der Ewigkeit von unvergleichlichem Nutzen sein. Nichtsdestotrotz wird Sie niemand dazu zwingen. Sie müssen sich nicht dementsprechend verhalten.

Ein weiteres Beispiel: Die Bibel sagt, dass es Ihnen in Ihrem Leben wesentlich besser geht, wenn Sie keine Unzucht treiben oder die Ehe nicht brechen. Das stimmt tatsächlich. Es ist wahr. Es geht Ihnen wesentlich besser, wenn Sie sich sexuelle Reinheit bewahren. Sie wird Ihrem Leben nützen. Gottes Ziel mit all seinen Geboten besteht nicht darin, Ihnen ein Gesetz überzustülpen oder sie einzuschränken. Gott weiß, dass ein Leben nach seinen Prinzipien Ihnen einfach nützen wird. Wenn Sie grundlegende Lebensprinzipien missachten, hat dies immer zerstörerische Folgen.

Ihrer Familie wird es wesentlich besser gehen, wenn Sie wissen, wie Sie Ihre Kinder segnen können. Die Bibel sagt Ihnen, wie und wann Sie Ihre Kinder segnen sollen. Aber Sie müssen das nicht tun. Es wird Ihnen viel besser gehen, wenn Sie lernen, einen Tag in der Woche als Ruhetag zu nehmen. Ihr Körper braucht die Ruhe. Einige Christen sagen: Ach, das ist gesetzlich, ich muss das nicht tun. – Nein, Sie müssen es wirklich nicht tun. Doch es gibt zahllose Beispiele von Menschen, die dieses Prinzip für sich entdeckt haben und nun in sechs Arbeitstagen mehr schaffen als sonst in sieben. Um es noch einmal zu sagen, dies ist kein Gesetz, es ist einfach „der Weg unserer Vorfahren".

Oft sehen Menschen solche Prinzipien als Gesetze an, die wir nicht mehr befolgen müssen, weil wir unter der Gnade sind. Daher ist es sinnvoller, das Wort Gesetz durch das Wort Prinzip zu ersetzen. Denn die Gesetze (Prinzipien) des Ruhetags in jeder Woche, des Zehnten, des Segnens der Kinder, der sexuellen Reinheit sind in der Tat wie das Gesetz (Prinzip) der Schwerkraft. Es ist ebenfalls ein Gesetz. Stellen Sie sich vor, ein Christ würde sagen: Wenn das ein Gesetz ist, dann muss ich nicht danach leben. Ich bin in Christus und unter der Gnade und daher vom Gesetz befreit. Wir brauchen das nicht auszudiskutieren. Wer das glaubt, kann einfach in der Praxis ausprobieren, was geschieht, wenn er das Gesetz nicht beachtet. Niemand übt Zwang aus. Er hat die Freiheit, von hohen Gebäuden oder Klippen herunterzuspringen. Auf dem Weg nach unten lässt er Gott dann einfach wissen, dass er jetzt unter der Gnade steht und das Gesetz der Schwerkraft nicht mehr für ihn gilt.

Ich habe dieses Beispiel gegeben, weil ich (Craig) die Beobachtung gemacht habe, dass viele von uns in Familien aufgewachsen sind, in denen die Eltern für ihre Kinder willkürlich sinnlose Regeln und Gesetze aufgestellt haben, etwa in dieser Art: „Du sollst an einem Donnerstag kein blaues Hemd tragen." Als Folge davon trugen Sie in den Jahren, in denen Sie aufwuchsen, an keinem Donnerstag ein blaues Hemd. Dies war ein unabänderliches Familiengesetz. Als Sie dann erwachsen wurden, stellten Sie fest, dass andere an einem Donnerstag ein blaues Hemd trugen, scheinbar ohne schlimme Konsequenzen. Da dachten Sie bei sich selbst: Ich frage mich, warum mir mein Vater das verboten hat. Hat es vielleicht gar keine Konsequenzen, wenn ich dieses Gesetz verletze? Und so haben Sie mit großem Zögern eines Tages an einem Donnerstag ein blaues Hemd angezogen. Kein Blitzschlag kam vom Himmel. Nichts Schlimmes passierte. Alles schien in Ordnung zu sein.

Daraufhin entscheiden Sie, dass die Anordnung Ihres Vaters nichts anderes als ein willkürliches Gesetz war, das keinen Sinn hatte und keine Konsequenzen. Nachdem Sie an vielen Donnerstagen ein blaues Hemd angezogen haben, ohne irgendwelche Konsequenzen, wird Ihre erste Entscheidung bestätigt. Das Gesetz Ihres Vaters war reine Willkür, aus irgendeinem Grund von Ihrem Vater erlassen.

Viele, die diese Erfahrung in ihrer Familie gemacht haben, denken das Gleiche von Gottes Wort. Sie glauben, dass die Gesetze Gottes schlicht willkürliche Regeln sind, so wie viele Regeln ihrer Eltern. Und sie haben die Vorstellung, dass Gott sie, so wie ihre Eltern, für die Übertretung seiner willkürlichen Gesetze bestraft. (Du tust besser dies und das, sonst werde ich Dich bestrafen! – Auf Geld bezogen: Deine Finanzen sind verflucht, wenn Du nicht den Zehnten gibst.)

Doch ich halte die meisten der Gebote in der Bibel in erster Linie nicht für vorschreibend, sondern für beschreibend. Gott gibt weniger Anweisungen für unser Leben, sondern er beschreibt eher grundlegende Prinzipien, mit deren Hilfe unser Leben gelingt. Wenn Gott z.B. sagt: Achtung, Schwerkraft! Spring nicht von dieser Klippe herunter!, dann gibt er uns keine willkürliche Anordnung und droht uns eine Strafe an, wenn wir uns nicht danach richten. Nein, er versteht vielmehr das Prinzip der Schwerkraft und versucht, uns vor den schlimmen Konsequenzen zu bewahren, die uns bei Nichtbeachtung drohen. Diese Anordnung hat einen guten Grund.

Gottes Anordnung ist in diesem Fall beschreibend, nicht vorschreibend. Gott sagt hier: Tu nicht dies, sondern lieber das. – Warum? Weil es Ihrem Leben gut tun und nützen wird. Der Grund ist nicht: Weil ich Gott bin, deshalb gehorchst Du mir, oder ich bestrafe Dich.

Den Zehnten zu geben ist solch ein Prinzip und kein willkürliches Gesetz. Sie müssen sich nicht danach richten, aber es wird Ihrem Leben sehr guttun, wenn Sie sich dafür entscheiden. Wie wir später besprechen werden, ist der Zehnte dazu eingerichtet worden, ein festes Vertrauen auf Gott in unseren Herzen hervorzubringen. Das Geben des Zehnten bringt uns in eine Lage, in der wir Wunder brauchen. Den Zehnten zu geben, bringt also die übernatürliche Dimension in unsere Finanz-angelegenheiten.

Wir haben mit vielen Leuten gesprochen, die sich nicht vorstellen konnten, den Zehnten zu geben und ihre Rechnungen noch zu bezahlen, wenn sie ihre Finanzen mit ihrem natürlichen Denken anschauten. Nachdem sie aber das Geben des Zehnten mit der richtigen Einstellung eingeführt hatten, berichteten sie nach ein paar Monaten übereinstimmend, dass sie nach Zahlung aller Rechnungen von 90 % ihres Einkommens mehr übrig behielten als vorher von 100 %. Wir fragten sie dann: Wie hat das funktioniert? Verdienen Sie mehr als vorher? Geben Sie weniger Geld aus? Die Antwort war immer dieselbe: Ich weiß nicht, wie es klappt. Ich verdiene nicht mehr Geld als vorher, noch gebe ich bewusst weniger Geld aus. Und doch haben sie Gottes übernatürliche Kraft in ihre Finanzen hineingebracht, indem sie sich an Gottes alte Prinzipien hielten.

Was könnten weitere Gründe sein, warum Gott möchte, dass Sie den Zehnten geben? Braucht Gott Ihr Geld? Nein, natürlich nicht. Gott ist Eigentümer der ganzen Welt, und ihm steht unbegrenzter Reichtum zur Verfügung (Psalm 50,10-12). Gott ist nicht hinter unserem Geld her. Er will unser Herz. Wir glauben daher, dass das Geben des Zehnten der praktische Ausdruck unseres Bekenntnis ist: Gott ist meine Versorgungsquelle und der Geist des Mammons hat keine Macht in meinem Leben.

Der Apostel Jakobus sagt uns in seinem Brief (Jakobus 2,26): „So wie der Körper ohne den Geist tot ist, so auch der Glaube ohne Taten." Den Zehnten zu geben, ist das praktische Handeln, das mit unserem Glauben an Gott als unsere Quelle Hand in Hand geht. Daher dient das Geben des Zehnten Ihnen, nicht Gott. Gottes Ziel ist nicht, Ihr Geld zu bekommen, sondern dass Sie Ihr Vertrauen auf ihn als

Ihre Quelle setzen. Dadurch dass Sie den Zehnten geben, hat Gott die Möglichkeit, diesen Glauben in Ihnen wachsen zu lassen.

Eine andere Methode, Sie dieses Vertrauen auf Gott zu lehren, wäre, Sie in bittere Armut zu bringen. Wenn Gott das täte, könnten Sie lernen, immer und für alles auf ihn zu vertrauen. Diese Methode wandte Gott bei Georg Müller im achtzehnten Jahrhundert an, um ihm zu zeigen, was Glaube bedeutet. Georg Müller unterhielt ein Waisenhaus in England, ohne dass er irgendwelche sichtbaren Mittel dazu hatte. Jeden Morgen, wenn er aufwachte, hatte er keine Ahnung, wie die Waisenkinder ernährt werden könnten, um die er sich kümmerte. Und jeden Tag versorgte Gott sie auf übernatürliche Weise mit allem, was sie für das Waisenhaus brauchten. Irgendjemand kam einfach vorbei und brachte etwas zu essen oder Geld, so dass genügend für den Tag vorhanden war.

Jeder von uns könnte auf diese Weise Vertrauen auf Gott lernen. Ich glaube, dass Gottes bevorzugte Methode das Geben des Zehnten ist. Dieses Geben fordert unser Vertrauen auf Gott. Nur wenige haben 10 % ihres Einkommens übrig, das nur darauf wartet, irgendwie ausgegeben zu werden. Wenn Sie 1.000 Euro im Monat verdienen, wird es schwer sein, 100 Euro zu geben. Sie brauchen jeden Euro für Ihre Ausgaben. Wenn Sie 10.000 Euro pro Monat verdienen, wird es schwer sein, 1.000 Euro zu geben, denn 1.000 Euro sind eine Menge Geld. Und wenn Sie 100.000 Euro im Monat verdienen, wird es auch nicht leichter, 10.000 Euro pro Monat an Ihre Gemeinde zu geben. Ich (Earl) habe von meinem Vater gelernt, den Zehnten zu geben. Als ich 12 war und anfing, Zeitungen auszutragen, gab mir mein Vater eine Reihe von Briefumschlägen aus der Gemeinde. Jeder Umschlag hatte zwei Fächer, eins für den Zehnten und eins für das Opfer. So lernte ich, jede Woche 10 Cents als Zehnten zu geben. Als ich dann mehr verdiente, war das Prinzip schon in meinem Leben verankert.

Ich glaube, dass das regelmäßige Geben des Zehnten auch Gottes Methode dazu ist, uns Disziplin im Umgang mit Finanzen beizubringen. Jemand, der nie gelernt hat, regelmäßig den Zehnten zu geben, wird nur selten die Fähigkeit haben, beim Umgang mit Finanzen in anderer Hinsicht diszipliniert zu sein. Die Angewohnheit, den Zehnten zu geben, ist in dieser Beziehung der Gewohnheit des Fastens sehr ähnlich. Denn wer sich nicht zum Fasten disziplinieren kann, ist oft in seinem gesamten Umgang mit Essen undiszipliniert. Ähnliches gilt für viele Bereiche.

„Ich habe euch immer geliebt." Maleachi 1,2
So drückt Maleachi aus, was Gott auf dem Herzen liegt. Das ist Gottes Einstellung uns gegenüber. Seine Anordnungen sind zu unserem Nutzen. Lassen Sie uns nun Maleachi 3,10 näher betrachten.

„Ich, der allmächtige Gott, fordere euch nun auf: Bringt den zehnten Teil eurer Ernte in vollem Umfang zu meinem Tempel, damit in den Vorratsräumen kein Mangel herrscht! Stellt mich doch auf die Probe, und seht, ob ich meine Zusage halte! Denn ich verspreche euch, dass ich dann die Schleusen des Himmels wieder öffne und euch mit allem überreich beschenke." Maleachi 3,10

Der letzte Teil des Verses heißt im hebräischen Original einfach „...dass ich dann die Schleusen des Himmels wieder öffne und das nicht genug." Was ist nicht genug? Ich (Earl) glaube, dass Maleachi hier sagt, dass der Zehnte, der in das örtliche Vorratshaus hineinkommt, nicht genug ist. Bedenken Sie, dass er in Vers 9 sagt, dass Israel Gott nicht nur um den Zehnten, sondern auch um das Opfer und die Gaben betrogen hatte. Ich glaube, dass der Zehnte mit der Mindesteinlage auf einem Bankkonto zu vergleichen ist. Es ist die Mindesteinlage, die notwendig ist, um ein Guthaben auf dem Konto der „Schätze im Himmel" zu haben. In Kapitel vier haben wir eingehend über dieses Konto gesprochen. Doch das Geben des Zehnten an und für sich ist nicht genug, wenn Überfluss durch ein offenes Fenster fließen soll. Der Zehnte öffnet lediglich die Fenster des Himmels.

Während der Zehnte das himmlische Konto auf der Habenseite hält, sind es die Opfer, die uns Überfluss bringen, und zwar Opfer für die anderen drei Zwecke des Geldes neben dem Zehnten und unserer Versorgung (siehe Seite 118f). Es sind Opfer oder Gaben, die sich auf dem Konto vervielfältigen und durch die Schleusen des Himmels zu einem Segen werden, der weit über die Grundbedürfnisse hinausgeht und uns mit Überfluss versorgt.

Ich (Craig) glaube, das es für uns als Christen wichtig ist, den

Zehnten vom Opfer zu unterscheiden, in unserem Denken und auf unserem Konto. Der Zehnte ist einfach ein treuhänderisches Konto, das Gott gehört, und das wir in seinem Interesse verwalten. Er hält das Konto der „Schätze im Himmel" im Haben. Aber er ist nicht genug. Opfer dagegen setzen Segen frei und sie werden für ganz andere Ziele eingesetzt als der Zehnte.

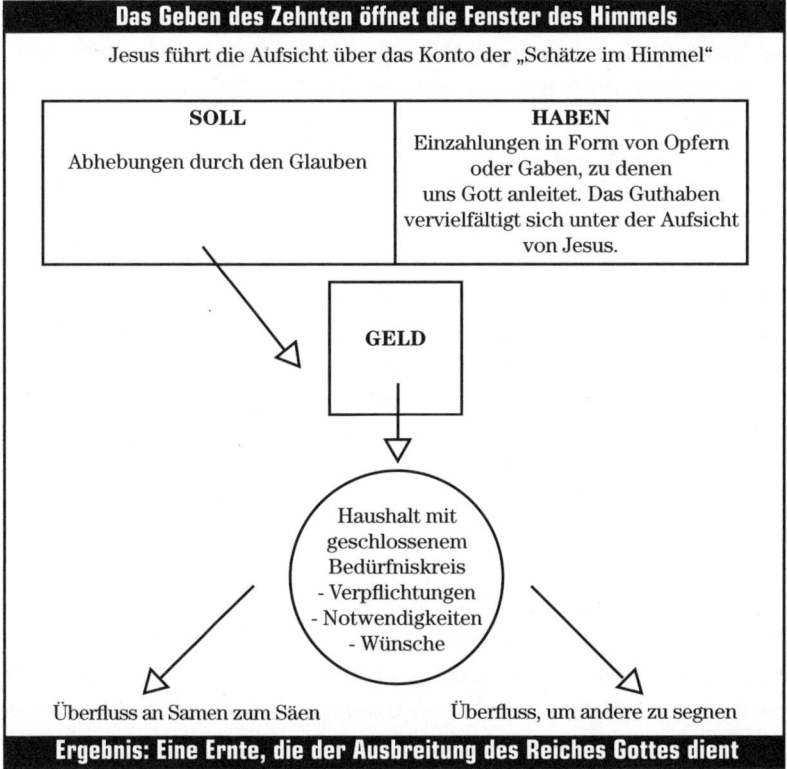

Ein Beispiel aus dem täglichen Leben, das ich (Earl) gerne benutze, um diesen Gedankengang zu illustrieren, ist die Funktion einer EC-Karte für Geldautomaten. Wenn Sie die Karte in den Automaten stecken, öffnet sich eine Klappe oder ein Fenster auf dem Bildschirm, so dass Sie Ihre eigentliche Transaktion durchführen können. Doch es wird kein Geld ausgezahlt, solange Sie nicht Ihre Geheimzahl eingeben haben. In diesem Beispiel entspricht Ihre Karte dem Zehnten. Das Eingeben der Geheimzahl ist vergleichbar mit Ihren Opfern oder Gaben. Damit Finanzen im Reich Gottes arbeiten können, sind der Zehnte und Opfer notwendig. Diese Methode ist das uralte von Gott erfundene Prinzip, das uns davor bewahren soll, unter den Fluch des weltlichen Finanzsystems zu geraten, wo wir den Begrenzungen und Fehlern dieses Systems unterliegen.

Ein anderes Ziel Gottes mit dem Zehnten ist es, Einzelne oder auch Familien von Geldsorgen zu befreien. Weil wir Gottes Liebe dadurch erfahren, dass er uns treu versorgt, vertreibt seine vollkommene Liebe die Angst. Wenn sich eine Familie nie bewusst macht, dass sie Gottes übernatürliche Kraft braucht, wird der Geist des Mammons sie weiterhin mit Angst beherrschen.

Wenn Sie bis jetzt noch nicht regelmäßig Ihren Zehnten gegeben haben und nun darüber nachdenken, mögen Sie erschrocken sein. Fassen Sie Vertrauen. Was dahintersteckt, ist die Frage: Liebt mich mein Vater im Himmel wirklich? Im Hinterkopf haben Sie die Erfahrungen anderer, die meinten, nicht versorgt zu werden. Diese Fremderfahrungen festigen sich dann zu unserem festen Eindruck. Das nennt die Bibel eine „Festung", ein Gedankengebäude im Denken eines Menschen (2. Korinther 10,4-6). Unsere Lebenserfahrung sagt uns: Diese Prinzipien funktionieren vielleicht im Leben von anderen, aber nicht bei mir! Ich hab's versucht, aber es hat einfach nicht geklappt.

Nein! Gottes Wort ist wahr und Ihre Lebenserfahrung bestimmt nicht über Ihre Zukunft. Diese echte oder vermeintliche Lebenserfahrung kann eine solche Festung im Denken schaffen, die dann durch jedes Ereignis weiter bestärkt wird. Ist Ihnen schon aufgefallen, dass die Wirklichkeit des Lebens eigentlich von den Bildern geschaffen wird, die bereits in unserem Herzen sind? Wenn erst einmal ein Eindruck in unserem Herzen besteht, dann wird sich die Wirklichkeit des Lebens an diesem Bild orientieren. Sie wird dieses vorhandene Bild bestätigen und verstärken, und immer wieder wird sich die Wirklichkeit an diesem Bild ausrichten. Wenn wir damit anfangen, regelmäßig den Zehnten zu geben, wird alles in uns aufschreien und sagen, dass wir dadurch verlorengehen. Doch Gott ist treu und das Prinzip des Zehnten ist seine Art und Weise, die Angst aus unseren Herzen zu vertreiben und das Vertrauen auf ihn zu fördern.

Lassen Sie mich (Craig) einen Bericht davon geben, wie nur die Absicht, den Zehnten regelmäßig zu geben, Gottes übernatürliche Kraft freisetzen kann. Nach einem dreitägigen Seminar über biblische Finanzprinzipien schrieb mir eine Frau folgenden Brief:

„Ich wollte Ihnen diesen Brief schreiben, um Ihnen dafür zu danken, dass Sie meiner Familie und mir diese Inhalte vermittelt haben. Ich hatte gar nicht geplant, an dem Seminar teilzunehmen. Ich dachte, ich hätte unsere Finanzen einigermaßen im Griff und wir würden uns in diesem Bereich schon ganz gut verhalten.

Am Sonntagabend war meine ganze Welt in sich zusammengefallen. Ich merkte, dass ich meine Finanzen so im Griff hatte, dass Gott nur dann mit ins Spiel kam, wenn die Lage schwierig wurde und wir Hilfe brauchten. Als Ehepaar konnten wir jedes einzelne Anzeichen ankreuzen, durch das sich die Herrschaft des Mammons im Leben äußert. Diejenigen, die ich nicht ankreuzte, kreuzte mein Mann an. Als Sie dann anfingen, über den Zehnten zu sprechen, bekam ich es mit der Angst zu tun. Ich sah keine Möglichkeit, wie wir es uns leisten könnten 10 % unseres Bruttoeinkommens zu geben und in den schwarzen Zahlen zu bleiben. Es ist nicht so, dass wir etwas Geld sparen könnten, indem wir sparsamer wären. Den Zehnten zu geben, würde für uns bedeuten, dass wir Gott jede Woche um unsere Versorgung bitten müssten. Für mich war das der Verlust meiner Kontrolle, die ich bisher hatte, und ein Kampf ums Überleben von Woche zu Woche.

Bis gestern Abend hieß Gottes Versorgung für mich, dass wir gerade genug zum Leben haben, und zwar mit einem anstrengenden Vertrauen auf ihn und immer auf die letzte Minute. Gestern versuchte ich den ganzen Tag dahin zu kommen, dass mir das Geben des Zehnten nicht mehr unangenehm wäre. Doch es war schwer. Wir hatten gerade unsere Hypothek erhöht, um anzubauen und die Garage zu erweitern, damit wir wieder alle in unser Haus passen würden.

Das war dringend nötig, denn wir erwarten in drei Monaten unser drittes Kind.

Trotz dieses Durcheinanders wusste ich, dass wir unbedingt damit beginnen sollten, regelmäßig den Zehnten zu geben, und dass Gott wollte, dass ich ihn als meinen wahren Versorger ansehe. Ich weiß, das Abgeben meiner Kontrolle in diesem Bereich ist ein Schlüssel dafür, mein Herz ganz Gott zu geben. Am Ende des gestrigen Tages fühlte ich Frieden über das Geben des Zehnten und war sogar bereit, den Plan mit der Garage loszulassen, wenn es sein müsste. Ich war zum allerersten Mal bereit, Gott wirklich als meinen Versorger anzusehen.

Alles, was ich sagen kann, ist, dass Gott unglaublich ist. Gestern Abend konnte ich mich um nichts weiter kümmern, da ich eine Gruppe leitete. Anschließend kam mein Mann nach Hause und sagte mir: Du wirst es nicht glauben! ... (In ihrem Brief beschrieb die Frau, wie sich ihnen ganz unerwartet auf übernatürliche Weise eine Quelle geöffnet und Gott sie mit einer größeren Geldmenge beschenkt hatte.) ... Gott hat uns mit all diesem Geld gesegnet. Es war, als wollte er sagen: Schaut her! So kann ich euch versorgen, wenn ihr mich nur lasst.

Jetzt bin ich ganz aus dem Häuschen, nicht weil wir all dieses Geld haben und wir nun unsere Garage bauen können, sondern weil ich angefangen habe, Gottes Finanzprinzipien wirklich zu verstehen. Ich verabschiede mich von einer Mentalität des „Das kann ich mir nicht leisten" und fange an, in meinem Herzen zu begreifen, dass Gott handeln kann, wenn ich selbst loslasse, und dass dann alles möglich ist. Zum ersten Mal in meinem Leben weiß ich, dass Gott uns Wohlstand schenken möchte. Gleichzeitig sehe ich, dass dieser Wohlstand nicht nur für uns ist, sondern dass Gott uns dazu gebrauchen will, anderen zu helfen.

Ich danke Ihnen und Gott für die Einsichten, die ich in den letzten zwei Tagen hatte. Es ist so, als hätten sich die Rollläden geöffnet und ich beginne zum ersten Mal, Dinge klar zu sehen.

Gott segne Sie,
Nicky Smith, Upper Hutt, Neuseeland"

Das Geben des Zehnten hat noch weitere Auswirkungen: Es bricht die Macht des Mammons und nimmt dem Geld seine besonderen, „heiligen" Kräfte weg, die wir ihm so gerne zuschreiben. Geld wurde vom Menschen zum Kaufen und Verkaufen gemacht, um dadurch etwas von gleichem Wert zu bekommen. Wenn wir nun Geld geben, ohne eine gleichwertige Gegenleistung zu erwarten, stellen wir dieses Geld Gott und seinen Absichten zur Verfügung. Der Mammon versucht, uns weiszumachen, dass wir damit Kaufkraft verloren haben. Doch wir erklären dem Mammon, dass Geld in unserem Leben keine Macht hat und zwar deshalb, weil Gott unsere Quelle ist. Seine Macht, die unseren Bedarf stillt, ist nicht einen Deut kleiner geworden.

Obwohl weder Gott noch die Gemeinde auf unser Geld angewiesen sind, gebraucht Gott das Geben des Zehnten als den Hauptkanal, durch den die Arbeit für sein Reich finanziert wird. Gott könnte sein Reich auch ohne den Zehnten ausbreiten, aber er benutzt ihn als seine normale Methode.

Der Geber oder die Gabe
Wie soll der Zehnte gegeben werden? Weil Gott nicht unser Geld, sondern unser Herz haben möchte, ist die Einstellung entscheidend, mit der wir geben. Gott möchte, dass wir Geber sind, die den Zehnten in sein Vorratshaus bringen. Viele geben regelmäßig den Zehnten, werden aber nie wahre Geber. Was ist der Unterschied zwischen jemandem, der seinen Zehnten gibt, und einem wahren Geber? Die Einstellung macht den Unterschied und die persönliche Beteiligung. Ich (Earl) fliege viel, aber ich bin kein Pilot. Wenn ich Pilot wäre, würde ich im Cockpit sitzen und das Flugzeug steuern. Doch ich bin kein Pilot. Ich bin nicht aktiv an der Steuerung des Flugzeugs beteiligt, in dem ich fliege. Was ist nötig, um ein aktiver, wahrer Geber zu werden?

„Zur Zeit der Ernte opferte Kain dem Herrn von dem Ertrag seines Feldes. Abel schlachtete eines von den ersten Lämmern seiner Herde und brachte die besten Fleischstücke dem Herrn als Opfer dar. Abels Opfer nahm der Herr an, das von Kain aber nicht. Darüber wurde Kain zornig und starrte mit finsterer Miene vor sich hin. Warum bist du so zornig und blickst so grimmig zu Boden? fragte

ihn der Herr. Wenn du Gutes im Sinn hast, kannst du doch jedem offen ins Gesicht sehen. Wenn du jedoch Böses planst, dann lauert die Sünde dir auf. Sie will dich zu Fall bringen, du aber beherrsche sie!" 1. Mose 4,3-7

In diesem Abschnitt erkennen wir, dass Abel ein echter Geber war, Kain hingegen lediglich den Zehnten gab. Einige Ausleger führen als Argument dafür an, dass Abels Opfer angenommen wurde, Kains hingegen nicht, dass Abel ein Tieropfer brachte, dessen Blut vergossen wurde, wohingegen Kain nur etwas von der Ernte seiner Felder brachte. Wir glauben dagegen, dass der Hauptunterschied in ihrer Einstellung lag und nicht in dem, was sie opferten.

Es war „zur Zeit der Ernte". Wir sehen die unterschiedlichen Reaktionen der beiden Männer, als die Zeit da war, den Zehnten zu geben. Abel war voller Freude, als er den Zehnten von seinen ersten Lämmern brachte. Als bestes Fleisch galten die fetten Stücke oberhalb der Hüfte. Dieses Fett diente den Tieren als Isolierung gegen den kalten Boden. Das Fett machte diese Stücke zur ersten Wahl für ein leckeres Essen. Abel brachte nun mehr als das, was gefordert war. Er wollte geben und segnen und Gott nahm Abels Zehnten an.

Kains Reaktion war ganz anders. Als Gott Kains Opfer nicht annahm, wurde dieser wütend und fiel in tiefes Selbstmitleid. Was war passiert? Gott fragte ihn, warum er so zornig sei. Natürlich wusste Gott, was in Kains Leben los war, aber er stellte diese Frage, um zu sehen, ob Kain seine eigenen Gefühle wahrnahm. Gott erklärte Kain die Situation und zeigte ihm den Ausweg: „Wenn du Gutes im Sinn hast, kannst du jedem offen ins Gesicht sehen." Diese hebräische Redewendung bedeutet soviel wie ‚die eigene Haltung überdenken und ändern'. Man könnte den Vers auch so übersetzen: „Wenn du deine eigene Haltung überdenkst und änderst, kannst du doch jedem offen ins Gesicht sehen. Wenn du deine Haltung nicht änderst, dann lauert dir die Sünde auf, um dich zu Fall zu bringen, du aber beherrsche sie!"

Welch eine wichtige Aussage für uns! Unsere Einstellung bestimmt unsere Zukunft. Wie wir auf Menschen und Umstände reagieren, qualifiziert oder disqualifiziert uns für das, was Gott mit uns vorhat. Schon hier in 1. Mose 4 spricht Gott über die Einstellung zum Geben. Ich

(Earl) habe im Laufe der Jahre festgestellt, dass die Lehre vom Geben die unterschiedlichsten Reaktionen bei Christen hervorruft. Manche werden wütend, manche traurig und manche fröhlich. Der entscheidende Punkt ist, dass unsere innere Haltung sich in Handlungen äußert. Diese zeigen, ob wir wahre Geber sind oder lediglich unseren Zehnten geben. Der Hebräerbrief unterstützt diese Ansicht.

„Weil Abel an Gott glaubte, war sein Opfer besser als das seines Bruders Kain. Gott nahm sein Opfer an, und Abel fand Gottes Anerkennung. Obwohl Abel schon lange tot ist, zeigt er uns noch heute, was es heißt, Gott zu vertrauen." Hebräer 11,4

Im letzten Teil dieses Verses finden wir das, was auch für uns heute wichtig ist, denn da „zeigt er uns noch heute, was es heißt, Gott zu vertrauen." Wenn wir unseren Zehnten geben, ist es gut, wenn wir unsere Einstellung überprüfen, damit der Zehnte auch das bewirkt, wofür Gott ihn eingerichtet hat, nämlich die Schleusen des Himmels unter dem Konto der „Schätze im Himmel" zu öffnen.

Heilig dem Herrn

Ein weiterer entscheidender Aspekt des Zehnten hat mit unserer Einstellung zur Gabe selbst zu tun. Gott beantwortet dem Volk Israel im folgenden Zitat aus der Bibel zwei bedeutende Fragen zum Zehnten. Es wäre gut, diese Fragen auch für unser Leben zu beantworten. Sie lauten: Wem gehört der Zehnte? Welche Art von Geld ist der Zehnte?

„Ein Zehntel jeder Ernte vom Getreide und von allen Früchten gehört mir, dem Herrn, und ist heilig." 3. Mose 27,30

Wir sehen folgende Antworten auf die beiden obigen Fragen. Erstens: Der Zehnte gehört Gott. Er gehört nicht Ihnen, sondern Gott. Das bedeutet, Sie sind lediglich ein Treuhänder oder Verwalter dessen, was Gott gehört, und handeln in seinem Interesse. Zweitens: Der Zehnte ist heilig. Als ich (Craig) diesen Bibeltext zum ersten Mal las, war ich schockiert. Ich hatte immer gedacht, der Zehnte würde beinhalten, dass ich 10 % von meinem Geld Gott gebe. Ich musste mein Denken an dieser Stelle gehörig umkrempeln lassen, um festzustellen, dass ich nicht mein Geld Gott gab, sondern sein Geld verwaltete und es ihm wieder zurückgab.

Was bedeutet es aber ‚heilig' zu sein? Ich glaube, dass wir oft eine verzerrte Sicht des Begriffs haben. Viele denken, dass sich das Wort auf einen bestimmten moralischen Verhaltensstandard bezieht. Eigentlich bedeutet es einfach ‚geweiht' oder ‚ausgesondert'. Das Wort ‚heilig' ist ohne ein Objekt, auf das es sich bezieht, bedeutungslos. Wenn etwas heilig (ausgesondert) ist, dann muss die Frage beantwortet werden: Für wen oder was? Nur auf eine einzige Person passt der Begriff der Heiligkeit ohne erklärendes Objekt, nämlich auf Gott selbst. Er ist in sich selbst heilig. Alles andere – Gegenstand oder Person – ist nur in Beziehung zu ihm heilig (ausgesondert).

Um dieses Konzept besser verstehen zu können, möchte ich Ihnen ein Beispiel geben. Stellen Sie sich vor, dass in einem Büro fünf Telefonleitungen ankommen. Vier von ihnen werden für Telefongespräche genutzt, eine Leitung dagegen ist für das Faxgerät bestimmt. Wir könnten sagen, dass die fünfte Telefonleitung für das Faxgerät ‚heilig' ist. Das ist die Bedeutung des Wortes.

Der Gegensatz zu heilig ist gewöhnlich. Die anderen vier Telefonleitungen im Büro sind gewöhnliche Leitungen, die für alles verwendet werden, aber die fünfte Leitung ist für das Faxgerät geheiligt. Wenn etwas als heilig geweiht wird, wird es vom Gewöhnlichen getrennt gehalten.

Vor diesem Hintergrund können wir besser verstehen, was es für einen Christen bedeutet, für Gott heilig zu sein. Dies bedeutet, dass er ausgesondert ist für eine Beziehung zu Gott. Und sein Verhalten ist freiwillig anders als das derjenigen, die nicht zu Gott gehören.

Was bedeutet heilig nun in Bezug auf Finanzen? Lassen Sie uns ein Beispiel betrachten. Stellen Sie sich vor, Sie unterschreiben den Kaufvertrag für ein Haus und machen eine Anzahlung in Höhe von 5.000 Euro. Der Vertrag soll in zwei Monaten abgeschlossen werden. Wo werden Ihre 5.000 Euro deponiert und wie werden sie verwendet? Normalerweise wird das Geld auf ein Treuhandkonto eingezahlt und von einem Treuhänder verwaltet. Wir könnten sagen, dass dieses Geld für Ihren Hauskauf heilig ist.

Was passiert, wenn der Treuhänder im Laufe des nächsten Monats in finanzielle Schwierigkeiten kommt, so dass er seine Rechnungen nicht bezahlen kann? Er weiß, dass das Geld in den nächsten sechs Wochen nicht gebraucht wird und „borgt" sich 2.000 Euro aus mit der Absicht sie zurückzuzahlen, wenn das Geld gebraucht wird. Selbst wenn er tatsächlich das Geld zurückzahlt, würde er in den meisten Ländern für seine Tat verklagt werden und im Gefängnis landen. Warum? Er hat seine Verantwortung verletzt, nämlich das Konto zu treuen Händen in Ihrem Interesse zu verwalten. Oder, um es anders auszudrücken, er hat heiliges Geld für sich selbst genutzt.

Stellen Sie sich weiter vor, dass der Treuhänder die 5.000 Euro nicht einmal auf ein separates Konto einzahlt, sondern einfach auf sein eigenes Konto. Er hat vor, das Geld vor Vertragsabschluss bereitzustellen, aber es verbleibt für zwei Monate auf seinem Konto. Oder stellen Sie sich vor, ein Börsenmakler vermischt das ihm von seinen Klienten anvertraute Guthaben mit dem auf seinem eigenen Konto. Selbst wenn er die Absicht hat, das Geld seiner Klienten auf Verlangen zur Verfügung zu stellen, wird er bei Entdeckung verklagt werden. In beiden Fällen ist dieses Geld heilig.

Was bedeutet es dann, wenn es in der Bibel heißt, dass der Zehnte für Gott heilig ist? Ich glaube, dass wir das auf dieselbe Weise verstehen müssen wie ein Treuhandkonto. Das Geld des Zehnten gehört nicht Ihnen. Es gehört Gott und Sie sind ein Treuhänder, der die Aufgabe hat, zu empfangen und das Geld in das Vorratshaus Gottes zu bringen. Weil die meisten Christen nur wenig mit dem Konzept der Heiligkeit anfangen können, behandeln sie auch den Zehnten nicht als heilig. Viele erkennen nicht, dass der Zehnte Gott gehört, sie halten ihn für ihr Geld und haben den Eindruck, sehr großzügig zu sein, wenn sie den Zehnten geben. Ich glaube, dass wir, um den Zehnten als heilig behandeln zu können, zuerst erkennen müssen, dass er Gott gehört. Außerdem vermische ich den Zehnten nicht mit anderen Geldern, die mir zur Verfügung stehen und die gewöhnlich sind. Er ist wie ein Treuhandkonto zu behandeln, das ich für Gott verwalte.

Sobald meine beiden Söhne alt genug waren und eigenes Geld hatten, fing ich (Craig) an, ihnen das Geben des Zehnten beizubringen. Ich tat das, indem ich den beiden jeweils vier Schraubgläser gab. Zehn Cents von jedem Dollar wanderten direkt in das Glas für den Zehnten.

Andere Anteile wurden dann gemeinsam zum Opfer, zum Sparen und zum Ausgeben festgelegt. Auf diese Weise lernten meine Söhne, dass der Zehnte heilig und niemals mit gewöhnlichen Geldern zu vermischen ist.

Als meine Frau und ich frisch verheiratet waren, eröffneten wir ein gemeinsames Konto und ein separates Konto für den Zehnten. Wann immer wir seitdem unser Gehalt oder anderes Geld bekamen, zahlten wir sofort 10 % davon auf das Konto, das für den Zehnten bestimmt war. Dieses Geld wurde getrennt von dem gehalten, was wir für unsere Lebenshaltung ausgaben. Wir verwalteten das Konto für den Zehnten als ein Treuhandkonto für Gott. Das heißt, wenn wir dieses Geld in Gottes Vorratshaus brachten, fühlten wir nie irgendeinen finanziellen Druck, denn wir hatten dieses Geld immer von dem Geld getrennt, das uns für alltägliche oder andere Ausgaben zur Verfügung stand. Wir sahen das Geld nie auf unserem eigenen Konto.

In den letzten Jahren haben wir das Geld wieder zusammen auf einem Konto, aber wir haben das Geld für den Zehnten mittels eines Finanzprogramms vom übrigen getrennt. Deshalb sehen wir wiederum das Geld, das für Gott bestimmt ist, nicht auf unserem eigenen Konto. Es ist immer noch ein Treuhandkonto, das für Gott heilig ist.

Ich schlage vor, dass Sie für sich eine Möglichkeit finden, Gott den Zehnten zu geben, über den er Sie als Verwalter eingesetzt hat und der für ihn heilig ist. Wenn Sie bisher Schwierigkeiten damit hatten, den Zehnten für Gott zu verwalten, dann helfen Sie sich selbst: Richten Sie ein separates Bankkonto ein oder bewahren Sie den Zehnten in einem Umschlag oder Schraubglas auf. Egal wie, trennen Sie den Zehnten von Ihrem übrigen gewöhnlichen Geld und halten Sie ihn heilig für Gott.

Diese Verwaltung des Zehnten ist der erste Schritt zu einer Gesamtverwaltung Ihrer Finanzen, die Gott Ihnen anvertraut hat. Seien Sie treu darin, dann können Sie erwarten, dass Gott Ihnen Größeres zu treuen Händen anvertraut. Viele Christen träumen davon, gewaltige Mittel für den Herrn zu verwalten und sie für das Reich Gottes einzusetzen, dabei haben sie noch nicht einmal den ersten Schritt getan mit der zuverlässigen Verwaltung des Zehnten für Gott.

Gott geweiht

„Hat jemand nun etwas von seinem Besitz unwiderruflich mir, dem Herrn, geweiht, ganz gleich, ob Mensch, Tier oder Land, darf er nichts davon zurückerwerben oder an einen anderen verkaufen. Alles, was mir unwiderruflich geweiht wurde, ist besonders heilig."
3. Mose 27,28

Das hebräische Wort, das in diesem Vers mit „geweiht" übersetzt wird, ist das Wort ‚cherem'. Es bedeutet, dass etwas Gott geweiht und daher für uns unbrauchbar gemacht wurde. Alles also, was als ‚cherem' angesehen wird, ist dem Herrn geweiht und daher für Gott heilig.

„Ein Zehntel jeder Ernte vom Getreide und von allen Früchten gehört mir, dem Herrn, und ist heilig." *3. Mose 27,30*

Wir sprachen eben davon, dass der Zehnte heilig oder geweiht ist. Wenn Sie nicht vernünftig damit umgehen, indem Sie ihn in das Vorratshaus bringen, wird er verbraucht werden und Ihnen nicht mehr zur Verfügung stehen. Man könnte den Zehnten also auch als Geld ansehen, das für uns „unbrauchbar" ist. Selbst wenn Sie versuchen, es zu behalten, wird es Ihnen nicht zur Verfügung stehen, denn es ist schon für einen anderen bestimmt.

Oft bestimmt der Eigentümer des ‚cherem', des geweihten Gutes, dass es zerstört werden soll. Das radioaktive Plutonium ist ein Beispiel für etwas, das für den Verfall bestimmt ist. Es zerfällt beständig und dieser Zerfall kann nicht aufgehalten werden. Wenn Sie es in Ihrem Haus begraben oder in Ihrer Hosentasche bei sich tragen, verhindern Sie nicht seinen Zerfall, sondern die Radioaktivität wird auch Sie zerstören. Plutonium kann daher mit dem biblischen Konzept des Geweihten verglichen werden, weil es für den Zerfall bestimmt ist.

Lassen Sie uns ein biblisches Beispiel dafür ansehen. Im alten Israel war es üblich, die Soldaten mit dem zu bezahlen, was in den eroberten Städten erbeutet wurde. Sie bekamen keinen festen Sold, wie das erst in der Moderne üblich wurde. Wenn eine Armee eine Stadt einnahm, konnten die Soldaten alles Gold, Silber und alle Tiere behalten und die gefangen genommenen Menschen als ihre Sklaven nutzen. Das war ihre Bezahlung dafür, dass sie ihr Leben aufs Spiel setzten, um die Stadt zu erobern.

Doch als das Volk Israel den Jordan überquerte und begann, das Land Kanaan einzunehmen, wurden bestimmte Städte von Gott ‚Cherem'-Städte genannt. Was ist das? Eine ‚Cherem'-Stadt ist dem völligen Untergang geweiht. Das bedeutet, dass ein Soldat in einer solchen Stadt nichts antasten darf. Er nimmt weder Gold noch Silber, keine Gefangenen und Sklaven. Alles Gold und Silber kommt in die Schatzkammer Gottes und die gesamte Stadt wird niedergebrannt. Sie ist völlig dem Untergang geweiht. Nichts wird berührt. Jeder Soldat weiß, dass eine solche Stadt für Gott erobert wird und zwar ohne Bezahlung. Der Soldat muss sein Leben aufs Spiel setzen, ohne Hoffnung auf irgendeinen Gewinn. Bei der Eroberung von anderen Städten, die nicht unter dem Bann Gottes stehen, können sie sich wieder bedienen.

In Josua 6 lesen wir, dass die allererste Stadt, die in Kanaan erobert werden sollte, Jericho, von Gott zu einer ‚Cherem'-Stadt bestimmt wurde, die unter seinem Bann stand. Die israelitischen Soldaten waren dazu beauftragt, die Stadt dem Erdboden gleich zu machen und alle wertvollen Gegenstände in die Schatzkammer Gottes zu bringen.

„Gottes Zorn wird die ganze Stadt treffen. Alles in ihr muss vernichtet werden. Nur die Prostituierte Rahab soll am Leben bleiben und jeder, der bei ihr im Haus ist, denn sie hat unsere Kundschafter versteckt. Hütet euch davor, irgendetwas für euch zu behalten, worüber Gott sein Urteil verhängt hat! Ihr dürft nicht die Strafe Gottes vollstrecken und euch zugleich selbst schuldig machen. Sonst wird Gottes Zorn auch uns treffen und Unheil über unser Volk bringen." Josua 6,17-18

Das Wort ‚cherem' wird hier übersetzt mit „das, worüber Gott sein Urteil verhängt hat", „unter Gottes Bann stehend", „dem Untergang geweiht" oder „dem Bann Gottes verfallen". Gott befahl Israel also, dass sie unter allen Umständen ihre Finger von dem lassen sollten, was unter seinem Bann stand. Josua gab diesen Befehl an Israel weiter. Doch es gab einen Soldaten, der nicht glaubte, dass dieser Befehl auch ihm galt. Achan hielt ihn für einen willkürlichen Befehl Gottes, der keinen Sinn hätte und dessen Missachtung ohne Folgen bleiben würde. Achan entschied sich daher, einige wertvolle Gegenstände aus Jericho mitzunehmen und im Boden unter seinem Zelt zu verstecken, ohne dass jemand etwas davon wusste.

Als Folge davon, dass Achan etwas von dem Gebannten aus Jericho genommen hatte, verlor das Volk Israel die leicht zu gewinnende Schlacht um die Stadt Ai. Achans Tat hatte nicht nur auf ihn Einfluss, sondern auf das ganze Volk Israel. Nach der verlorenen Schlacht fragte Josua als weiser Leiter Gott nach der Ursache für die Niederlage. Er schaute nicht nur in der natürlichen Welt nach Ursachen, sondern er wusste, dass es auch etwas in der geistlichen Welt gab, was Einfluss auf diese Schlacht hatte. Von seiner Erfahrung mit Gott lesen wir im folgenden Abschnitt.

„Der Herr antwortete: Steh auf! Warum liegst du hier am Boden? Die Israeliten haben Schuld auf sich geladen und den Bund verletzt, den ich mit ihnen schloss. Sie haben etwas von dem an sich genommen, worüber ich mein Urteil gesprochen habe. Sie haben es gestohlen und heimlich bei sich versteckt. Deshalb seid ihr euren Feinden unterlegen und müsst vor ihnen fliehen. Ihr selbst seid jetzt dem Untergang geweiht! Ich werde euch nicht mehr helfen, wenn ihr nicht das aus eurem Volk beseitigt, worüber ich mein Urteil verhängt habe. Steh jetzt auf, und sprich zum Volk! Sag ihnen: Unter euch befindet sich etwas, worüber Gott sein Urteil gesprochen hat und was allein ihm gehört. Ihr werdet euren Feinden so lange unterlegen sein, bis ihr es entfernt habt. Der Herr, der Gott Israels, befiehlt, dass ihr euch reinigt und darauf vorbereitet, ihm morgen früh zu begegnen!" Josua 7,10-13

Wir sehen in diesem Abschnitt ein wichtiges Prinzip. Das ganze Volk Israel konnte seinen Feinden nicht standhalten, solange jemand aus ihrer Mitte etwas Heiliges und Gebanntes als Gewöhnliches ansah und unter seinen eigenen Besitztümern versteckte. Viele Christen tun genau das mit ihrem Zehnten und erkennen nicht, dass er der Idee des Gebannten und für Gott Heiligen sehr ähnlich ist. Es geht nicht um gewöhnliches Geld, sondern um geweihtes.

Außerdem müssen wir erkennen, dass es nicht nur um uns geht, wenn wir den Zehnten, der heilig ist wie das Gebannte, unter unserem eigenen Besitz begraben. Wir nehmen damit Einfluss auf andere in unserer Gemeinde. Wer Gemeinden beobachtet, in denen der Zehnte als heilig angesehen wird, und die Mehrheit der Mitglieder wirkliche Geber sind, der sieht den Himmel offen. Dort ist die Gegenwart Gottes deutlich spürbar, es gibt Wunder, Heilungen, Einsicht, Wachstum. In solchen Gemeinden haben Geschäftsleute Erfolg, Menschen finden Arbeit und die gesamte Gemeinde blüht auf.

Im Gegensatz dazu beobachtet man in Gemeinden, in denen der Zehnte nicht als heilig angesehen wird und nur wenige wirkliche Geber sind, dass die Fenster des Himmels geradezu verschlossen zu sein scheinen. Die spürbare Gegenwart und übernatürliche Kraft Gottes scheint zu fehlen, die Christen haben Schwierigkeiten, Arbeit zu finden, Firmen haben wenig Erfolg. Jeder Einzelne wird davon beeinflusst, wenn einer das Gebannte berührt. Viele Gemeinden können ihren Feinden nicht standhalten, bevor die Verantwortlichen ihnen nicht zur Erkenntnis verhelfen, dass sie das Gebannte, das sie vergraben haben, von ihrem eigenen Besitz entfernen müssen. Man muss die Christen darüber informieren, dass der Zehnte zum Gebannten gehört. Sie müssen lernen, dass sie ihn nie benutzen können, weil er sowieso dem Untergang geweiht ist. Sie müssen lernen, dass der Zehnte Gott gehört und für ihn heilig ist.

Wir sahen bereits früher in Maleachi 3,10, dass der Zehnte die Fenster des Himmels öffnet. Daher ist es verständlich, dass eine Gemeinde, in der nur wenige Mitglieder wahre Geber sind, oftmals einen verschlossenen Himmel über sich sieht. Dagegen erfährt eine Gemeinde mit wirklichen Gebern einen offenen Himmel. Gott hat uns durch den Propheten Maleachi gesagt, dass dies so sein würde.

Die Verwendung des Zehnten im Volk Israel
Lassen Sie uns nun 5. Mose 26 anschauen. Dort sehen wir, wozu der Zehnte in Israel verwendet wurde. Hier wird ein Muster für die Verwendung des Zehnten entwickelt, das die meisten Gemeinden heute nach unserer Beobachtung nicht mehr anwenden.

„Dann sollt ihr beten: Herr, mein Gott! Alles, was dir gehört, habe ich aus meinem Haus weggebracht und es den Leviten, Aus-

ländern, Waisen und Witwen gegeben, wie du es mir befohlen hast. Ich habe mich genau an deine Anweisungen gehalten und nichts vergessen." 5. Mose 26,13

Zu welchem Zweck verwendeten die Israeliten den Zehnten? Sie verwendeten ihn für Leviten, Fremde und Durchreisende, Witwen und Waisen. Darüber hinaus finden wir andere Gruppen von Menschen in Nehemia 10,38-39. Der Zehnte ging auch an Priester, Torwächter und die Sänger. Ist das nicht interessant? Die Bibel sieht den Zehnten für Menschen vor, nicht für Organisationen oder Projekte.

Wie haben die Israeliten dann aber Organisationen und Projekte Gottes finanziert? Dazu verwendeten sie Opfer. Gott wies die Israeliten dazu an, klar zwischen dem Zehnten, der für Personen verwendet wurde, und den Opfern, die sie zur Organisation gebrauchen konnten, zu unterscheiden. Und wie sieht das heute aus? Wir vermischen normalerweise den Zehnten mit den Opfern und unterscheiden sie weder bei der Sammlung noch im Einsatz. Wenn Pastoren und Gemeindeleiter hier keine Unterschiede machen, ist es dann verwunderlich, dass die Gemeindemitglieder es ihnen gleich tun? Angekündigt wird höchstens: „Nun wollen wir unseren Zehnten und unsere Opfer einsammeln." Die Konzepte sind miteinander vermischt. Der Zehnte ist nicht länger heilig, weder im Denken der Gemeindeleiter noch im Denken der Gemeindemitglieder.

Stellen Sie sich vor, David wäre zu den Leviten gegangen und hätte ihnen Gottes Auftrag verkündet, einen Tempel zu bauen. Als Folge davon würde ihr Anteil des Zehnten für die nächsten Jahre ausfallen, so lange, bis der Tempel fertiggestellt wäre. Natürlich tat David das nicht. Der Zehnte ging weiterhin an die Priester, Leviten, Witwen, Waisen und Fremden, sogar in der Zeit, als der Tempel gebaut wurde. Der Zehnte wurde klar von den Opfergaben für den Tempel getrennt, weil er sowohl von den Leitern als auch vom Volk als heilig angesehen wurde. Er hatte seinen bestimmten Zweck und wurde nicht in einem Gesamthaushalt mit den Opfern vermischt. Wir glauben, dass dieses heute gängige Verhalten – der Zehnte wird nicht als heilig für Gott angesehen und daher mit dem Opfer vermischt – eine Beleidigung Gottes ist.

Die Bibel überprüft unsere Einstellung
Weiter oben sahen wir, dass der Hauptunterschied zwischen jemandem, der den Zehnten gibt (Kain), und einem wahren Geber (Abel) die Einstellung zum Zehnten ist. Daher ist es auch für uns wichtig, von Zeit zu Zeit unsere eigene Einstellung zum Zehnten zu überprüfen. Wir wollen ja, dass der Zehnte in unserem Leben die Absichten Gottes erfüllen kann, in uns festen Glauben zu wecken und die Fenster des Himmels unter unserem Konto der „Schätze im Himmel" zu öffnen.

Prinzipien für die Vorbereitung des Zehnten und eine Überprüfung unserer Einstellung finden wir in 5. Mose 26. Dieser Teil der Bibel beschäftigt sich mit dem Geben, speziell mit dem Zehnten, der alle drei Jahre gegeben wurde. Wir können daraus einige Prinzipien ableiten, die für uns heute äußerst wichtig sind.

„Ihr werdet nun in das Land gehen, das der Herr, euer Gott, euch schenkt. Ihr werdet es einnehmen und euch darin niederlassen. Wenn ihr dort eure Ernte einbringt, dann legt die ersten Früchte in einen Korb, und kommt damit an den Ort, den der Herr, euer Gott, auswählt, um dort zu wohnen. Geht zum Priester, der gerade Dienst hat, und sagt zu ihm: Der Herr, dein Gott, hat Wort gehalten: Wir leben heute in dem verheißenen Land, wie er es unseren Vorfahren geschworen hat. Der Priester soll den Korb nehmen und ihn vor den Altar des Herrn, eures Gottes, stellen." 5. Mose 26,1-4

Der Zehnte wurde immer in der Form gegeben, wie die Menschen ihr Einkommen erhielten. Das Tauschsystem der damaligen Bauern führte dazu, dass sie ihren Zehnten meist in Form von Naturalien gaben. Als Tierzüchter brachten Sie ein Zehntel des Zuwachses der Herde. Ein Landwirt gab 10 % seines Getreides.

Das erste Testkriterium für unsere Einstellung finden wir in Vers 3. Es ist die Danksagung. Die Verse 5-9 erzählen die Wanderung der Israeliten von Ägypten in das Land, in dem Milch und Honig fließen. Sie sollten sich daran erinnern, wie Gott sie aus der Sklaverei gebracht und für sie gesorgt hatte. Wenn wir unseren Zehnten vorbereiten, dann ist es gut für uns, daran zu denken, wie wir von der Finsternis befreit wurden und in sein wunderbares Licht kamen, vom Tod zum ewigen Leben. Diese Vorbereitung unserer Herzen verändert unsere Einstellung.

„Hier sind wir nun und bringen dir die ersten Früchte des Landes, das du, Herr, uns geschenkt hast. Legt die Früchte vor dem Herrn, eurem Gott, nieder, und betet ihn an! Freut euch mit euren Familien an allen Gaben, die der Herr euch geschenkt hat. Ladet zu eurem Fest auch die Leviten und Ausländer ein, die bei euch leben. 5. Mose 26,10-11

Die nächsten beiden Prinzipien finden wir in den Versen 10 und 11, nämlich Anbetung und Freude. Gott hat seiner Gemeinde wieder die Bedeutung von Lobpreis und Anbetung bewusst gemacht. Ich (Earl) kann nun auf dreißig Jahre zurückschauen und sehe, wie sehr Gott in dieser Zeit die Anbetung in den Gemeinden gefördert hat und immer noch fördert. Viele sammeln den Zehnten und die Opfer während einer Zeit der Anbetung ein. Unseren Zehnten zu bringen, ist in sich schon ein Akt der Anbetung.

Freude ist eine Einstellung des Herzens, die einen wahren Geber begleitet. Als ich (Earl) in den 1950-er Jahren aufwuchs, nahmen mich meine Eltern jeden Sonntag mit zum Gottesdienst. Ich kann mich daran erinnern, wie der Pastor ankündigte, dass nun der Zehnte und die Opfer eingesammelt würden. Plötzlich wurde es ganz ruhig. Der Organist spielte etwas, das ich als Trauerstück bezeichnen würde. Die Helfer gingen durch die Gänge und ohne ein Lächeln auf dem Gesicht reichten sie die Klingelbeutel durch die Bankreihen. Die Leute sahen traurig aus. Einige schauten einfach geradeaus und ohne ein Lächeln steckten sie einen Umschlag in den Beutel und reichten ihn weiter. Ich dachte immer: Das ist aber eine traurige Zeit. Hoffentlich ist sie bald vorbei. Es schien mir, dass die Kirche erst nach dem Einsammeln des Opfers wieder heller wurde, als der Gottesdienst fortgesetzt wurde.

Viele Jahre später war ich in einer Kirche auf Hawaii und während der Zeit der Anbetung kündete der Pastor an, dass es nun an der Zeit sei, den Zehnten und die Opfergaben einzusammeln. Einige junge Leute, die hinten saßen, sprangen auf und riefen: Ja, ja, preist Gott! – Die Helfer kamen nach vorne und standen dort mit einem breiten Lächeln auf dem Gesicht. Die Band fing an zu spielen und wurde immer schneller. Dann standen Leute auf und riefen mit lauter Stimme zu Gott.

Reihe für Reihe kamen sie nach vorne und legten ihren Zehnten und ihre Opfer in die Beutel, die von den Helfern gehalten wurden. Dann gingen sie wieder an ihre Plätze zurück und die Menschen beteten Gott weiter an. Diese Erfahrung hat meine stereotype Erwartung ein für alle Mal zerstört, wie der Zehnte und die Opfer eingesammelt werden sollten. Ich kann mir die Israeliten jetzt gut vorstellen, wie sie den ersten Ertrag ihrer Ernte zum Gotteshaus brachten und dabei vor lauter Freude tanzten.

„Dann sollt ihr beten: Herr, mein Gott! Alles, was dir gehört, habe ich aus meinem Haus weggebracht und es den Leviten, Ausländern, Waisen und Witwen gegeben, wie du es mir befohlen hast. Ich habe mich genau an deine Anweisungen gehalten und nichts vergessen. Diese heiligen Gaben habe ich nie angerührt, wenn ich unrein war. Ich habe nichts davon in das Grab eines Toten gelegt oder in der Zeit der Trauer gegessen. Herr, mein Gott, ich habe alles getan, was du befohlen hast." 5. Mose 26,13-14

Das nächste Prinzip zur Vorbereitung des Zehnten besteht darin, unseren Gehorsam gegenüber Gott in der Vergangenheit zu prüfen. In der zweiten Hälfte von Vers 13 sagen die Israeliten, dass sie gehorsam gewesen seien, denn „ich habe mich genau an deine Anweisungen gehalten und nichts vergessen." Waren wir gegenüber dem gehorsam, was Gott uns in seinem Wort sagt? Wenn das nicht der Fall war, können wir in diesen Bereichen zu Gott umkehren. In Vers 14 erklären die Israeliten, dass sie die heiligen Gaben nicht in der Zeit der Trauer gegessen haben. Viele Leute „verzehren" ihren Zehnten, indem sie ihn für ihre Rechnungen oder andere Zwecke nutzen. Manchmal höre ich Aussagen wie: Wenn ich den Zehnten gäbe, könnte ich meine Miete nicht mehr bezahlen. – Wer das sagt, hat noch nicht verstanden, wer seine Quelle ist, wem der Zehnte gehört und welche Art von Geld der Zehnte ist.

Malcolm McGregor schrieb als alter Mann das Buch *Your Money Matters* (Ihr Geld spielt eine Rolle). In diesem Buch macht er folgendes Angebot: Wenn Sie nach drei Monaten, in denen Sie Ihren Zehnten gegeben haben, nicht in der Lage sind, Ihre Rechnungen zu bezahlen, dann schicken Sie mir diese zu... Er berichtete oft, dass er in den 14 Jahren, die dieses Angebot bestand, nicht ein einziges Mal eine Rechnung zugeschickt bekommen hatte. Gott steht zu seinem Wort, weil der Zehnte ihm gehört, und unser Glaube gestärkt wird, wenn wir ihn geben. Dann sind wir in der Lage, Gottes Versorgung zu empfangen.

Der nächste Punkt in der geistlichen Überprüfung heißt: „Diese heiligen Gaben habe ich nie angerührt, wenn ich unrein war." Es gab bestimmte Dinge im Gesetz, durch die Menschen unrein wurden. Wenn sie in diesem Zustand waren, durften sie den Zehnten nicht bringen oder verwalten. Dieses Zeremonialgesetz ist in Jesus erfüllt worden. Uns geht es heute nicht mehr um äußerliche Dinge, sondern um unsere inneren Einstellungen. Jesus sagte, dass nichts den Menschen unrein macht, was in ihn hineingeht, sondern nur das, was aus seinem Mund und aus dem Herzen herauskommt (Matthäus 15,18-20). Einer der Punkte, die Jesus lehrte, als es um das Bringen der Opfergaben ging, war fehlende Bereitschaft zu vergeben. Wenn wir unsere Einstellung überprüfen, sollen wir also den Heiligen Geist bitten, unsere Herzen zu erforschen, ob wir irgendwo nicht bereit sind zu vergeben und unsere Einstellung dazu ändern.

Als Nächstes lesen wir die Aussage: „Ich habe nichts davon in das Grab eines Toten gelegt." Es gab eine Sitte in Israel, einem Toten Geld oder Tauschgüter mit ins Grab zu legen. Das Gesetz sagte, dass der Zehnte nicht für diesen Zweck zu verwenden ist. Der Zehnte war für den lebendigen Gott gedacht. Jesus selbst soll der Empfänger unseres Zehnten sein. Ein Bild dafür war die Gabe von Abram an Melchisedek in 1. Mose 14,17-21. In Hebräer 6,20 behauptet Jesus, selbst ein Priester nach der Ordnung Melchisedeks zu sein. Wir wissen nicht, woher Melchisedek kam. Einige Gelehrte halten ihn für eine frühe Erscheinung von Jesus Christus selbst. Doch darum geht es hier nicht. Der Punkt hier ist, dass das Geben des Zehnten unsere lebendige Antwort auf den lebendigen Jesus Christus ist und seine Herrschaft auch im Bereich unserer Finanzen aufrichtet.

Schließlich wird in Vers 14 folgende Aussage gemacht: „Herr, mein Gott, ich habe alles getan, was du befohlen hast." Haben wir auf Gottes Stimme gehört und der Leitung durch den Heiligen Geist gehorcht? Diese geistliche Überprüfung unserer Einstellung hat nur mit dem Zehnten zu tun. Doch es heißt: Wenn ich den Zehnten richtig gebe, dann hält mich das in der Beziehung zu Gott. Was für ein Gedanke! So wird die Vorbereitung zum Geben ein Mittel dafür, mich selbst, meine Einstellung und meinen Gehorsam gegenüber Gott regelmäßig zu überprüfen, während ich ihm den Zehnten bringe.

„Sieh doch herab vom Himmel, wo du wohnst! Segne dein Volk Israel, und segne das Land, das wir von dir bekommen haben, wie du es unseren Vorfahren versprochen hast, das Land, in dem Milch und Honig fließen!" 5. Mose 26,15

Wir sehen in diesem Vers das Konzept des offenen Himmels, das Maleachi als offenes Fenster beschreibt, aus dem der Segen Gottes herabgeschüttet wird (Maleachi 3,10).

Lassen Sie uns noch einmal die Einstellungen zum Zehnten betrachten, die in 5. Mose 26 aufgelistet werden:

1. Danksagung und die Erinnerung daran, was Gott für uns getan hat
2. Anbetung
3. Freude
4. Gehorsam gegenüber Gottes Wort
5. Er darf nicht für unsere eigenen Ziele verwendet werden
6. Bereitschaft zur Vergebung – wir brauchen saubere Hände
7. Jesus ist Herr auch über unsere Finanzen
8. Gehorsam gegenüber der Leitung durch den Heiligen Geist

Der Segen Gottes für Sie und Ihre Familie und ein offener Himmel ist die Folge davon.

Kapitel 5
Brot zum Leben

Johannes 4,23-24

Geist	Wahrheit
Glaube Römer 10,17 Wort GNADE	Glaube Lukas 17,5-10 Gehorsam BAUSTEINE
Er wird euch dafür alles schenken, was ihr braucht, ja mehr als das. So werdet ihr nicht nur selbst genug haben, sondern auch noch anderen von eurem Überfluss weitergeben können. (2. Korinther 9,8)	1. Erkennen Sie den Geist des Geldes und weisen Sie ihn zurück. (Mein Herz gehört Gott allein.) 2. Glauben Sie an Gottes Versorgung. (Gott ist meine Quelle.) 3. Fangen Sie an, regelmäßig den Zehnten zu geben. (Geben ist meine Grundhaltung, keine Sonderleistung.) **4. Werden Sie Gottes Verwalter.** (Ich bin Gott gegenüber verantwortlich für die treue Verwaltung seiner Mittel.)

Die zweite Verwendungsweise von Geld, die in 2. Korinther 9 beschrieben wird, ist „Brot zum Leben". Damit ist das Geld gemeint, das wir für den persönlichen Verbrauch ausgeben. Viele Christen beziehen Gott in diesen Bereich ihres Lebens nicht mit ein. Doch Gott ist sehr daran interessiert, wie wir Geld für unsere persönlichen Belange verwenden. Der Mammongeist ist geradezu ein Motor unserer konsumorientierten Gesellschaft und schafft starke Bedürfnisse. Das Wachstum jeder Industriegesellschaft ist an die Produktion von Gütern und an Dienstleistungen geknüpft, die ihren Bedarf decken. Mit dem Eintritt in das zwanzigste Jahrhundert entdeckten wir in der westlichen Welt neue Möglichkeiten, Bedürfnisse zu wecken, die vorher nicht wahrgenommen wurden. Wir sagten den Menschen, dass es da Dinge gäbe, von denen sie nichts wüssten, die sie aber unbedingt haben sollten. Und heute sind wir ganz und gar mit der Schaffung von

Bedürfnissen beschäftigt. Diese Entwicklung bildet zusammen mit der Einstellung unserer Generation, dass man alles sofort haben muss, und unserer Unfähigkeit, Nein zu sagen, eine brisante Situation. Viele Menschen verstricken sich so in Schulden, nur um dem Rattenfänger Mammon zu folgen.

Nachdem wir angefangen haben, regelmäßig den Zehnten zu geben, besteht der nächste Schritt nun darin, ein Verwalter oder Haushalter von Gottes Mitteln zu werden. Dazu müssen wir das Geld zu unserem Diener machen und dürfen nicht selber ein Sklave des Geldes sein. Sobald wir das tun wollen, ist es nötig, für uns persönlich die Frage zu beantworten: Wie viel ist genug?

Dies ist kein Rückblick auf die 1960-er Jahre, auf den Gegenschlag der Baby-Boomer gegen das Konsumverhalten ihrer Eltern. Es ist vielmehr ein echter Aufruf, Gottes Stimme zu dieser Frage zu hören und darauf zu achten, was in Gottes Wort geschrieben ist. Die Frage nach dem „Wie viel ist genug?" soll weder ein willkürliches Regelwerk aufstellen noch den Konsum bremsen. Niemand kann diese Frage für Sie beantworten. Sie selbst müssen Gott in die Augen schauen können und diese Frage ehrlich beantworten. Jesus Christus weiß, was für Sie richtig ist und hat auch eine Meinung zu Ihren Finanzen. Ich (Earl) habe entdeckt, dass eines der letzten Tabus in der Gesellschaft und besonders in Kirche und Gemeinde darin besteht, das persönliche Konsumverhalten anzusprechen. Darüber spricht man nicht. Erst wenn die Schwierigkeiten offensichtlich sind oder die Pleite da ist, wird geredet. Doch an diesem Punkt gibt es dann meist nur noch Tratsch. Unsere Schulen unterrichten ein breites Spektrum an Fächern, aber man findet nur selten einen Kurs „Einmaleins des Geldes". In der Gemeinde lehren wir – wenn überhaupt – zum Thema Geben oder Säen und Ernten, aber ansonsten lassen wir die Christen allein mit ihrer Fähigkeit oder Unfähigkeit, mit Geld in ihrem persönlichen Konsumverhalten vernünftig umzugehen. Die meisten werden in starkem Maße vom Mammon beeinflusst und verstehen die langfristigen Folgen davon nur selten.

Gott wünscht sich von Herzen, uns zu segnen und finanziell für uns zu sorgen, damit wir seinem Ruf folgen und seine Absichten in unserem Leben umsetzen können. Wenn wir aber niemals die Frage „Wie viel ist genug?" beantwortet haben – am besten schriftlich –, dann verbrauchen wir höchstwahrscheinlich jedes finanzielle Wachstum, ohne darüber nachzudenken oder zu planen. Das Problem, wenn wir Mangel leiden ist nicht, dass Gott uns nicht versorgt, sondern unsere fehlende Bereitschaft, als Gottes Haushalter das zu verwalten, was uns zur Verfügung steht. Gott sucht solche treuen Haushalter, die auch ihr Geld für den persönlichen Gebrauch weise verwenden. Solchen Menschen kann er große Mengen an Geld für seine Absichten anvertrauen. In dem Gleichnis, das Jesus in Lukas 16 erzählt, spricht er von einem Verwalter, der Rechenschaft darüber ablegen muss, was er mit den Gütern seines Meisters gemacht hat. Lassen Sie uns dieses Gleichnis nun anschauen.

„Danach erzählte Jesus seinen Jüngern folgende Geschichte: Ein reicher Mann hatte einen Verwalter. Als ihm erzählt wurde, dass dieser seinen Besitz verschleuderte, stellte er ihn zur Rede: Was muss ich von dir hören? Bring mir deine Abrechnung! Du bist entlassen! Der Verwalter überlegte: Was mache ich jetzt? Meinen Posten bin ich los. Ein Feld umgraben kann ich nicht, und zum Betteln bin ich zu stolz. Aber ich weiß, was ich tue. Ich mache mir Freunde, die mir weiterhelfen, wenn ich arbeitslos bin. Er ließ alle Männer zu sich rufen, die bei seinem Herrn Schulden hatten. Den ersten fragte er: Wie viel bist du meinem Herrn schuldig? Der Mann antwortete: Ich muss ihm hundert Fässer Olivenöl geben. Hier ist dein Schuldschein, erklärte ihm der Verwalter. Trag fünfzig ein! – Und wie hoch sind deine Schulden?, fragte er einen anderen. Ich schulde deinem Herrn hundert Säcke Weizen. – Hier, nimm den Schuldschein und schreib achtzig, forderte er ihn auf. Jesus, der Herr, lobte das vorausplanende Handeln des gerissenen Verwalters. Denn im Umgang mit ihresgleichen sind die Menschen dieser Welt klüger und geschickter als die, die sich zu Gott bekennen."
Lukas 16,1-8

Um dieses Gleichnis verstehen zu können, müssen wir beachten, dass Jesus hier zu seinen Jüngern spricht. In Vers 14 sehen wir eine Gruppe von Pharisäern, die ebenfalls zuhören. Sie machen sich nur lustig über das Gesagte, obwohl Jesus dieses Gleichnis auch benutzt, um ihr falsches Verhalten zu zeigen. Doch worum geht es?

Der Verwalter des reichen Herrn hatte schlecht gewirtschaftet. Im Leben eines jeden Haushalters kommt irgendwann die Aufforderung dazu, Rechenschaft abzulegen, so auch hier. Es scheint, dass der Haushalter wusste, dass er nach dem Rechenschaftsbericht seine Arbeit verlieren würde. Deshalb begann er jetzt, als Verwalter tätig zu werden und erstellte einen Plan. Er machte sich Sorgen um seine Zukunft und nutzte seinen Verstand, um einen Plan zur Lösung dieses Problems zu entwerfen. Er beurteilte seine Situation und stellte fest, dass er für schwere Arbeit nicht geeignet war. Sein Stolz erwachte und sagte ihm, dass es beschämend sei zu betteln. So legte er sich einen Plan zurecht. Sprüche 16,9 besagt, dass der Mensch seinen Weg plant, aber Gott seine Schritte lenkt. Gott erwartet von uns, dass wir so unser Leben führen. Aber dieser Haushalter – der keine Beziehung zu Gott hatte – gebrauchte einfach seinen menschlichen Verstand und das weltliche System, um sein Problem zu lösen.

Sein Plan baute auf die Schuldner seines Herrn auf. Der Haushalter ging zu ihnen hin und senkte ihre Schulden um 50 % bzw. um 20 %. Wenn Sie einer der Schuldner dieses Herrn wären, wie würden Sie sich dabei fühlen? Wie wäre Ihre Haltung zu dem Haushalter? Wahrscheinlich wären Sie dankbar und bereit, ihm nach Kräften zu helfen. So benutzte der Haushalter die Reduzierung der Schulden, um sich Gunst bei den Schuldnern zu erwerben.

Der Herr wusste, was der Haushalter getan hatte, und er lobte ihn dafür, dass er weise und klug gehandelt hatte (Vers 8). Warum lobte er den Haushalter wohl? Das scheint keinen Sinn zu ergeben. Wenn ich als Geschäftsinhaber von meinem Verwalter durch einen unerlaubten Schuldenerlass bestohlen würde, wäre ich der letzte, der ihn dafür loben würde. Es muss noch mehr in diesem Gleichnis stecken, als man auf den ersten Blick sieht.

Donald Kraybill wirft in seinem Buch *The Upside Down Kingdom* (Das auf dem Kopf stehende Reich), das voller guter Einsichten steckt, Licht auf dieses Gleichnis. Er erklärt dort die scheinbar paradoxe Reaktion des Herrn auf die Gerissenheit seines Haushalters. Kraybill erläutert zunächst die kulturellen Gegebenheiten in Israel zu der

Zeit, als Jesus dieses Gleichnis erzählte. Uns wird gesagt, dass die Pharisäer das Geld liebten (Vers 14). So stellte das Gesetz des Mose für die Pharisäer ein entscheidendes Hindernis dar, denn es verbot, Zinsen von anderen Juden oder auch Fremden, die im Land wohnten, zu verlangen. Das Gesetz schränkte manche finanziellen Aktivitäten ein. Dies war natürlich ein Problem für geldliebende Menschen. Die Pharisäer – in ihrer Funktion als Ausleger des Gesetzes – suchten nach Schlupflöchern bzw. schufen sich selbst einige.

Ein großes Schlupfloch dieser Zeit, das sie geschaffen hatten, war das so genannte Gesetz des sofortigen Bedürfnisses. Es funktionierte folgendermaßen. Wenn jemand sich Geld lieh, das er direkt brauchte, um z.b. Tagelöhner zu bezahlen oder laufende Geschäftsausgaben zu decken, konnten dafür keine Zinsen genommen werden. Wenn aber derjenige, der das Geld borgen wollte, es nicht für den direkten Gebrauch haben wollte, sondern um z.b. Gegenstände für seine Geschäftsausstattung zu kaufen, dann konnten Zinsen erhoben werden. Natürlich war dies keine Vorschrift des Gesetzes, es war eher eine Erfindung der Pharisäer, um an Geld heranzukommen.

Haushalter, die einen gewissen Bestand verwalteten, konnten diesen Besitz ihres Herrn gegen Zinsen an Schuldner verleihen. Normalerweise geschah das ohne das Wissen des Herrn. Die Pharisäer gebrauchten eine Methode, wie sie sich dieses Gesetz nutzbar machen konnten, deshalb arbeiteten sie mit Haushaltern zusammen, die ihren Schuldnern Zinsen auferlegten.

Diese trieben die Zinsen ein und beteiligten die Pharisäer an ihrem Gewinn. Sie waren damit Strohmänner der Pharisäer, die den Mantel ihrer Religiosität bewahrten, um darunter ihr von Geld bestimmtes Leben zu verstecken. Wenn ein Besitzer informiert wurde, dass sein Haushalter seine Güter verschwendete, musste dieser Rechenschaft ablegen. In dem Gleichnis von Jesus rief der Haushalter aus Furcht die Schuldner seines Meisters und erstattete ihnen die Zinsen zurück. Indem er das tat, erwarb er sich ihre Gunst für seine zukünftigen Bedürfnisse. Der Herr dagegen lobte den Haushalter dafür, dass er tat, was richtig war, nämlich den durch Betrug erhaltenen Gewinn zurückzugeben.

Jetzt können wir verstehen, warum die Pharisäer Jesus verspotteten und verhöhnten, als er dieses Gleichnis erzählte. Können Sie sich vorstellen, wie peinlich es den Pharisäern gewesen sein muss, als Jesus dieses ganze ungerechte System vor Zuhörern aufdeckte, die keine Ahnung hatten, dass so etwas ablief? Die Pharisäer sollten die Söhne des Lichts sein, doch Jesus stellte sie durch das Erzählen dieses Gleichnisses bloß. Sie sollten das Volk durch ihre Auslegung des Gesetzes schützen. Stattdessen interpretierten sie das Gesetz so, dass sie sich selbst auf Kosten des Volkes bereichern konnten. Diese Art zu handeln stand im Gegensatz zu Gottes Absichten mit den Menschen. Die Pharisäer, die als Söhne des Lichts im Namen der Menschlichkeit gegen den Mammon Partei ergreifen sollten, versklavten stattdessen Menschen unter seine Herrschaft. Daher hielt Jesus fest, dass die Söhne dieses Zeitalters (die Menschen dieser Welt) klüger handelten als die Söhne des Lichts (die Pharisäer). Jesus hatte sie und ihre Taten bloßgestellt und sie waren wütend.

In Vers 8 lesen wir, dass Jesus die Menschen dieser Welt den Söhnen des Lichts gegenüberstellt. Der Text impliziert dabei, dass eigentlich kein Unterschied bestehen sollte. Die Söhne des Lichts sollen mit anderen Worten so klug und weise sein wie die Menschen dieser Welt. Wer sind die Söhne des Lichts heutzutage? Wir, die Christen. Jesus sagt: „Ihr seid das Licht, das die Welt erhellt" (Matthäus 5,14). Der Haushalter im Gleichnis plante voraus, und die Söhne des Lichts sollten dasselbe tun. Der Haushalter manipulierte mit dem Geld andere Menschen, um sich Gunst zu erwerben. Dies spricht Jesus als nächstes an.

„Jesus erklärte seinen Jüngern: Ich sage euch: So klug wie dieser ungerechte Verwalter sollt auch ihr das Geld einsetzen. Macht euch Freunde damit! Dann werdet ihr, wenn euch das Geld nichts mehr nützen kann, einen Platz im Himmel bekommen." Lukas 16,9

Wenn jemand Geld dazu benutzt, um sich Gunst zu kaufen, dann wird er nur das bekommen, was der Mammon geben kann. Diejenigen, die ihr Geld so verwenden, kommen unter den Einfluss des Mammongeistes. Dieser hat keinen „Platz im Himmel". Das ist eine ernste Warnung für uns. Als Söhne des Lichts muss Gott unsere

Quelle sein und nicht das Vertrauen auf unsere Arbeitsstelle oder unser Vermögen. Der feste Glaube an Gottes Versorgung lässt uns auf ihn sehen. Er vertreibt die Furcht, die der Feind durch ungünstige äußere Umstände in unser Leben säen möchte.

Als Folgerung aus diesem Gleichnis sehen wir, dass es nötig ist, unsere finanzielle Situation im Voraus zu planen. Wir haben schon über die Verse 10-13 gesprochen, in denen Jesus uns sagt, dass ein treues Verwalten des uns anvertrauten Geldes eine Bedingung dafür ist, dass uns die wahren Reichtümer anvertraut werden. Wenn wir Geld dazu benutzen, Menschen zu manipulieren oder zu versklaven, dann stecken wir mit dem Mammon unter einer Decke und haben uns als Haushalter Gottes selbst disqualifiziert. Wir sollen Geld nur für die Zwecke verwenden, für die es gedacht ist: kaufen, verkaufen, geben und Notlagen begegnen.

„Geht ihr also schon mit Geld unehrlich um, wer wird euch dann die Reichtümer des Himmels anvertrauen wollen?" Lukas 16,11

Der griechische Text sagt hier eigentlich: „Wer wird euch dann das Wahre geben?" Die Übersetzer haben hier, um dem Wort „wahre" ein Objekt zu geben, „Reichtümer" ergänzt. Wenn der ungerechte Mammon Reichtum und Geld kontrolliert, dann versucht er, Reichtum und Geld so viel Wert beizumessen, dass die Menschen darauf als ihre Quelle vertrauen. In Wirklichkeit ist der trügerische Reichtum das Falsche. Gott hat den Wunsch, uns das Wahre anzuvertrauen. Die ernüchternde Tatsache in diesem Vers ist, dass unser treuer Umgang mit dem anvertrauten Geld Gottes Bedingung dafür ist, dass er uns das anvertraut, was er selbst als das Wahre ansieht.

„Verwaltet ihr das Geld anderer Leute nachlässig, wer wird euch dann das schenken, was euch gehören soll?" Lukas 16,12

Die Bibel vergleicht viele der Eigenschaften Gottes mit Reichtümern.

„Durch sein Blut haben wir die Erlösung, die Vergebung der Sünden nach dem Reichtum seiner Gnade. Durch sie hat er uns mit aller Weisheit und Einsicht reich beschenkt."
Epheser 1,7-8; Einheitsübersetzung

Gott möchte, dass uns der Reichtum seiner Gnade gehört. Gnade ist ein Geschenk an uns in Jesus Christus, der voller Gnade und Wahrheit ist. Er ist ihr Vermittler. Doch Gnade kann auch missbraucht oder abgelehnt werden. Wenn wir lernen, treu mit dem umzugehen, was einem anderen gehört, indem wir Reichtum und Geld korrekt verwalten, werden wir die Gnade Gottes und die anderen wahren Reichtümer Gottes in gleicher Weise verwalten. Gott lehrt uns, treue und gute Haushalter zu sein, indem er uns mit greifbaren, physischen Dingen (Reichtum und Geld), die einem anderen gehören (dem weltlichen System), darauf vorbereitet, mit dem nicht greifbaren, aber deshalb nicht weniger realen, wahren Reichtum umzugehen.

Auch andere Stellen in der Bibel beziehen sich auf wahren Reichtum, wie zum Beispiel den Reichtum an Weisheit und Erkenntnis, den Reichtum seiner Güte, den Reichtum seiner Herrlichkeit und seine unerreichbaren Reichtümer. Vielleicht mögen Sie mit Hilfe einer Konkordanz ein Wortstudium zu dem Begriff ‚Reichtum' machen. Als Ergebnis sehen Sie, was Gott uns zur Verfügung stellt, wenn wir nach Lukas 16,11 lernen, gut mit Geld umzugehen. Lassen Sie sich durch ein solches Studium stärken und dazu ermutigen, Ihre Treue weiterzuentwickeln. Wenn Sie Treue praktizieren, die Frucht des Geistes und die vorstechende Charaktereigenschaft eines Haushalters, dann kann Gott Ihnen das geben und anvertrauen, was in seinen Augen wirklicher Reichtum ist.

Kapitel 6
Schließen Sie Ihren Kreis

Johannes 4,23-24

Geist	Wahrheit
Glaube *Römer 10,17* Wort GNADE **Er wird euch dafür alles schenken, was ihr braucht, ja mehr als das. So werdet ihr nicht nur selbst genug haben, sondern auch noch anderen von eurem Überfluss weitergeben können.** **(2. Korinther 9,8)**	Glaube *Lukas 17,5-10* Gehorsam BAUSTEINE 1. Erkennen Sie den Geist des Geldes und weisen Sie ihn zurück. (Mein Herz gehört Gott allein.) 2. Glauben Sie an Gottes Versorgung. (Gott ist meine Quelle.) 3. Fangen Sie an, regelmäßig den Zehnten zu geben. (Geben ist meine Grundhaltung, keine Sonderleistung.) 4. Werden Sie Gottes Verwalter. (Ich bin Gott gegenüber verantwortlich für die treue Verwaltung seiner Mittel.) **5. Schließen Sie Ihren Kreis.** (Wie viel ist genug?)

Um nun die Frage „Wie viel ist genug?" praktisch anzugehen, lassen Sie uns einen Kreis zeichnen, und zwar um all das Geld, das wir für uns persönlich brauchen. Wenn Sie diese Frage noch nicht für sich beantwortet haben, leben Sie und Ihre Familie in einem – wie wir es nennen – „System des offenen Kreises". Jedes Mehr an Geld, das in diesen Kreis kommt, dient nur dazu, den Kreis zu vergrößern. Eine Familie, die die Frage „Wie viel ist genug?" für sich beantwortet hat, lebt in einem „System des geschlossenen Kreises". Finanzieller Zuwachs führt bei dieser Familie dazu, dass die Familie betet, um herauszufinden, was Gott mit diesem Geld vorhat. Sie gebraucht es nicht automatisch dazu, um den Kreis ihres persönlichen Verbrauchs zu vergrößern.

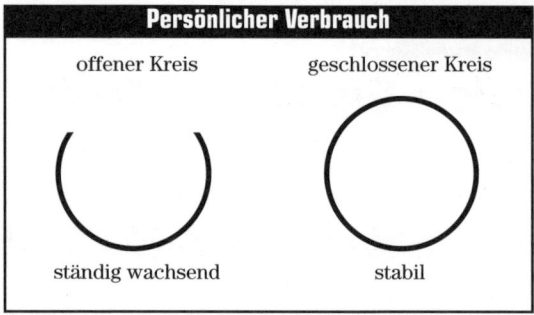

Welche Dinge sollten in diesen Kreis eingeschlossen werden? Auf jeden Fall gehören unsere Verpflichtungen (Miete etc.) und Bedürfnisse (Kleidung, Nahrung etc.) hinein. Doch was ist mit den Dingen, die wir uns wünschen? Will Gott nur für unsere Bedürfnisse sorgen oder auch für unsere Wünsche? Darf ein Christ Geld für etwas verwenden, das er sich wünscht, das aber nicht unbedingt nötig ist, während Menschen in anderen Teilen der Welt hungern? Wir glauben, dass es Gott eine große Freude bereitet, seine Kinder auch mit dem zu versorgen, was sie sich wünschen, gerade so, wie es für natürliche Eltern eine Freude ist, für ihr Kind zu sorgen. Allerdings sollten die Fragen nach dem Was und Wann der Wünsche mit Gott besprochen werden, denn er hat eine Meinung dazu. Wir schließen also auch Dinge, die wir uns wünschen, mit in den Kreis ein, wenn Gott uns sagt, dass es der richtige Wunsch zum richtigen Zeitpunkt ist. Wünsche gehören nicht in den Kreis, nur weil wir es wollen und weil wir Gott wie ein verwöhntes Kind dazu drängen, uns das nötige Geld zu geben.

Wir müssen also in diesen geschlossenen Kreis unsere Verpflichtungen, Bedürfnisse und Wünsche einschließen. Die gleichen drei Kategorien befinden sich auch in offenen Kreisen. Doch wer nicht weiß, wie viel genug ist und wie viel er braucht, hat auch mit mehr Geld nichts übrig. Sein „offenes System" schluckt jeden Zuwachs. Im Gegensatz dazu entsteht in einem geschlossenen Kreis, wo Verpflichtungen, Bedürfnisse und Wünsche festgelegt sind, ein Überfluss, wenn mehr Geld zur Verfügung steht. Und dieses Geld kann für besondere Zwecke eingesetzt werden. Um also die Frage „Wie viel ist genug?"

beantworten zu können, müssen wir wissen, was unsere Verpflichtungen, Bedürfnisse und Wünsche momentan und voraussichtlich in etwa einem Jahr sein werden. Das weltliche System benutzt für dieses Konzept den Begriff Haushaltsplan oder Budget. Diese Begriffe verursachen manchen Menschen Bauchschmerzen. Sie haben Angst vor einem unpersönlichen System, vor Einschränkungen und vor Kontrolle in ihrem Leben. Andere ignorieren diese Möglichkeit einfach. Tatsächlich ist ein Haushaltsplan einfach ein Maßstab, mit dessen Hilfe wir unseren Umgang mit Geld beobachten können. Er ist ein Hilfsmittel dazu, damit das Geld uns dient, und nicht wir dem Mammon durch unser Geld dienen.

Nun kommen wir zu den praktischen Details, um einen geschlossenen Kreis oder ein Budget zu erstellen. Wir müssen die Frage „Wie viel ist genug?" schriftlich beantworten. Um diese Vorgehensweise zu verstehen, lassen Sie mich (Earl) Ihnen die Geschichte eines Freundes erzählen. In den frühen 1970-er Jahren wurden meine Frau Dorothy und ich von IBM nach Lexington, Kentucky versetzt. Dort traf ich einen Mann, der seit vielen Jahre mit seinem Gewicht zu kämpfen hatte. Er hatte einen schweren Knochenbau und hätte gut und gerne 85 kg wiegen können. Tatsächlich hatte er erheblich zugenommen und brachte während der Zeit, als wir dort wohnten, 145 kg auf die Waage. Er hatte bereits verschiedene Diäten ausprobiert, mit mehr oder weniger großem Erfolg. Eines Tages entdeckte mein Freund eine Anzeige in der Zeitung, in der Leute gesucht wurden, die an einer Universitätsstudie zu Übergewichtigkeit teilnehmen wollten. Den Teilnehmern wurde versprochen, dass sie dabei an Gewicht verlieren würden. Obwohl er skeptisch war, entschied er sich dafür, mit diesem Programm noch ein weiteres auszuprobieren.

Die erste Sitzung mit 23 anderen Teilnehmern begann damit, dass alle ein kleines schwarzes Buch erhielten. Dort sollte jeder alles aufschreiben, was er aß oder trank und auch den Grund warum. Mein Freund schrieb die ganze Woche über alles sorgfältig auf. Gegen Ende der Woche stellte er fest, dass einige seiner Gründe ziemlich schwach oder überhaupt kein Grund waren. Bei der zweiten Sitzung lasen er und die anderen Teilnehmer laut vor, was in ihren

Büchern stand. Mein Freund merkte, dass er in guter Gesellschaft war, denn auch den anderen waren die Gründe ausgegangen. Anschließend sammelte der Dozent die Bücher ein und teilte gelbe Plastikteller und gelbe Tassen mit den folgenden Anweisungen aus: 1. Die Teilnehmer konnten ihre ganz normalen Mahlzeiten essen und sich auch einen Nachschlag nehmen. 2. Doch alles, was sie aßen oder tranken, musste von dem gelben Teller gegessen bzw. aus der gelben Tasse getrunken werden. 3. Der Teller musste auf einem Tisch stehen mit einem Platzdeckchen und allem, was dazugehört. 4. Sie durften, während sie alleine aßen, weder fernsehen noch Zeitung lesen.

Mein Freund dachte bei sich: Was für ein Programm ist das denn? Wie kann man Gewicht verlieren, wenn man einfach das essen darf, was man möchte? – Trotzdem hielt er durch und richtete sich nach den Regeln. Während er am Abend normalerweise vor dem Fernseher saß und verschiedene Schnellgerichte direkt aus der Packung futterte, musste er jetzt seine Auswahl auf den Teller tun und am Tisch essen und zwar ohne fernzusehen. Um Mitternacht, wenn er normalerweise den Kühlschrank plünderte und mit vollen Händen in der Küche stand, musste er nun ein Platzdeckchen auf den Tisch legen und das Essen von dem gelben Teller auf dem Tisch essen.

Nach einer Woche stellte er fest, dass ihm diese ganze Prozedur zum Hals heraushing, sie ging ihm richtig auf den Wecker. Dennoch machte er weiter und bei seinen wöchentlichen Treffen mit der Gruppe fand er heraus, dass etwas Erstaunliches passierte. Er fing an abzunehmen. Die verhasste Prozedur hatte ihn dazu gebracht, nicht mehr ungeplant zu essen. Er räumte nachts nicht mehr den Kühlschrank aus und auch mit dem Knabbern vor dem Fernseher hatte er aufgehört. Es war einfach zu aufwendig, für jede dieser Zwischenmahlzeiten den Tisch mit allem, was dazu gehörte, zu decken. Bald schon nahm er knapp 3 kg pro Woche ab. Im Laufe der Monate brachte er sein Gewicht auf 85 kg, nur indem er einen gelben Teller und eine gelbe Tasse benutzte. Diese Geschichte kann ich einfach nicht vergessen und ich finde, dass man das Prinzip auch auf den Bereich der Finanzen anwenden kann. Ein Haushaltsplan kann wie ein gelber Teller und eine gelbe Tasse für unsere Ausgaben sein. Er kann all unsere ungeplanten Ausgaben einfach verschwinden lassen. Wenn wir unseren Kreis schließen, werden wir daher ähnlich vorgehen wie dieses Programm zum Abnehmen, das mein Freund befolgte:

Der erste Schritt
Er besteht darin, dass Sie sich ein solches „kleines schwarzes Buch" zulegen, in dem sie über einen Zeitraum von mindestens drei Monaten jede Ausgabe vermerken. Sie können ausgeben, was immer Sie möchten, doch es muss nach Rubriken geordnet in dem schwarzen Buch aufgezeichnet werden. Lassen Sie nichts aus, Sie müssen alle Ausgaben abrechnen und aufzeichnen. Das gilt auch für die kleineren Ausgaben mit Münzgeld. Es mag sein, dass Sie nach einer Quittung fragen müssen, doch normalerweise erhalten Sie eine. Sagen Sie es sich als Merkspruch, sobald Sie Ihre Geldbörse oder Brieftasche öffnen: Geld raus – Quittung rein. Wenn das Geschäft, in dem Sie kaufen, Ihnen nicht automatisch einen Zahlungsbeleg gibt, fragen Sie danach. Indem Sie das tun, entwickeln Sie Treue in den kleinen Dingen. Wenn Sie mit einem Scheck bezahlen, verwenden Sie immer Ihr Scheckregister und notieren Sie sich die Schecknummer, den Zahlungsempfänger und den Betrag. Vermerken Sie es auch, wenn Sie Ihre Bankkarte verwenden, um Geld abzuheben. Wenn Sie Ihre EC-Karte oder Kreditkarte zum Einkaufen benutzen, bewahren Sie die Belege auf, um über die Verwendung Ihrer Ausgaben Buch führen und sie mit Ihren Kontoauszügen abgleichen zu können. Jeden Abend, wenn Sie nach Hause kommen, können Sie alle Ausgaben in Ihr Finanzbuch eintragen.

Eine hervorragende Hilfe dazu, die wir empfehlen, um diese Eintragungen vorzunehmen und dann ein Budget (Haushaltsplan) zu entwerfen, sind vorgefertigte Haushaltspläne, die in der Regel Platz für die Aufzeichnungen eines ganzen Jahres haben. (Im Anhang dieses Buches finden Sie Bezugshinweise.) Darüber hinaus gibt es inzwischen gute Computerprogramme, wie z.B. Quicken (auch für Mac), moneyplex (für Linux) oder Microsoft Money, die für die Haushaltsplanung und Finanzbuchführung zur Verfügung stehen. Doch wir empfehlen Ihnen, dass Sie am Anfang ein einfaches Heft benutzen und ihre Aufzeichnungen handschriftlich machen, denn Sie haben es immer schnell zur Hand, die Rubriken lassen sich leicht an Ihre Situation anpassen und es ist auch keine Einarbeitungszeit wie bei einer Software nötig.

Egal wofür Sie sich entscheiden, Heft oder Computer, auf jeden Fall sollten Sie Ihre Aufzeichnungen täglich machen. Wenn Sie längere Zeitabschnitte zusammenfassen, vergessen Sie Einzelheiten und können Quittungen nicht mehr richtig zuordnen.

In Ihrem Haushaltsbuch gibt es Zeilen für tägliche Eintragungen und Spalten für bestimmte Rubriken. Als ausführliches Beispiel für diese Rubriken, das wesentlich weitergeht als die Standardhaushaltsbücher und auch das Geben enthält, haben wir Ihnen eine Liste als Muster zusammengestellt.

1. Geben – der Zehnte und darüber hinausgehende Opfer.
2. Sparen und Investieren – Spareinlagen für bestimmte Wünsche, Projekte im Reich Gottes, Lebensversicherung, etc.
3. Essen – alle Arten von Lebensmitteln; Essen-Gehen kann hier stehen oder unter 10.
4. Haushalt – Toilettenartikel, Reinigungsmittel, alles, was nicht zu Lebensmitteln gehört.
5. Wohnen – Miete, Hypothek, Reparaturen, Mobiliar, Versicherung.
6. Kleidung – alles, was Sie anziehen, Reinigung.
7. Transportkosten – Abzahlung für das Auto, Benzin und Öl, Reparaturkosten, Versicherung, Maut, Parkgebühren etc.
8. Ausbildung – Nachhilfe, Bücher, Ton- und Bildträger, Software, Unterricht, Lehrmaterial, etc.
9. Gesundheit – Arztkosten, zusätzliche Krankenversicherung, Rezepte, Hausapotheke.
10. Freizeit und Erholung – Vereine, Abonnements, Hobbies, Urlaub, Bücher.
11. Taschengeld – für jedes Familienmitglied.
12. Geschenke – Geburtstage, Jubiläen, Weihnachten, etc.
13. Verschiedenes – Schreibwaren, Briefmarken, Frisörbesuch, Bankgebühren, etc.
14. Steuern und Sozialabgaben – alle Abzüge vom Gehalt.
15. Leere Spalte – einzelne Posten wie z.B. Schuldenrückzahlung.

16. Weitere leere Spalte – s.o.
17. Summen.

Der zweite Schritt
Er besteht darin, jede Spalte am Ende des Monats zusammenzurechnen und die Summe der einzelnen Rubriken auf der entsprechenden Linie einzutragen. Wenn die Summen alle eingetragen sind, wird die Gesamtsumme aufgeschrieben. Die Einzelsummen und die Gesamtsumme werden dann auf einer Seite zusammenfassend verzeichnet. Dadurch haben wir nach drei Monaten bereits genug Angaben, um unseren Kreis zu schließen und einen Haushaltsplan zu erstellen.

Der dritte Schritt
Hier werden alle Einnahmequellen erfasst. Sie notieren Datum, Quelle und Bruttobetrag aller Einkommenszahlungen. Die Abzüge durch Steuern und Sozialabgaben werden anschließend in der Rubrik „Steuern" als Ausgaben erfasst. Am besten benutzen Sie eine separate Seite, auf der Sie über zwölf Monate Ihre unterschiedlichen Einkommen notieren können (Gehalt, Nebenjob, Urlaubsgeld, Kindergeld etc.). Erfassen Sie alle Einkommensquellen, so dass Sie Ihren Zehnten korrekt von Ihrem Bruttoeinkommen berechnen können.

Der vierte Schritt
Er besteht darin, Ihre materiellen Wünsche festzulegen. Ich schlage vor, dass Sie eine Liste all der Dinge erstellen, die Sie sich wünschen. Ihr Ehepartner und Ihre Familienmitglieder sollten für sich ebenfalls eine solche Liste erstellen. Hier können Sie auch Geschenke eintragen, mit denen Sie anderen eine Freude machen wollen. Schreiben Sie zu jedem Wunsch den ungefähren Preis und ordnen Sie die Wunschliste nach der Wichtigkeit für Sie. Diese Liste brauchen Sie für Schritt sechs.

Der fünfte Schritt
Hier legen Sie fest, welche Spalten in Ihrer speziellen Situation in die Kategorien Verpflichtungen, Bedürfnisse und Wünsche fallen. Die Komponenten der einzelnen Spalten können dabei zu einer oder auch

zu mehreren Kategorien gehören. Jede Person oder Familie hat unterschiedliche Verpflichtungen.

Der sechste Schritt
Er dient dazu, den Kreis zu schließen. Nachdem Sie drei Monate lang Ihre Ausgaben aufgezeichnet haben, stehen auf der Seite mit der Zusammenfassung in jeder Spalte drei Zahlen. Von diesen Zahlen können Sie den Durchschnitt für die ersten drei Monate bilden. Wir haben es bereits mehrfach gesagt: Gott ist daran interessiert, wie Sie mit Ihren Finanzen umgehen. Nun haben Sie eine Aufzeichnung Ihrer Ausgaben und können Gott fragen, welche Beträge für jede einzelne Spalte angemessen sind. Fragen Sie Gott einfach: Ist dieser Betrag zu hoch, zu niedrig oder richtig?

Manche Menschen haben, wenn Sie so beten, mit Angst oder Schuld aus ihrer Vergangenheit zu kämpfen. Einer mag übermäßig sparsam sein und eine Armutsmentalität haben, weil er in der Kindheit Mangel erfahren hat. Andere mögen sich schuldig fühlen, weil sie unkontrolliert zu viel ausgegeben haben, und sich nun vor Gottes Strafe fürchten. Wenn wir beten, ist es wichtig zu erkennen, dass Gott uns liebt und weiß, was das Beste für uns ist. Deshalb will er zu uns sprechen.

Wenn Sie verheiratet sind, ist es äußerst wichtig, dass Sie als Ehepaar gemeinsam zu Gott beten und seinen Willen suchen und eine Übereinstimmung über den Betrag in jeder Spalte erreichen. Wenn Sie alleinstehend sind, ermutigen wir Sie, einen Freund Ihres Vertrauens zu Hilfe zu ziehen und gemeinsam mit ihm für den richtigen Betrag in jeder Spalte zu beten. Vielleicht möchten Sie diese Dinge auch im Rahmen einer Kleingruppe besprechen, die sich dazu verpflichtet, einander Rechenschaft zu geben. Egal wie Sie es angehen: Es wird unausweichlich ein geistlicher Kampf stattfinden, wenn Sie versuchen, diese Schritte zu gehen. Manch ein Konflikt kann durch den Egoismus von Ehepartnern entstehen. Sie sind dabei, ein starkes, durch den Mammon errichtetes Gedankengebäude einzureißen. Sie können davon ausgehen, dass dieser Geist Ihnen beim Schließen Ihres Kreises Widerstand leisten wird.

Behaupten Sie sich gegen den Feind. Ich (Earl) habe mit vielen Menschen daran gearbeitet, ihren Kreis zu schließen, mit alleinstehenden und verheirateten. Dabei habe ich festgestellt, dass es im Herzen und Denken dieser Menschen regelrechte Festungen aus Furcht, Schuld, Scham und vielen anderen unaufgearbeiteten Emotionen aus der Vergangenheit im Umgang mit Geld gibt. Wer seinen Kreis schließen möchte, bringt diese Dinge an die Oberfläche. Wenn Sie merken, dass Ihnen so etwas passiert, seien Sie nicht entmutigt. Bitten Sie Gott um seine Hilfe und Kraft, wenn Sie sie brauchen. Machen Sie es sich bewusst: Sie berühren den Herrschaftsbereich des Mammons, und der Feind möchte nicht, dass Sie im Bereich der Finanzen seiner Kontrolle entkommen. Wir fügen dem Feind großen Schaden zu, wenn wir unseren Haushalt in Ordnung bringen und ein finanzieller Überfluss in unserem Leben entsteht. Dies bringt nämlich Geld aus dem weltlichen System in den Herrschaftsbereich Gottes, so dass es für Gottes Absichten im Leben von Menschen verwendet werden kann.

Einige Spalten oder einzelne Posten darin sind feste Verpflichtungen. Diese Zahlen sind festgelegt, wie z.B. Hypothekenzahlungen, Versicherungen, Miete, Abzahlungen für das Auto. Verpflichtungen sind keine Variablen und können daher kurzfristig nicht verändert werden.

Bedürfnisse und Wünsche dagegen sind oft variabel. Es besteht die Möglichkeit, Mengen einzuschränken oder günstiger einzukaufen. Beten Sie über den Betrag in jeder Spalte, um zu wissen, was Gottes Meinung dazu ist. Nehmen Sie dann Ihre Liste mit den Wünschen und beten Sie darüber, welche Dinge davon jetzt mit in den Kreis eingeschlossen werden sollen. Möglicherweise ist Gottes Priorität eine andere als Ihre. Die jährlichen Ausgaben für die Wünsche, von denen Sie wissen, dass Gott damit einverstanden ist, müssen nun durch zwölf geteilt und in die Spalte „Sparen" eingetragen werden. Jeden Monat wird nun Geld für diese Dinge zur Seite gelegt. Erst wenn der gesamte Betrag für eine Sache da ist, kann sie gekauft werden. Sparguthaben kann für den Ersatz eines ausgedienten Haushaltsgerätes oder Autos dienen. Es gibt auch

Sparguthaben, das dazu dient, anderen Gutes zu tun, je nachdem wie Gott Sie führt. Wenn Sie Schulden haben, sollte in der Spalte „Schulden", die ja eine Verpflichtung darstellen, ein Geldbetrag eingetragen werden, den Sie monatlich zurückzahlen können. Eine detailliertere Besprechung des Themas Schulden finden Sie in Kapitel 7. Wenn Sie nun einen Betrag für jede Spalte haben, mit dem Sie einverstanden sind und der Gottes Zustimmung hat, dann können Sie die Gesamtsummen aller Spalten berechnen. Jetzt haben Sie einen geschlossenen Kreis und Sie haben die Frage für sich beantwortet „Wie viel ist genug?".

Vielleicht ist Ihre nächste Frage: Verändert sich die Größe des Kreises denn nie? – Natürlich. Auch ein geschlossener Kreis ist nicht statisch. Einzelne Beträge müssen immer wieder angepasst werden, auch wenn Sie das System des Haushaltsplans verwenden. Der Kreis sollte sowieso mindestens ein Mal im Jahr überprüft werden, außerdem immer dann, wenn sich Ihre Lebensumstände verändern. Solche Veränderungen sind Heirat, Geburt, Verantwortungen für andere Familienangehörige, Umzug in eine Gegend, in der die Lebenshaltungskosten anders sind, oder gar Umzug in ein anderes Land oder andere Umstände, die eine wesentliche Veränderung der Ausgaben bewirken. Der Umfang Ihres Budgets spiegelt Ihre spezifische Situation und Ihr Lebensalter wider. In den späteren Lebensjahren, wenn die Kinder erwachsen und aus dem Haus sind, wird der Kreis oft erheblich schrumpfen und einen wachsenden Überfluss für die Ziele des Reiches Gottes zur Verfügung stellen.

Ich bin sicher, dass Sie jetzt verstehen, warum niemand für Sie die Frage „Wie viel ist genug?" beantworten kann. Die Größe Ihres Kreises ist für Gott kein Problem. Er möchte nur eine ehrliche Antwort von Ihnen. Wissen Sie, wie viel genug ist? Dies ist eine Frage des Vertrauens. Gottes Wunsch ist, dass Geld in Ihre Hände kommt, damit es durch Sie als Kanal in die Welt fließen kann. Das Finanzsystem jeder Familie kann mit einer Pipeline verglichen werden, durch die Mittel in das Reich Gottes fließen sollen. Viele Pipelines sind verstopft, andere haben riesige Löcher, weil diese Familien einen offenen Kreis in ihrem Konsumverhalten haben. Der Geist des Mammons versucht, Christen davon zu überzeugen, dass ein Haushaltsplan zu einschränkend und kontrollierend ist. In Wirklichkeit ist ein geschlossener Kreis äußerst befreiend. Ohne geschlossenen Kreis wird das Geld zu Ihrem Meister und Sie werden zum Sklaven. Freiheit herrscht erst dann, wenn Ihr Kreis geschlossen ist. Sie treffen die Entscheidungen, wo Ihr Geld eingesetzt wird und machen so Ihr Geld zu Ihrem Sklaven. Sie wissen dann die ganze Zeit, wo es ist und was es tut. Das Geld dient Ihnen, nicht andersherum.

Wenn Ihr Kreis geschlossen ist, haben Sie innerhalb dieses Kreises an Flexibilität gewonnen. Wenn Sie z.B. in der Kategorie „Essen" in einem bestimmten Monat mehr brauchen, können Sie die Ausgaben in anderen Bereichen etwas kürzen und das Geld umleiten. Am Ende des Monats, wenn Sie die Spalten aufaddieren, werden Sie im Bereich „Essen" über Ihrem Budget liegen, in anderen Bereichen hingegen darunter. Doch Ihre Gesamtsumme bleibt gleich und bewegt sich innerhalb des Gesamtbudgets. So kann Geld innerhalb der Bedürfnisse und Wünsche im Kreis anders zugeteilt werden, ohne die Gesamtsumme zu erhöhen.

Wenn Gott Sie dazu führt, mehr zu geben, als Sie in Ihrem Kreis für das Geben geplant haben, dann sind Sie in der glücklichen Lage, dass Sie das Geld zu Ihrem Sklaven machen können. Sie entscheiden, bestimmte Ausgaben in diesem Monat zu kürzen, oder Sie schieben den Kauf einiger Wünsche auf und haben so die Möglichkeit, andere mit Ihren Ersparnissen zu segnen und Gott dadurch zu loben. Sie heben vom Konto Ihrer „Schätze im Himmel" ab, und es ist Gott eine Freude, dies in vervielfältigter Form zu Ihnen zurückfließen zu lassen.

Der siebte Schritt
Er ist der Vergleich zwischen Ihrem Gesamteinkommen und Ihren Gesamtausgaben im geschlossenen Kreis. Hier gibt es drei Möglichkeiten:
    1. Das Einkommen ist kleiner als die Ausgaben.
    2. Das Einkommen ist den Ausgaben gleich.
    3. Das Einkommen ist größer als die Ausgaben.

Unabhängig von Ihrer Situation muss Geld nach Priorität ausgegeben werden, zuerst für die Verpflichtungen, dann für die Bedürfnisse und erst dann für die Wünsche. Im ersten Fall mag es so sein, dass kein Geld für Wünsche und nur wenig für die Bedürfnisse zur Verfügung steht. Verzweifeln Sie nicht. Sie können darauf gespannt sein, was Gott tut, wenn er mit Ihren Ausgaben einverstanden ist. Jetzt kann Ihr Glaube wachsen und das Vertrauen darauf entstehen, dass Gott Ihnen ein größeres Einkommen schenken will. Gott hat kreative Möglichkeiten, Ihnen mehr Geld zur Verfügung zu stellen, wenn Sie Ihren Kreis geschlossen haben und Gott mit Ihren geplanten Ausgaben übereinstimmt. Wir ermutigen Sie, schon zur Mitte jedes Monats Ihre Ausgaben zu überprüfen und mit Ihrem Budget in jeder Spalte zu vergleichen. Wenn Sie merken, dass es in diesem Monat in einer Spalte einen höheren Bedarf gibt als vorgesehen, dann können Sie schon vorher entscheiden, die Ausgaben in einer anderen Spalte zu kürzen und Geld diesem Bereich zuzuweisen. Am Ende des Monats kann es sein, dass sie in einer Spalte über dem Budget liegen, in anderen dagegen darunter, so dass Sie immer noch im Rahmen Ihres Gesamtbudgets sind. Wenn Sie das tun, lassen Sie Ihre Finanzen für sich arbeiten.

Wenn Sie über die Jahre auf Ihr Konto „Schätze im Himmel" eingezahlt haben, können Sie Gott vertrauen, dass er Ihnen Geld von diesem Konto zur Verfügung stellt. Dieses Geld kann auf viele verschiedene Weisen kommen. Gott kann Ihren Arbeitgeber dazu führen, Ihnen eine Gehaltserhöhung zu geben. Gott kann Ihnen eine kreative Idee geben, die entsprechend weiterentwickelt zu einer neuen Einnahmequelle wird. Er kann Investitionen aus der Vergangenheit Frucht tragen lassen. Oder Sie bekommen überraschend Ihre Überstunden ausgezahlt und sind in der Lage, Schulden zu tilgen, so dass Ihnen das Geld Ihrer monatlichen Rate zur Verfügung steht. Gott kann Sie auch gewinnbringend mit Menschen zusammenführen, so dass eine Veränderung in Ihrer Arbeitssituation eintritt, vielleicht eine Beförderung oder eine gute Investitionsmöglichkeit.

Das Geheimnis besteht darin, den Kreis zu schließen, so dass die Treue, die Sie bewiesen haben, eine Freisetzung größerer Geldmengen bewirkt. Ihr Vertrauen auf Gott wird wachsen, wenn Sie Ihr Geld gewissenhaft verwalten, und der Geist des Mammons wird in Ihrem Denken und Ihren Gefühlen besiegt. Wenn Ihr Einkommen beginnt, sich Ihren geplanten Ausgaben anzunähern, dann hören Sie hier nicht mit Ihrem Vertrauen auf. Es ist Gottes Absicht, Ihr Einkommen weiter wachsen zu lassen, so dass es Ihre Ausgaben weit übersteigt. Mit Gott gemeinsam durch diesen Prozess zu gehen, hat finanziellen Überfluss zur Folge. Überfluss entsteht, wenn Sie weiterhin Ihre Ausgaben nach den Zahlen im Plan richten und Mehrausgaben durch Umverteilungen Ihres Geldes bewältigen, so dass Sie in Ihrem geschlossenen Kreis bleiben. Der Apostel Paulus drückt das so aus:

„*Er [Gott] wird euch dafür alles schenken, was ihr braucht, ja mehr als das. So werdet ihr nicht nur selbst genug haben, sondern auch noch anderen von eurem Überfluss weitergeben können.*"
2. Korinther 9,8

Dies hat zur Folge, dass mehr Geld zu Ihnen kommt, als Ihr geschlossener Kreis erfordert. Gottes Absicht mit diesem Überfluss ist es, sein Reich zu bauen. Er kann Ihnen durch Ihre Gemeinde oder durch Missionswerke Menschen oder Projekte aufs Herz legen, die sein Evangelium verbreiten. Vielleicht schickt er Sie selbst auf ein missionarisches Projekt und stellt den Überfluss dafür zur Verfügung.

Es mag Zeiten geben, in denen Gott möchte, dass Sie Ihren Überfluss zur Abzahlung vorhandener Schulden nutzen. Gott möchte, dass Sie aus Ihren Schulden herauskommen, damit Sie nicht durch übermäßige Verpflichtungen und Zinszahlungen daran gehindert werden, ihm zu dienen. Die Messlatte dafür, der Maßstab, ist das Budget des geschlossenen Kreises. Die Absicht dahinter ist die, dass Sie wissen, wohin Ihr Geld geht und dass Sie entscheiden, was Sie damit tun, und sich weder vom Mammon noch durch Mangel oder durch unkontrolliertes Konsumverhalten dazu verführen lassen, Schulden zu machen.

Es gibt mehrere Bereiche der Ausgaben, die wir nun ansprechen wollen. Der erste ist die Rubrik „Sparen und investieren". Sie sollten immer mit einem bestimmten Ziel vor Augen sparen. Gott will nicht, dass wir unsere Mittel einfach für schlechte Zeiten ansammeln.

Das Sparen von Geld muss einem festgelegten Ziel dienen. Wie wir bereits sagten, ist es durchaus legitim, auch für Dinge auf Ihrer Wunschliste zu sparen. Vielleicht arbeiten Sie in einem Beruf, in dem Sie auf Provisionsbasis bezahlt werden, so dass Ihr monatliches Einkommen schwankt. In diesem Fall müssen Ersparnisse einfach dazu dienen, dass Ihnen immer genügend Geld für Ihre alltäglichen Ausgaben zur Verfügung steht. Wenn Sie Ihr Sparguthaben nicht für einen bestimmten Zweck festlegen, können Sie leicht vom Mammon beeinflusst werden und auf dieses Guthaben als eine Quelle für schlechte Zeiten vertrauen. Am Anfang ist es nur eine feine Kursänderung, wenn wir anfangen, unser Vertrauen auf dieses „selbstgelegte Ei" zu setzen, anstatt auf Gott als unsere Versorgungsquelle zu vertrauen. Den Grund zum Sparen aufzuschreiben hilft uns, Gott gegenüber ehrlich zu sein und nicht auf unser Guthaben zu vertrauen.

Lassen Sie uns nun über den Zweck und die Funktion von Investitionen nachdenken. Wer Geld investiert, lässt es für sich arbeiten, um Reichtum zu schaffen. Geld kann auf verschiedene Weise im weltlichen System angelegt werden, z.B. in Aktien, festverzinslichen Wertpapieren, Fonds etc. Der Zweck dieser Investitionen muss, genau wie der Zweck für das Sparguthaben, schriftlich festgelegt werden. Manche dieser Fonds könnten dazu dienen, die Frucht der Gerechtigkeit wachsen zu lassen (siehe Kapitel 8). Andere können für Projekte im Reich Gottes zur Seite gelegt werden, so dass Gott Zugang dazu hat, wenn er das Geld braucht. In Matthäus 21 sehen wir ein Beispiel dafür, dass Gott Dinge zur Verfügung standen, als er danach verlangte.

„Nachdem Jesus mit seinen Jüngern in die Nähe von Jerusalem gekommen war, erreichten sie Betfage am Ölberg. Jesus schickte zwei Jünger mit dem Auftrag voraus: Geht in das Dorf da vorne! Gleich am Eingang werdet ihr eine Eselin mit ihrem Fohlen finden, die dort angebunden sind. Bindet sie los und bringt sie zu mir. Sollte euch jemand fragen, was ihr vorhabt, dann sagt einfach: Der Herr braucht sie. Man wird euch keine Schwierigkeiten machen."
Matthäus 21,1-3

Der Besitzer der Tiere verstand offensichtlich, dass sie Gott für einen bestimmten Zweck zur Verfügung stehen sollten. Gott wird Sie wissen lassen, wenn er bestimmte Investitionen für sich gebrauchen will. Wenn Gott danach verlangt, werden Sie es erkennen und können die Gelder für seine Zwecke freigeben. Diese Gelder können auf einem separaten Konto aufbewahrt werden, einem „Gotteskonto". Andere Gelder können für das Säen und Ernten im Reich Gottes da sein, wobei Sie in ein bestimmtes Reich-Gottes-Projekt investieren (säen) und darauf vertrauen, dass Gott dieses Geld für einen anderen Zweck in seinem Reich vervielfältigen wird (so dass Sie es ernten können). (Für weitere Ausführungen dazu siehe Kapitel 9.)

Wir wollen nun einige Gedanken weitergeben, die den Gegensatz von Kaufen und Verkaufen zu Geben und Empfangen betreffen. Ich (Earl) half einer Mitarbeiterin unseres Missionswerkes Jugend mit einer Mission, ihren Kreis zu schließen. In ihrem geschlossenen Kreis hatte sie einen bestimmten Geldbetrag pro Monat auf ein Sparkonto eingezahlt, um sich mit dem Geld eine Kamera zu kaufen. Sie wollte diese Kamera kaufen, sobald die dafür nötigen 250 Dollar zusammengekommen wären. Als sie den Betrag fast erreicht hatte, betete diese Mitarbeiterin um eine Bestätigung Gottes, dass sie die Kamera jetzt kaufen sollte. Obwohl sie das Geld nun zusammen hatte, hatte sie den Eindruck, dass sie mit dem Kauf noch warten sollte.

Zwei Wochen später kam ein Mann zu mir in das Büro unseres Missionswerkes. Er hatte eine Tasche mit einer kompletten Kameraausrüstung bei sich, die er Gott zur Verfügung stellen wollte. Er fragte mich, ob ich jemanden kenne, der eine solche Kamera brauchen könnte. Ich brachte diesen Mann zu meiner Mitarbeiterin. Sie nahm die Kameratasche an und fand darin eine Ausrüstung, die fast 750 Dollar wert war. Sie hatte nun eine viel bessere und teurere Kamera als die, die sie mit ihren 250 Dollar hätte kaufen können und sie hatte noch das Geld. Als sie wegen des ersparten Geldes zu Gott betete, zeigte Gott ihr jemanden, der seinerseits um Geld für ein bestimmtes Projekt betete – und sie gab es ihm. Lassen Sie uns sehen, wie die Finanzen bei dieser Transaktion für das Reich Gottes eingesetzt wurden.

Der Mann, der die Kameraausrüstung gab, zahlte 750 Dollar auf das Konto seiner „Schätze im Himmel" ein. Die Mitarbeiterin bekam eine Kamera, die dreimal so viel wert war wie die, die sie kaufen wollte.

Das Geld, das sie nun gab, die 250 Dollar, wurden nun auf ihr Konto „Schätze im Himmel" eingezahlt. Das Guthaben auf dem Konto wurde vervielfältigt und stand für ihren geschlossenen Kreis in Zukunft bereit. Vergleichen Sie das mit dem, was in der Welt abgelaufen wäre. Sie wäre in ein Fotogeschäft gegangen, hätte 250 Dollar auf den Ladentisch gelegt und eine Kamera für diesen Preis bekommen. Das war's.

Stattdessen wurden 1.000 Dollar auf dem himmlischen Konto eingezahlt, wo sie jetzt multipliziert werden und den Einzahlern in Zukunft zur Verfügung stehen. Das heißt, es gibt eine Vervielfältigung beim Geben und Nehmen, die beim Kaufen und Verkaufen nicht stattfindet. Dies ist der Mechanismus, der bei Finanzen im Reich Gottes abläuft. Kaufen und Verkaufen ist nicht falsch, aber Gott kann vielleicht größere Dinge mit Geld erreichen, wenn wir geben und empfangen. Die Moral von der Geschichte ist: Kaufen Sie nicht gleich, selbst wenn Sie das Geld dazu haben. Fragen Sie zuerst Gott!

Nehmen Sie Ihre Schulden in Angriff

---------- **Johannes 4,23-24** ----------

Geist	Wahrheit
Glaube *Römer 10,17* Wort GNADE **Er wird euch dafür alles schenken, was ihr braucht, ja mehr als das. So werdet ihr nicht nur selbst genug haben, sondern auch noch anderen von eurem Überfluss weitergeben können. (2. Korinther 9,8)**	Glaube *Lukas 17,5-10* Gehorsam BAUSTEINE 1. Erkennen Sie den Geist des Geldes und weisen Sie ihn zurück. (Mein Herz gehört Gott allein.) 2. Glauben Sie an Gottes Versorgung. (Gott ist meine Quelle.) 3. Fangen Sie an, regelmäßig den Zehnten zu geben. (Geben ist meine Grundhaltung, keine Sonderleistung.) 4. Werden Sie Gottes Verwalter. (Ich bin Gott gegenüber verantwortlich für die treue Verwaltung seiner Mittel.) 5. Schließen Sie Ihren Kreis. (Wie viel ist genug?) **6. Nehmen Sie Ihre Schulden in Angriff.** (Ich nehme meine Schulden wahr und gehe richtig damit um.)

Bevor wir weiter über die fünf biblischen Verwendungsweisen von Geld aus 2. Korinther 9 sprechen, lassen Sie uns hier das Thema Schulden ansprechen. Die westliche Gesellschaft ist von ihnen zerfressen. Unsere Generation scheint von Schulden geradezu betrunken zu sein. Viele haben sich damit abgefunden, dass erhebliche persönliche, betriebliche und staatliche Schulden zum Leben gehören. Wir glauben aber, dass dies keineswegs normal ist. Es ist einfach eine Gewohnheit geworden. Und diese ist nicht notwendigerweise gut und richtig.

Eine Staatsverschuldung im heutigen Maße gab es früher weder in den Vereinigten Staaten noch in irgendeinem anderen westlichen Land. In den USA dauerte es mehr als 200 Jahre, um die nationalen Schulden auf die erste Billion US-Dollar anwachsen zu lassen (1.000.000.000.000 $). Was meinen Sie, wie lange es dauerte, diese Schulden zu verdoppeln und die zweite Billion zu erreichen? Die USA haben dies in nur sechs Jahren geschafft. 1986 wurde die Schwelle zur zweiten Billion überschritten. Bis zum Jahr 1990 hatten sie die dritte Billion angehäuft und im Jahre 1996 hatten die Vereinigten Staaten mehr als fünf Billionen US-Dollar Schulden. 2006 war die Staatsverschuldung auf über acht Billionen US-Dollar angewachsen. Man muss weder Ökonom noch Mathematiker sein, um zu sehen, dass jede Person, jeder Betrieb und auch jeder Staat zusammenbrechen wird, der auf Dauer in solch einer Größenordnung mehr Mittel ausgibt, als er hervorbringt.

Ist die Situation im deutschsprachigen Raum besser? Im Vergleich: Bis Ende 2005 hat der Gesamtschuldenstand aller öffentlichen Haushalte in Deutschland die astronomische Höhe von mehr als 1,4 Billionen Euro erreicht. Das Defizit aller öffentlichen Haushalte (nach Maastricht-Abgrenzung) betrug im Jahre 2005 insgesamt 74,3 Milliarden Euro. Allein die Zinsaufwendungen dafür betrugen 64 Milliarden Euro. Bei Steuereinnahmen von 453 Milliarden Euro bedeutet das, dass statistisch heute schon jeder siebte Euro der Steuereinnahmen des öffentlichen Gesamthaushalts auf Zinsausgaben entfällt. Diese Spirale aus Neuverschuldung, Zinseszinswachstum und steigendem Schuldenstand führt ohne eine echte Tilgung der Schulden in ein eigendynamisch bis zum Kollaps wachsendes gigantisches Schneeballsystem.

Nach einer Ökonomie-Vorlesung an der Universität wurde ein alter Landwirt gefragt, ob er die von dem Professor erläuterten Konzepte verstanden habe. Der Bauer antwortete: Ja, natürlich. Der Professor sagte: Wenn mehr rausgeht als reinkommt, dann bringt Dich Dein Ausgeben zum Aufgeben. – Das ist recht einfach, nicht wahr? Offensichtlich jedoch nicht für viele Familien, Firmen und Staaten. Der Prophet Haggai spricht in der Bibel dieses Problem an.

„Ich, der Herr, der allmächtige Gott, fordere euch auf: Denkt doch einmal darüber nach, wie es euch geht! Ihr habt viel Saat ausgesät, aber wenig geerntet. Ihr esst und werdet nicht satt, ihr trinkt und bleibt durstig. Was ihr anzieht, wärmt euch nicht, und das sauer verdiente Geld rinnt euch nur so durch die Finger (wörtlich: legt ihr in einen löchrigen Beutel). Darum sage ich, der Herr, der allmächtige Gott: Begreift doch endlich, warum es euch so schlecht geht!" Haggai 1,5-7

Viele, die dies lesen, haben den Eindruck, dass es die Geschichte ihres Lebens ist. Sie haben nie genug. Es ist, als ob die Tasche, in die sie all ihr Geld hineintun, Löcher hat. So schnell wie es hereingekommen ist, rinnt alles auch wieder hinaus. Gott ermutigt uns hier, darüber nachzudenken, warum es uns so geht. Die meisten überprüfen ihren Lebenswandel und ihr Motiv. Wenn beides in Ordnung ist, gehen sie davon aus, dass alles im grünen Bereich ist. Aber Gott fordert uns dazu auf, noch einen anderen Bereich unseres Lebens zu überprüfen. „Denkt doch einmal darüber nach, wie es euch geht!"

Gottes Finanzplan für jeden Christen beinhaltet Wohlstand, Versorgung und Freiheit von Schulden. Ungeplante Schulden entstehen aufgrund einer schlechten Beziehung zwischen dem Schuldennehmer und Gott als Versorger. Ungeplante Schulden zeigen also den Zusammenbruch von Gottes Ordnungen im Leben eines Christen. Denn diese Ordnungen Gottes spiegeln sich in unseren Finanzen wider, in einer ausreichenden Versorgung unserer Bedürfnisse zur richtigen Zeit. Oft ist weder das, was wir tun, noch der Grund, warum wir es tun, falsch, sondern eher die Art und Weise und der Zeitpunkt unseres Handelns. Wir tun das Richtige mit dem richtigen Motiv zur falschen Zeit und auf die falsche Art und Weise. Und die Art und Weise, wie viele Menschen mit Schulden umgehen, kann zur Zerstörung führen.

Viele Menschen machen sich nie die Mühe, den Gesamtpreis von etwas auszurechnen, das sie auf Kredit kaufen. Die folgenden Zahlen können einen wirklich erschrecken. Was schätzen Sie, wie viel Prozent des Lebenseinkommens der durchschnittliche Nordamerikaner für die Abzahlung von Schulden und Zinsen aufwendet? Er nimmt während seiner Berufszeit zwischen dem zwanzigsten und fünfundsechzigsten Lebensjahr zwischen einer und fünf Millionen US-Dollar an Schulden auf. Damit verwendet er zwischen fünfzig und siebenundsechzig Prozent seines Lebenseinkommens darauf, diese Schulden abzuzahlen. Welcher Mensch mit gesundem Verstand würde bei seinem Eintritt ins Berufsleben zwischen der Hälfte und zwei Dritteln seines Lebenseinkommens für die Zahlung von Schulden zur Seite legen?

Dieses Geld, das an Banken, Darlehensgeber und Kreditkartengesellschaften gegeben wird, wird der weltweiten Gemeinde der Gläubigen geraubt. Stellen Sie sich einmal vor, was wir als Christen tun könnten, wenn nur die Hälfte des Geldes, das für die Zahlung von Zinsen ausgegeben wird, für die Ziele des Reiches Gottes zur Verfügung stände. Was meinen Sie, wie viel von dem Geld, das Sie für Zinsen ausgeben, wohl den Weg dahin findet, das Evangelium auszubreiten? Ich fürchte, der Hauptgrund, warum wir so viel von unserem Geld zur Zahlung von Zinsen verwenden, ist der, dass wir nicht wirklich durchdenken, wie wir unser Geld ausgeben.

Wir beschäftigen uns in diesem Kapitel mit dem Thema Schulden. Zunächst einmal möchten wir dazu vier verschiedene Arten von Schulden aufzeigen: Verbraucherschulden, Hypotheken, Geschäftsschulden und Investitionsschulden.

Es würde den Rahmen dieses Buches sprengen, wenn wir uns näher mit den Geschäfts- und Investitionsschulden auseinandersetzen wollten. Wir werden uns daher hauptsächlich mit den Verbraucherschulden und in kleinerem Umfang mit Hypotheken beschäftigen. Dies führt uns zu einer offensichtlichen Frage: Sind Schulden generell falsch? Nein. Wer Schulden aufnimmt, begeht damit keine Sünde, handelt aber oftmals einfach unklug. In bestimmten Fällen ist die Aufnahme von Schulden Sünde und wird von der Bibel als übel bezeichnet. Darauf werden wir später in diesem Kapitel eingehen. Wenn nicht ausdrücklich anders angegeben, werden wir von jetzt an über persönliche Verbraucherschulden reden.

Weil uns in der westlichen Welt so vieles auf der Basis von Ratenzahlung verkauft wird, machen sich die wenigsten darüber Gedanken, wie viel am Ende der Kauf einer bestimmten Sache wirklich gekostet hat. Manche stellen sich nur selten die Frage: Wie viel bezahle ich letztendlich dafür? Ich kaufe etwas, das für 1.000 Euro angeboten wird, doch wenn ich es auf Kredit kaufe, wie viel werde ich dann dafür bezahlen? Oft werden sie das Anderthalbfache vom Verkaufspreis bezahlen, wenn sie die Zinsen mit einberechnen. Sie bezahlen also 1.500 Euro für eine Ware im Wert von 1.000 Euro. Wenn diese Menschen sich vorher darüber Gedanken machen würden, würden viele sich weigern, den Aufschlag zu zahlen. Das Problem ist aber, dass die wenigsten diese Dinge bereits vorher durchdenken.

Wenn wir noch einmal auf den Propheten Haggai hören, können wir erkennen, dass die „Löcher in den Taschen" heute oft die Zinsen sind, die wir für all die Dinge bezahlen, die wir kaufen. Gott fordert uns auf: „Denkt doch einmal darüber nach, wie es euch geht!" Ist dies wirklich die richtige Art und Weise, Dinge anzuschaffen?

Wenn Sie z.B. ein Haus für 250.000 Euro kaufen und dreißig Jahre lang Ihre Hypotheken mit einem Zinssatz von achteinhalb Prozent dafür abzahlen, wie viel würden Sie im Laufe der dreißig Jahre tatsächlich zahlen? Die Summe wäre etwa 650.000 Euro. Wenn man dann noch die Steuern mit in die Rechnung einbezieht, müsste man etwa 1.000.000 Euro verdienen, um auf diese Weise ein Haus für 250.000 Euro zu kaufen. Wer würde das tun, wenn er im Voraus die Gesamtkosten für sein Haus überschlagen hätte? Doch die meisten sehen keinen anderen Weg als diesen. Aus diesem Grund fordert uns der Prophet Haggai dazu auf zu überlegen, wie es uns geht.

Wir glauben, dass die Art und Weise, wie wir über Schulden denken, oft ein Gedankengebäude ist, das vom Mammon aufgebaut wird und über Generationen weitergegeben wird. Es ist die Art und Weise, wie unsere Eltern oder schon unsere Großeltern gedacht haben und mit ihren Finanzen umgegangen sind. Viele haben ihre eigenen Eltern beim Aufnehmen von Schulden beobachtet und sind dadurch so erzogen worden, dass sie jetzt als Erwachsene genauso handeln. Sie kennen keinen anderen Weg. Das Buch der Sprüche sagt uns:

„Erziehe dein Kind schon in jungen Jahren – es wird die Erziehung nicht vergessen, auch wenn es älter wird." Sprüche 22,6

Wir denken, dass bei vielen Menschen, die Schulden machen, eine üble Täuschung vorliegt. Lassen Sie uns 1. Mose 3 ansehen. Wir sind hier in dem Bericht über Adam und Eva im Garten Eden. Der Mann und die Frau hatten von der Frucht des Baumes der Erkenntnis des Guten und Bösen gegessen und Gott stellte die Frau zur Rede.

„Warum hast du das getan? wandte der Herr sich an die Frau. Die Schlange hat mich dazu verführt! verteidigte sie sich." 1. Mose 3,13

Wir möchten das hebräische Wort, das hier mit „verführt" übersetzt wird, näher betrachten: ‚nasha'. Dieses Wort ist ein Homonym, es hat mehrere Bedeutungen. Es bedeutet zum einen ‚täuschen, betrügen oder angreifen', zum anderen ‚verleihen, Kredit geben'.

Eigentlich lassen sich die beiden Bedeutungen nicht austauschbar verwenden. Doch in diesem Fall ergibt sich ein interessantes Resultat: „Die Schlange hat mir Kredit gegeben, sie hat mir etwas geliehen." Sie zog Adam und Eva in geistliche Schulden hinein, deren Zinssatz so hoch war, dass sie während ihres ganzen Lebens nicht dazu kamen, die Schulden abzuzahlen. Um dies zu tun, musste der allmächtige Gott selbst in Jesus Christus Mensch werden und die Schulden von Adam und Eva und ihren Nachkommen bezahlen. Es gab keine Möglichkeit für sie, noch für irgendjemand anderen auf der Erde, diese Schulden selbst zu begleichen, die sie durch den Betrug aufgenommen hatten. Hier im Beispiel ist es nur eine Wortspielerei, doch warum stehen Menschen Schlange, um alle möglichen Sachen auf Kredit zu kaufen? Steckt nicht ein betrügerischer Geist dahinter, der auch heute noch aktiv ist?

Wer an den Geist des Mammons gebunden ist, denkt nicht nach, bevor er kauft. Um es noch einmal zu unterstreichen: Viele rechnen nie aus, wie viel ihre Einkäufe tatsächlich kosten. Sie sehen nur ihre monatlichen Zahlungen und nicht die Gesamtkosten.

Kredithaie – und der hinter ihnen stehende Geist – wollen Menschen verführen. Sie fördern einen Lebensstil, der auf Schulden aufbaut und nur dann aufrechterhalten werden kann, wenn man einen Großteil seines Einkommens für Abzahlungen und Zinsen aufwendet. Geldwechsler und Geldverleiher verwendeten ihr Geld auch in Israel dazu, Macht zu gewinnen und das Volk zu unterdrücken. Kein Wunder, dass Jesus wütend war, als er die Geldwechsler aus dem

Vorhof des Tempels trieb. Ich denke, dass Jesus weniger die Menschen als den dahintersteckenden Geist hinaustreiben wollte. Ich bin sicher, dass die Geldwechsler nicht nach einem festgelegten Kurs Geld tauschten. Der Geist des Mammons achtete schon darauf, dass hier Wucher mit im Spiel war.

Lassen Sie uns nun einen Blick auf Hypotheken werfen. Den meisten Menschen kommt es nie in den Sinn, dass es auch noch andere Möglichkeiten geben könnte, ein Haus zu finanzieren als über eine langjährige Hypothek. Ist es grundsätzlich falsch, Schulden aufzunehmen? Nein. In der Bibel gibt es viele Beispiele für Schulden. In 5. Mose 28,12b heißt es etwa: „Alle eure Arbeit lässt er gelingen, so dass ihr Menschen aus vielen Völkern etwas leihen könnt und selbst nie etwas borgen müsst." Wenn dieses Verleihen Sünde wäre, dann hätte Gott hier die Völker dazu aufgefordert zu sündigen, als sie von Israel etwas entliehen (Schulden aufnahmen). Das glauben wir nicht. Ein Fall von persönlicher Verschuldung wird in 2. Könige beschrieben.

„Eines Tages klagte die Witwe eines Prophetenjüngers Elisa ihre Not: Herr, du hast doch meinen verstorbenen Mann gekannt. Du weißt, dass er dem Herrn in allem gehorcht hat. Aber nun ist einer gekommen, dem wir noch Geld schulden, und hat gedroht, meine beiden Söhne als Sklaven zu nehmen, wenn ich nicht sofort bezahle. – Wie kann ich dir nur helfen? überlegte Elisa. Hast du noch irgendwelche Vorräte im Haus? Sie antwortete: Mein Herr, außer einem kleinen Krug mit Öl habe ich gar nichts mehr. – Gut, sagte er, geh und leih dir von deinen Nachbarinnen leere Krüge aus, aber nicht zu wenige! Dann geh mit deinen Söhnen ins Haus und verriegle die Tür! Als Nächstes gießt du dein Öl in die Gefäße. Sobald eins voll ist, stell es zur Seite! Die Witwe tat, was Elisa ihr aufgetragen hatte. Sie verriegelte die Haustür hinter sich und ihren Söhnen. Die beiden Jungen reichten ihr die Krüge, und sie goss das Öl hinein. Bald waren alle Gefäße voll, und als die Mutter rief: Gebt mir noch einen Krug!, antwortete einer ihrer Söhne: Wir haben keine leeren mehr! – Von da an vermehrte sich das Öl nicht mehr. Die Frau eilte zu Elisa, dem Boten Gottes, und erzählte ihm, was geschehen war. Da forderte er sie auf: Geh nun, und verkauf

das Öl! Von dem Erlös kannst du deine Schulden bezahlen, und es wird noch genug übrig bleiben, damit du und deine Söhne davon leben können." 2. Könige 4,1-7

Diese Witwe war so hoch verschuldet, dass sie befürchten musste, dass ihre Gläubiger ihre beiden Söhne nehmen und verkaufen würden. Elisa verlor kein Wort darüber, dass es falsch von ihr war, solche Schulden zu haben. Er riet ihr im Gegenteil, sich noch etwas zu leihen (die Krüge), und Gott befreite sie durch ein Wunder von ihren Schulden. Manchmal ist es notwendig, sich etwas zu leihen, um aus Schulden herauszukommen. Das ist insbesondere dann richtig, wenn das, was geliehen wird, positiven Geldfluss hervorbringt. In dieser Angelegenheit brauchen Sie Weisheit von Gott und weise Ratgeber.

Trotzdem besteht die Gefahr, dass durch Schulden der Geist des Mammons in unser Leben kommt. Gerade große Darlehen sind gefährlich. Die meisten Menschen könnten die Rückzahlung ihrer Hypotheken erheblich beschleunigen, sie würden Jahre der Abzahlungen sparen und Zinsen im Bereich von mehreren 10.000 Euro.

Schauen wir uns das Beispiel einer typischen Situation in Deutschland an. Wenn Sie in einem anderen Land leben, mögen Ihre Zahlen zwar davon abweichen, aber die Prinzipien bleiben gleich. Diese Aufstellung geht von einem Hypothekenzinssatz von 8 % aus und einem Kreditkarten-Zins von 17 %. Wenn Sie in einem Land wohnen, wo diese Sätze höher sind, ist Ihre Situation sogar noch ernster. Wie die folgende Rechnung zeigt, kann der durchschnittliche deutsche Haushalt ca. 105.000 Euro an Zinsen einsparen und dabei noch ein Anlagevermögen von 1.200.000 Euro aufbauen, und zusätzlich das eigene Haus abbezahlen – wenn er nur 10 % mehr von seinem monatlichen Einkommen dazu verwendet, die Schuldentilgung zu beschleunigen.

Wir gehen dabei in der Regel von Durchschnittszahlen aus dem Jahre 1998 aus – umgerechnet in Euro. Diese absoluten Zahlen mögen sich bis heute verändert haben, aber das Prinzip ist dasselbe. (Die Zahlen im amerikanischen Originaltext wurden ursprünglich von John Commuta zusammengetragen und in seinem Seminar präsentiert: „Schuldenfrei und wohlhabend leben". Sie wurden an den deutschsprachigen Raum angepasst von Johann Ebertseder, Konradsreuth.) Dies ist die Beschreibung unseres Musterhaushalts mit seinem Einkommen und seinen Abzahlungen:

1. Jährliches Haushaltsbruttoeinkommen: 40.967 Euro
3.414 Euro mtl. Brutto, 2.060 Euro mtl. Netto
Quelle: Statistisches Bundesamt, Bonn;
Einkommenszahlen des Jahres 2000 in Euro.

2. Hypotheken-Saldo: 74.000 Euro
mtl. Zahlung (inkl. 184 Euro Nebenkosten): 739 Euro
Zinssatz: 8 %, Tilgungssatz: 1 %
Rückzahldauer für Hypothek: 28 Jahre, 9 Monate
Quelle: Deutsche Bundesbank, Bundesstatistik, Jahr 2000. (Zinssatz: Durchschnitt der letzten 25 Jahre)

3. Anzahl der Kreditkarten: 21.400.000
Quelle: MasterCard und Visa (Stand 2004).
Angen. Durchschnittsschulden: 2.500 Euro
Restschuld von 2.500 Euro/mtl.
Zinszahlung bei 17 % Zinsen p.a. 35 Euro

4. Auto-Kredite
annähernde Ermittlung durch Schätzung, abgeleitet aus Daten des Statistischen Bundesamtes der Bankenstatistik der Deutschen Bundesbank.
Auto des Ehemannes (Restschuld): 7.950 Euro
(9,5 % Zins/6 Jahre Laufzeit), mtl. 150 Euro

Auto der Ehefrau (Restschuld): 5.500 Euro
(9,5 % Zins/6 Jahre Laufzeit), mtl. 103 Euro

5. Haushaltskredit (Restschuld): 5.000 Euro
(bei 9 % Zins/10 Jahre Laufzeit), mtl. 65 Euro

Monatliche Gesamtzahlungen: **1.092 Euro**
(32 % des Bruttoeinkommens)

Wenn diese Familie nur ihre Mindestzahlungen leistet, hat sie in 28 Jahren und 9 Monaten ihr Haus abbezahlt. Außerdem gehören ihr dann ein paar sehr alte Autos.

Nehmen wir stattdessen einmal an, diese Familie würde ihren Gürtel enger schnallen und 10 % ihres monatlichen Bruttoeinkommens (341 Euro) dazu verwenden, um die Schuldenrückzahlung zu beschleunigen. Dannn würde Folgendes geschehen:
1. Sie wäre nach 10 Jahren und 5 Monaten total schuldenfrei (18 Jahre und 4 Monate schneller als normal).
2. Sie hätte sich 76.383 Euro Zinsen an die Gläubiger gespart.
3. Nebenbei könnte sie eine 6-Monatsreserve an Bargeld in Höhe von 5.808 Euro zurücklegen (= 6 Monate x 2.060 Euro Nettoeinkommen minus 1.092 Euro frühere Schulden-Rückzahlungsrate).
4. Sie könnte später eine monatliche „Rente" (cash flow, nämlich die Rückzahlung aus angelegtem Kapitalvermögen) von 6.758 Euro erhalten. Dies ist möglich, wenn sie die freigewordene Belastung von 1.092 Euro plus 341 Euro (die 10 % Schuldenrückzahlung) investiert und so monatlich 1.433 Euro für die verbleibenden 17 Jahre und 10 Monate zu 10 % Zinsen anlegt. Ergebnis ist ein Guthaben von 811.020 Euro, das bei einer 10 %-igen Rückzahlung inkl. Zinsen eine monatliche Rente in Höhe von 6.758 Euro abwirft.

Wenn unsere Familie sogar 20 % ihres monatlichen Bruttoeinkommens, also 682 Euro, zur beschleunigten Rückzahlung ihrer Schulden verwenden könnte, ergibt sich folgendes Szenario:
1. Sie wäre schon nach 5 Jahren und 7 Monaten total schuldenfrei (22 Jahre und 4 Monate schneller als normal).
2. Sie hätte sich 91.034 Euro Zinsen an die Gläubiger gespart.
3. Sie hätte ebenfalls eine 6-Monatsreserve an Bargeld zur Verfügung (5.808 Euro, siehe oben).
4. Sie könnte sogar eine monatliche „Rente" von 13.122 Euro erhalten. (Durch Investition der freigewordenen 1.744 Euro mtl., also von 1.092 Euro früherer Schuldenrückzahlung plus 682 Euro Rückzahlungserhöhung von 20 % für die restlichen 21 Jahre und 10 Monate bei einem Zinssatz von 10 % entsteht ein Vermögen von

1.574.673 Euro. Dies ermöglicht bei 10%-iger Auszahlung (inkl. Zinsen) eine lebenslange Rente in Höhe von monatlich 13.122.Euro)

Welches ist wohl die weiseste Lösung? Wollen Sie nach 28 Jahren ein abbezahltes Haus haben? Oder lieber ein abbezahltes Haus, eine ansehnliche Bargeldreserve und darüber hinaus noch eine monatliche Zusatzrente?

In dem oben beschriebenen Szenario stellen wir nur dar, was geschieht, wenn wir unsere Abzahlung erhöhen und ins System dieser Welt zurückgeben. Es geht nur darum, lieber Zinsen zu erhalten als sie zu zahlen. So arbeitet die Welt für uns und nicht gegen uns. Wir haben noch nicht damit begonnen, über Multiplikation im Reich Gottes zu sprechen. Wir haben nur darüber gesprochen, wie wir das prozentuale Wachstum im Welt-System für einen anderen Weg genutzt haben, nämlich für anstatt gegen uns. Das ist keine Traumtänzerei! Die meisten Menschen könnten dieses oder ein vergleichbares Ergebnis mit ein wenig Disziplin erreichen.

Lassen Sie uns ein anderes Beispiel dieser einfachen Kraft des Zinseszinseffektes anschauen. Wiederum ist es nur ein prozentuales Wachstum im Weltsystem, nicht Multiplikation im Reich Gottes. Wenn Sie (oder Ihre Kinder) im Alter von 15 Jahren damit beginnen, jährlich einen festen Betrag in einer 10%-ig verzinsten Anlage festzulegen, wie hoch müsste die Summe sein, um mit 60 Jahren ein Gesamtvermögen von 1.000.000 Euro zu haben? Was passiert, wenn Sie später beginnen? Diese Übersicht enthält die entsprechenden Zahlen:

Täglich benötigter Betrag, zu 10 % angelegt, um mit 60 Jahren 1 Million Euro zu erzielen:

Alter	Tägl. Investition	Investierter Gesamtbetrag
10	-,84 Euro	13.719 Euro
20	1,51 Euro	22.095 Euro
30	5,23 Euro	57.309 Euro
40	20,36 Euro	148.644 Euro
50	105,63 Euro	385.543 Euro

Wie schwer wäre das für die meisten Menschen? Wer könnte nicht 84 Cents pro Tag investieren? Praktisch niemand, denn es ist ganz leicht. Warum tun die meisten Leute es dann nicht? Dafür gibt es zwei Gründe: Erstens ist es immer einfacher, nichts zu tun. Zweitens „kommt mein Volk um, weil ihm die Erkenntnis fehlt." (Hosea 4,6)

Viele haben einfach das Prinzip der Verzinsung nicht durchschaut, sie sehen weder seine Vorteile noch seine Nachteile. Wir sprechen hier noch gar nicht von der übernatürlichen Macht, die von der Verwaltung von Mitteln im Reich Gottes ausgeht. Bis jetzt geht es lediglich darum, die Zinsen im weltlichen System für uns zu nutzen, anstatt sie zu bezahlen. So drehen wir den Spieß der Zinsschraube um.

Kreditkartenschulden

Dieser Bereich betrifft die Vereinigten Staaten noch mehr als Europa, doch die Alte Welt zieht schnell nach. Wie steht es mit Kreditkarten? Wir halten es nicht grundsätzlich für falsch, doch wir glauben, dass Kreditkarten nie dazu benutzt werden sollten, wirklich einen Kredit aufzunehmen. Ich (Craig) habe die meiste Zeit meines Lebens als Erwachsener Kreditkarten benutzt und ich tue es auch heute noch. Doch ich habe meine Kreditkarte noch nie überzogen, bis auf ein Mal, als ich vergaß, rechtzeitig einzuzahlen. Ich bezahle den vollen Betrag, der für jede Karte fällig ist, am Ende des Monats. Meine Frau und ich haben uns schon vor vielen Jahren entschlossen, unsere Kreditkarten direkt zu zerschneiden, wenn wir dazu nicht in der Lage sind. Eine Kreditkarte sollte so benutzt werden, als wäre es Bargeld. Sie muss durch Geld auf Ihrem Konto abgedeckt sein, damit Sie jeden Monat rechtzeitig Ihren Verpflichtungen nachkommen können.

Wenn der Gebrauch von Kreditkarten sie dazu verleitet, Ihren geschlossenen Kreis zu verletzen, dann empfehlen wir Ihnen dringend, sie nicht mehr zu verwenden. Wenn das Angst in Ihnen auslöst, sollte dies ein Warnsignal für Sie sein, welcher Geist Ihre Gedanken und Gefühle gerade beeinflusst. Wenn Sie sich auf eine Kreditkarte für den Notfall verlassen, anstatt auf Gott, dann sollten Sie darüber nachdenken, wer Ihr Vertrauen verdient.

Ein guter Mensch hinterlässt ein Erbe

Wenn man über den Kauf eines Hauses nachdenkt, wäre die beste Situation die, ein Haus ohne jegliche Hypothek zu besitzen. Diesen Vorschlag werden die meisten Menschen als unmöglich ansehen. Wie könnte ein frisch verheiratetes Paar, Mitte zwanzig, es sich jemals leisten, ein Haus zu kaufen, ohne eine Hypothek aufnehmen zu müssen? Auf sich gestellt können sie das nicht. Aber ich glaube nicht, dass Gott die Absicht hat, dass wir allein durchs Leben gehen. Gott will, dass von einer Generation zur nächsten ein finanzieller Segen weitergegeben wird. Das Buch der Sprüche drückt es so aus:

„Ein guter Mensch hinterlässt ein Erbe für Kinder und Enkelkinder, aber das Vermögen des Gottlosen geht über an den, der Gott dient." Sprüche 13,22

Ich kenne einen Mann, der eine interessante Möglichkeit fand, ein Erbe für seine Kinder und Enkelkinder zu hinterlassen. Er hatte Erfolg in seinem Geschäft und so entschied er sich, seiner ältesten Tochter zur Hochzeit ein Haus zu kaufen. Gott hatte ihn in seinem Leben mit Überfluss gesegnet, so konnte er das Haus mit Erspartem kaufen. Dieser Vater machte dann seinem Schwiegersohn und seiner Tochter folgenden Vorschlag. Er bat sie, ihm monatlich einen Betrag zu zahlen, der dem Abzahlen einer Hypothek gleichkam, und den er gewinnbringend anlegen wollte. Sie sollten diesen Betrag zwanzig Jahre lang zahlen, dann wollte der Vater das Haus dem jungen Paar überschreiben. Die Geldsumme, die sich durch die Investition angesammelt und vergrößert hatte, sollte dann für den Kauf von Häusern für die Enkelkinder verwendet werden, die dann ins heiratsfähige Alter kommen und ein Haus brauchen würden. Die gleichen Forderungen müssten dann auch an die Enkelkinder gestellt werden, die es mit ihren Zahlungen möglich machen würden, den Urenkeln damit Häuser zu kaufen. Auf diese Weise schuf der Vater ein fortlaufendes System, das den Segen Gottes in Form eines Hauses ohne Zins- und Hypothekenzahlungen von einer Generation zur anderen weitergab.

In der modernen Gesellschaft wird das Erbe gewöhnlich eher an die Kinder als an die Enkelkinder weitergegeben, wie es in Sprüche 13,22 vorgeschlagen wird. Doch denken Sie einmal darüber nach. Wie alt sind die Kinder normalerweise, wenn ihre Eltern sterben? Zwischen vierzig und sechzig. Wie alt sind dann die Enkel? Vielleicht um die zwanzig. Wer braucht eher Finanzen, ein Fünfzigjähriger oder ein Zwanzigjähriger? Offensichtlich der Jüngere. Wenn wir hier dem biblischen Muster folgen, nämlich das Erbe an die Enkelkinder anstatt an die Kinder weiterzugeben, könnte jede Generation die Zinsen vermeiden, die die meisten in ihren jungen Jahren zahlen, wenn sie versuchen, Fuß zu fassen. Gott selbst hat sich als der Gott Abrahams, Isaaks und Jakobs offenbart. Das ist das Drei-Generationen-Prinzip.

Dennis Peacocke spricht in seinem Buch *Doing Business God's Way* (Geschäfte auf Gottes Art) über Haushalterschaft in der Beziehung zu Gott. Gott will, dass jedes seiner Kinder verantwortungsbewusste und treue Haushalterschaft einübt, sei es im physischen oder im geistlichen Bereich. Peacocke nennt drei Elemente: Ein Erbe empfangen, es bewahren und ausbauen und das Erbe an zukünftige Generationen weitergeben.

Nach George Guilder wird ein Großteil des Wohlstandes innerhalb von zwei Generationen verschwendet. Der Fluch der Armut ist ein Wohlstand, der sich nur auf eine Generation beschränkt. Er besteht in Selbstsucht statt Erbe und Verbrauchen statt Sparen.

Es ist wichtig zu erkennen, dass Schulden nicht nur den natürlichen Bereich betreffen, sondern auch den geistlichen. Wir glauben, dass es tatsächlich einen dämonischen Geist der Schulden gibt, der sich mit dem Geist des Mammons verbindet, um einen unglaublich starken emotionalen und geistlichen Druck auf Menschen auszuüben, die Schulden haben. Oft erzeugen Schulden ein überwältigendes Gefühl von Hoffnungslosigkeit, Scham und Furcht. Viele Menschen beschrieben uns ein Gefühl ähnlich dem Ertrinken oder Ersticken und fühlen sich durch ihre Schulden emotional wie gelähmt. Dieser dauernde Druck kann körperliche Krankheiten und geistige Leiden zur Folge haben und verursacht auch oft den Zusammenbruch von Ehen.

Wegen dieses enormen Drucks verstecken sich manche Menschen vor ihren Gläubigern, weil sie gefühlsmäßig lahmgelegt sind. Sie verhalten sich nicht rechtschaffen, indem sie einfach nicht mit ihren

Gläubigern reden. Dies verschlimmert ihre Situation und kann die Gläubiger dazu veranlassen, ihre Schuldner mit Rachegefühlen zu verfolgen. In einer Ehe, in der der Mann mittlerweile drei Jobs hat, um aus den Schulden herauszukommen, ist oft die Frau diejenige, die sich mit Gläubigern, die vor der Tür stehen, auseinandersetzen muss. Sie muss sich mit Dingen beschäftigen, von denen Gott gar nicht wollte, dass sie dafür zuständig ist. Wenn dieser Druck zunimmt, wächst auch die Unzufriedenheit in der Ehe, Zorn macht sich breit und die Beziehung zwischen Mann und Frau zerbricht. Wir glauben, dass sich in diesem Fall der Mann vor seiner Verantwortung als Priester der Familie drückt, nämlich seine Schulden in Angriff zu nehmen und persönlich mit seinen Gläubigern zu sprechen, so dass dieser Druck nicht auf seiner Frau lastet.

Viele haben dieses zerstörerische Aufnehmen von Schulden am Beispiel ihrer Eltern gelernt. Woher kommt die Vorstellung, dass man sich mit Kreditkarten jeden Wunsch sofort erfüllen kann? Oft genug von den Eltern.

„Erziehe dein Kind schon in jungen Jahren – es wird die Erziehung nicht vergessen, auch wenn es älter wird. Der Reiche hat die Armen in seiner Hand; denn wer sich Geld leiht, ist abhängig von seinem Gläubiger." Sprüche 22,6-7

Diese beiden Verse stehen nicht nur nebeneinander, sie beziehen sich aufeinander. Ich glaube, eines der ersten Prinzipien, das ein kluger Vater seinen Söhnen und Töchtern beibringen sollte, ist ein gutes Verständnis dieser Abhängigkeit zwischen Reichem und Schuldner. Doch oft wird gerade das Gegenteil vorgelebt. Kinder lernen, Schulden zu machen, damit sie ihre Wünsche sofort erfüllen können, anstatt auf Gott zu warten, auf seinen Zeitpunkt und seine Versorgung. Die Eltern haben sie diese Wege gelehrt, auf denen sie gehen, und wenn sie älter sind, gehen sie immer noch auf diesen Wegen.

Sind Schulden also doch grundsätzlich falsch? Nein. Oft ist es einfach nur unklug, Schulden zu machen, um sich damit Dinge zu kaufen, die ihren Wert verlieren oder verbraucht werden. Das ist nicht notwendigerweise eine Sünde. Doch es ist sehr wichtig, die geistliche Dimension zu erkennen, dass man durch Schulden die Tür für dämonische Aktivitäten öffnen kann. Es geht eben nicht nur um eine finanzielle Transaktion, sondern gleichzeitig um etwas, das sich in der geistlichen Welt abspielt. Hier muss man sich mit dem Geist des Mammons auseinandersetzen, der versucht, uns zu täuschen, zu verführen und zu verleiten. Machen wir uns diese Tatsache bewusst.

Setzen Sie sich mit Ihrer Gewissenlosigkeit auseinander

„Der Gewissenlose leiht sich Geld und zahlt es nicht zurück. Doch wer Gott gehorcht, ist freundlich und schenkt gerne." Psalm 37,21

Wie bezeichnet die Bibel jemanden, der zwar borgt, aber nicht zurückzahlen kann? Diese Person wird „gewissenlos" genannt. Schulden sind nicht an sich sündig, doch das Borgen ohne Zurückzahlen ist durchaus falsch und sündig. Manch einer unterschreibt einfach seinen Kleinkredit, ohne einen blassen Schimmer, wie er ihn abzahlen wird. Die Bibel nennt eine solche Person gewissenlos. Wir wollen uns nun einen bestimmten Bereich ansehen, in dem viele Menschen unbeabsichtigt gewissenlos werden. Es geht dabei um Darlehen an Familienangehörige oder enge Freunde.

Oft leihen sich Familienmitglieder untereinander Geld mit den Worten: Zahl es uns zurück, wenn du kannst. – Aber wann kommt der Zeitpunkt des „wenn du kannst"? Normalerweise am Sankt-Nimmerleins-Tag. Diejenigen, die diesen Fehler am häufigsten begehen, sind Eltern, die ihren erwachsenen Kindern in guter Absicht Geld leihen. Ohne es zu merken, haben diese Eltern ihren Kindern dabei einen Mühlstein in Form von Schulden um den Hals gehängt. Denn Sie haben ihnen das Geld gegeben und nichts über die Rückzahlung der Schulden vereinbart. Ohne es zu merken, haben diese Eltern dem Geist des Mammons Zutritt zum Leben ihrer Kinder verschafft. Gewöhnlich meinen die Kinder, dass sie bei dieser Art von Darlehen erst das ganze Geld beisammen haben müssen, um es ihren Eltern zurückzuzahlen, was selbstverständlich nie geschieht.

Stellen Sie sich z.B. vor, Eltern leihen ihrem Sohn und ihrer Schwiegertochter 10.000 Euro mit den Worten: Zahlt es zurück, wenn ihr könnt. Nun warten die Kinder auf den Zeitpunkt, wo sie die 10.000

Euro haben, um sie den Eltern zurückzugeben. Ihre Ausgaben als junge Familie sind hoch, also tritt dieses Ereignis nie ein. Sie sind nie in der Lage, ihre Schulden zurückzuzahlen. Im Laufe der Zeit wird die Beziehung zwischen Eltern und Kindern zu einer Beziehung zwischen Geldgeber und Schuldner. Weil die Kinder überhaupt nicht zahlen, entwickeln die Geldgeber nach einer Zeit Gefühle des Ärgers. Gerade jetzt fahren die Kinder mit ihrer Familie in Urlaub und geben dafür 2.000 Euro aus. Sofort fragen sich die Eltern, woher sie die 2.000 Euro für einen Urlaub haben, wenn sie nicht einmal in der Lage sind, die ersten 100 Euro zur Begleichung ihrer Schulden aufzubringen.

Vielleicht sagen die Eltern nie tatsächlich etwas zu den Kindern, aber leicht entsteht eine gespannte Atmosphäre und die Beziehung kühlt ab. Die Kinder spüren den Ärger der Eltern und fangen an, sich schuldig zu fühlen. Wegen der schwelenden Emotionen können weder Eltern noch Kinder das Zusammensein genießen. Sie fühlen sich unwohl in der Gegenwart der anderen, und der Geist des Mammons verbündet sich mit diesem falschen Verhalten, um die Beziehung zu zerstören. Diese Familie wird weder Weihnachten noch den Urlaub gemeinsam verbringen wollen. Jedes Mal, wenn sie sich sehen, herrscht dieses Gefühl von Schuld und Ärger vor.

Die Eltern hatten in diesem Fall die gute Absicht, ihren Kindern zu helfen, aber sie taten es auf die falsche Weise (Haggai 1,7: „Denkt doch einmal darüber nach, wie es euch geht!"). Sie wandten nicht Gottes Weisheit an in ihrem Wunsch, ihren Kindern zu helfen. Wie hätten sie ihren Kindern auf kluge Weise helfen können? Zunächst einmal ist es entscheidend für potenzielle Verleiher, Gott ernsthaft zu fragen, ob er möchte, dass sie Geld verleihen oder nicht. Eine andere Möglichkeit wäre, das Geld einfach zu verschenken, ohne die Erwartung, dass es zurückgezahlt wird. Wenn Gott sie aber so leitet, dass sie jemandem – auch einem Familienangehörigen – Geld leihen sollen, dann beinhaltet das auch einen Plan zur Rückzahlung. Sie sollten das Darlehen ohne Zinsen geben, aber sie sollten einen Zeitplan zur Rückzahlung ausmachen, an den der Schuldner sich halten sollte. Die Bibel sagt uns ganz zutreffend, dass der Schuldner vom Gläubiger abhängig wird (Sprüche 22,7). Deshalb muss derjenige, der sich Geld leiht, mit den Zahlungsbedingungen und den Konsequenzen einverstanden sein, die eintreten, wenn er nicht zahlt.

Wie kann man die Situation retten, wenn das Geld schon verliehen wurde, ohne vorher Rückzahlungsbedingungen festzulegen? Lassen Sie uns dies aus der Sicht beider daran beteiligten Parteien betrachten. Der Entleiher sollte als erstes Gott um Vergebung dafür bitten. Dann muss der Entleiher sich seinen geschlossenen Kreis, seinen Haushaltsplan ansehen. Er muss Gott fragen und festlegen, wie viel Geld monatlich zur Begleichung der Schulden zur Verfügung steht. Nachdem das festgelegt worden ist, kann der Entleiher zum Geldgeber gehen, seine Gewissenlosigkeit des Borgens und Nicht-Zurückzahlens bekennen und einen Plan zur Abzahlung der Schulden vorlegen. So nimmt der Entleiher seine Schulden in Angriff und geht richtig damit um. Selbst wenn die anfänglichen Raten im Vergleich zur Gesamtsumme sehr klein sind, wird diese Festung des Mammongeistes und der Schulden dadurch zerstört. Dies gibt Gott die Möglichkeit, übernatürlich in das Leben des Schuldners einzugreifen.

Lassen Sie uns nun das Ganze aus der Sicht des Geldverleihers betrachten. Wenn Sie ohne festgelegte Bedingungen Geld verliehen haben, dann haben Sie damit die Regeln des weltlichen Systems verletzt. Erinnern Sie sich daran, dass das Geld dem weltlichen System gehört? Die Regeln zur Verwaltung des Geldes werden von den Banken festgelegt. Als Christen haben wir uns entschieden, treue Verwalter dessen zu sein, was einem anderen gehört (Lukas 16,12). Die Regeln des weltlichen Systems im Umgang mit Schulden machen einen Minimalbetrag oder aber einen vereinbarten Betrag erforderlich, der monatlich zurückgezahlt wird. Gegen diese Regel können wir nicht verstoßen und gleichzeitig erwarten, dass Gott diese Regelwidrigkeiten aufhebt. Sogar Gott respektiert, was dem Teufel gehört. Wenn wir uns jedoch an die Regeln gehalten haben, können wir Gott bitten, mit seiner Macht in unsere Situation einzugreifen.

Wenn von Seiten des Schuldners keinerlei Anstrengungen zur Rückzahlung unternommen worden sind, muss der Geldverleiher Gott die Frage stellen: Soll dies weiterhin eine Schuld bleiben, für die ich den Schuldner zur Rechenschaft ziehen muss, oder soll ich die Leihgabe in ein Geschenk umwandeln und den Schuldner von seiner Verpflichtung befreien? Wenn der Verleiher merkt, dass Gott ihn in diese Richtung führt, kann er zu dem Schuldner gehen und ihn um Vergebung bitten dafür, dass er ihm ohne Bedingungen Geld geliehen hat und ihm anbieten, die Schulden zu erlassen. Wenn der Geldverleiher jedoch merkt, dass er den Schuldner für das Geld zur Rechenschaft ziehen sollte, dann sollte er lediglich zu ihm hingehen und dafür um Vergebung bitten, dass er ohne Bedingungen Geld verliehen hat. Dann können sich die beiden zusammensetzen und gemeinsam festlegen, welcher Betrag aus dem geschlossenen Haushaltsplan monatlich sinnvoll zur Rückzahlung der Schulden eingesetzt werden könnte.

Wenn der Entleiher nicht zu einer einvernehmlichen Lösung bereit ist oder sich weigert, die Schulden zurückzuzahlen, sollte der Geldverleiher folgende Richtlinien, die in Matthäus 18 beschrieben werden, beachten. Hier geht es allgemein um Verhalten in dem Fall, dass ein Mitchrist an jemandem schuldig geworden ist.

„Wenn dein Bruder Schuld auf sich geladen hat, dann geh zu ihm und sag ihm, was er falsch gemacht hat. Wenn er auf dich hört, hast du deinen Bruder zurückgewonnen. Will er davon nichts wissen, nimm einen oder zwei andere mit, denn durch die Aussage von zwei oder drei Zeugen wird die Sache eindeutig bestätigt. Wenn dein Bruder auch dann nicht hören will, bring den Fall vor die Gemeinde. Nimmt er selbst das Urteil der Gemeinde nicht an, dann behandle ihn wie einen, der von Gott nichts wissen will und ihn verachtet." Matthäus 18,15-17

Diese Vorgehensweise kann auf jeden Christen angewendet werden, dem Geld geliehen wurde, nicht nur auf Familienangehörige. Sie soll Gott die Möglichkeit geben, an den Einstellungen beider Parteien zu arbeiten. Es kann unverantwortlich sein, dem Schuldner einfach die Schuld zu erlassen, wenn Gott die Umstände dazu nutzen möchte, die Person zu formen. Oft wird Gott durch diesen Prozess auch an der Einstellung des Verleihers arbeiten. Lassen Sie uns betrachten, was dieser Abschnitt aus der Bibel für die Praxis beinhaltet: Nachdem Sie mit dem Schuldner unter vier Augen gesprochen haben, sollten Sie, wenn es keine Lösung gab, zusätzliche Zeugen mit hinzuziehen, am besten Christen aus ihrer Gemeinde. Ich glaube, dass dies bedeutet, den Fall vor den Gemeindeleiter des Schuldners und des Verleihers zu bringen. Wenn eine der beiden Parteien keinen Gemeindeleiter hat, dann sollte eine gläubige Person ihres Vertrauens, auf deren Rat die Person hört, daran beteiligt werden. Wenn auch dies zu keinem Ergebnis führt, dann kann die Hilfe von professionellen christlichen Vermittlern oder Mediatoren weiterhelfen.

Auch nach dem Befolgen dieser von Jesus skizzierten Vorgehensweise kann der Verleiher sich immer noch dafür entscheiden, dem Schuldner die Schuld zu erlassen. Es wäre auf keinen Fall richtig, einen zivilrechtlichen Prozess gegen einen anderen Christen zu führen.

„Habt ihr vergessen, dass wir sogar die Engel richten werden? Müsstet ihr dann nicht erst recht eure alltäglichen Streitigkeiten schlichten können? Aber ihr lauft damit zu Richtern, die in der Gemeinde nichts zu sagen haben. Traurig, dass ich darüber reden muss! Gibt es denn in der ganzen Gemeinde keinen Einzigen, der Streit zwischen euch schlichten kann? Stattdessen zieht ein Christ den anderen vor Gericht und verklagt ihn vor den Ungläubigen."
1. Korinther 6,3-6

Das Konzept „so gib ihm auch noch deinen Mantel" gibt uns die Möglichkeit, etwas zu tun, was Gottes Vorstellungen entspricht. Das weltliche System will Sie aussaugen. Gott hingegen arbeitet mit dem Prinzip des Gebens und Empfangens. Unser Loslassen und Geben überwindet die geistliche Macht des weltlichen Systems.

Nehmen Sie Ihre Schulden in Angriff

Wie wir bereits erwähnten, sind die Hauptprobleme, die mit Schulden zusammenhängen, Gefühle von Furcht, Scham und Wertlosigkeit. Dies alles bringt Menschen dazu, sich vor ihren Gläubigern zu verstecken und nicht mit ihnen zu reden. Die Schulden in Angriff zu nehmen, beinhaltet, dass Sie die Verantwortung für die gemachten Schulden übernehmen und mit den Gläubigern glaubwürdig sprechen. Den ersten Schritt dazu haben wir bereits besprochen: Bitten Sie Gott um Vergebung für Ihre Gewissenlosigkeit, Geld zu leihen, ohne die Möglichkeit zur Rückzahlung zu haben, wenn dies der Fall ist. Jesus vergoss sein Blut, um die Schuld und Sünde auch aus diesem Bereich wegzunehmen.

Die meisten Menschen, die sich in Schulden verstrickt haben, müssen an dieser Stelle radikal umdenken. Wenn Sie verschuldet sind, dann richtet der Geist des Mammons Ihr Augenmerk immer wieder auf die Dinge, die Sie nicht haben bzw. die Sie nicht tun können. Sie müssen entschlossen Ihren Blick auf die Dinge richten, die Sie haben und die Sie tun können. Gott kann nicht umformen, was Sie nicht haben. Er kann nur mit dem arbeiten, was Sie haben. Wenn Sie damit anfangen, das zu tun, was in Ihren Möglichkeiten steht, dann kann Gott das tun, was ihm an Übernatürlichem möglich ist. So geschehen Wunder. Sie tun ganz natürliche Dinge und Gott tut das Übernatürliche.

Als Petrus auf dem Wasser ging, musste er etwas ganz Natürliches tun. Er musste über den Bootsrand steigen und gehen. Das war nicht übernatürlich. Er war schon seit Jahren aus dem Boot herausgestiegen und gegangen. Der übernatürliche Teil dieses Wunders besteht darin, dass Gott Petrus auf dem Wasser gehen ließ. Wenn Petrus nicht das getan hätte, was er tun konnte, hätte das Wunder nicht stattfinden können. Genauso wenig wäre es zu diesem Wunder gekommen, wenn Gott nicht das Übernatürliche getan hätte. Beide Teile waren wesentlich. Wenn Petrus sich weiter auf das konzentriert hätte, was er nicht tun konnte (sich auf dem Wasser zu halten), wäre er gelähmt gewesen und hätte sich nie bewegt und getan, was er tun konnte. Erinnern Sie sich daran, dass die anderen elf Jünger im Boot saßen und darauf warteten, dass Gott etwas tun würde. Viele Leute sitzen wie gelähmt durch erdrückende Schulden da und warten darauf, dass Gott endlich eingreift. Doch Wunder werden erst dann möglich, wenn wir unseren natürlichen Teil tun und darauf vertrauen, dass Gott den übernatürlichen Teil übernimmt. Wir müssen also damit beginnen, auf das zu schauen, was wir haben und was wir tun können. Wenn wir das Natürliche tun, dann kann Gott das Übernatürliche tun. Seien Sie nicht wie einer von den elf Jüngern, die im Boot saßen und darauf warteten, dass Gott etwas tat.

Als Jesus die Fünftausend speiste (Johannes 6,1-15), waren die Jünger nur mit dem beschäftigt, was sie nicht hatten, nämlich dem Essen.

Jesus aber richtete ihr Augenmerk auf das, was zur Verfügung stand. Als sie das, was der kleine Junge hatte, zu ihm brachten, vermehrte Jesus es auf übernatürliche Weise. Das Natürliche zu tun ist immer der erste Schritt, um das Übernatürliche möglich zu machen.

Als ich (Craig) vor etlichen Jahren darüber nachdachte, wie das Übernatürliche in unserem Leben möglich wird, wenn wir unser Leben nach Gottes Maßstäben ausrichten, erinnerte mich Gott an ein physikalisches Prinzip, das ich einmal im Unterricht gelernt hatte. Jeder von uns weiß, dass in den Hochspannungsleitungen, die über das Land verlaufen, Strom von hoher Spannung fließt. Elektrischer Strom kann von diesen Leitungen abgeleitet werden, indem man einen Strom leitenden Draht mit dieser Leitung in Verbindung bringt. Nur wenige wissen allerdings, dass elektrischer Strom auch in einem Draht „erzeugt" werden kann, indem man ihn einfach parallel zum Strom führenden Kabel ausrichtet, ohne dass die beiden einander in irgendeiner Weise berühren. Aufgrund des elektromagnetischen Feldes um das Strom führende Kabel herum wird in dem parallel verlaufenden Kabel ebenfalls eine elektrische Spannung erzeugt. In einem im rechten Winkel zum Strom führenden Kabel ausgerichteter Draht wird dagegen keine Spannung erzeugt. Manche Arbeiter an Hochspannungsleitungen sind schon durch einen Stromschlag getötet worden, weil sie dieses wichtige Prinzip vergessen hatten.

Wie ein elektrischer Strom in einem parallel verlaufenden Draht erzeugt werden kann, ohne dass die beiden einander berühren, kann auch Gottes übernatürliche Kraft in Ihr Leben fließen, wenn Ihre Wege parallel zu den Wegen und Maßstäben Gottes verlaufen. In diesem Vergleich sind Gottes Wege und Maßstäbe wie die Hochspannungsleitung und Ihre Wege, das heißt Ihre Art und Weise zu leben, sind wie der Strom leitende Draht nahe der Hochspannungsleitung. Das Beispiel lässt sich auf unseren Umgang mit Schulden anwenden. Wenn Ihre Wege mit Gottes Wegen übereinstimmen, wird Gottes übernatürliche Kraft in Ihren Umgang mit Finanzen hineinkommen. Salomo sagt uns im Buch der Sprüche:

„Wenn dein Handeln Gott gefällt, bewegt er sogar deine Feinde dazu, sich mit dir zu versöhnen." Sprüche 16,7

Wenn Sie also Gläubiger haben, die Ihnen feindlich gesonnen sind, dann sollten Sie wahrscheinlich Ihr eigenes Verhalten überprüfen.

Als ich (Earl) in Südafrika mein Studium abschloss, erzählte man mir von einem Mann, der seinem Unternehmen einen stattlichen Betrag schuldete. Er stellte seinen Haushaltsplan, den geschlossenen Kreis, auf und stellte fest, dass die Summe, die er zur monatlichen Rückzahlung anbieten konnte, zehn Rand war (ca. 1,70 Euro). Er ging zu diesem Unternehmen und teilte mit, dass dies die Geldmenge sei, die er monatlich zurückzahlen könne. Obwohl dies nur sehr, sehr wenig war, sah die Unternehmensleitung seine Ehrlichkeit und erklärte sich mit der monatlichen Rückzahlung in Höhe von zehn Rand einverstanden. Treu zahlte er etwas mehr als ein Jahr lang jeden Monat diesen Betrag, bis ihn eines Tages ein Beauftragter dieses Unternehmens anrief und ihm mitteilte, dass die Firma entschieden habe, ihm die restlichen Schulden zu erlassen. Die Treue dieses Mannes, seine Schulden in Angriff zu nehmen und das zu tun, was er tun konnte, hatte zur Folge, dass Gott die Herzen der Gläubiger dahingehend bewegte, ihm die Schulden vollständig zu erlassen.

Nach Veränderung Ihrer Blickrichtung ist es Ihnen möglich, einen geschlossenen Kreis oder einen Haushaltsplan zu erstellen. Wenn Sie einmal Ihren Kreis geschlossen haben, dann wissen Sie auch, wie viel Geld Ihnen zur Verfügung steht, um Ihre Schulden zurückzuzahlen. Mit diesem Wissen können Sie nun dafür beten, wie Sie Ihr Geld umdisponieren sollen, um Ihre Gläubiger bezahlen zu können. Jetzt ist es an der Zeit, eine Liste all Ihrer Gläubiger zu erstellen, einschließlich Ihrer Familienangehörigen.

Mit dieser Liste von Gläubigern und der Gesamtsumme, die Ihnen zur Rückzahlung zur Verfügung steht, können Sie nun beten und Gott fragen, wie viel Sie jedem einzelnen Gläubiger monatlich zurückzahlen sollen. Es ist wichtig, dass Sie an jeden Gläubiger etwas zurückzahlen. Manche Leute teilen das Geld so auf, dass sie nur an ein paar der Gläubiger zurückzahlen und den Kontakt zu den anderen meiden. Doch das verletzt die Regeln und Sie bleiben den Gläubigern, die Sie meiden, das Geld schuldig, das ihnen zusteht. Zahlen Sie jedem Ihrer Gläubiger etwas zurück.

Jetzt nehmen Sie die Schulden, die Sie gegenüber Ihren Gläubigern haben, in Angriff. Sie können nun mit jedem Ihrer Gläubiger Kontakt aufnehmen und zuerst Ihr Fehlverhalten eingestehen, dass Sie nicht Wort gehalten haben, das Geld zurückzuzahlen. Bitten Sie sie, Ihnen zu vergeben und sagen Sie ihnen, dass sie ernsthaft gewillt sind, Ihre Schulden in Angriff zu nehmen und alles tun werden, was in Ihren Möglichkeiten steht. Schlagen Sie Ihren Gläubigern den Betrag vor, den Sie vernünftigerweise monatlich zahlen können, und fragen Sie sie nach ihrem Einverständnis.

Wir haben festgestellt, dass in den meisten Fällen Gläubiger mit einem Schuldner zusammenarbeiten, bei dem sie Ehrlichkeit, ernste Absichten und echte Anstrengungen sehen, die Schulden zurückzuzahlen. Manche werden ihre Zinsforderungen streichen oder sogar die Höhe der Schulden reduzieren. Die meisten Gläubiger sind bereit, mit jemandem zusammenzuarbeiten, der seine Schulden abzahlen will und einen Rückzahlungsplan vorlegt.

Wenn Sie das Einverständnis jedes einzelnen Gläubigers eingeholt haben, stellen Sie sicher, dass Sie jetzt auch das tun, was Sie zugesagt haben. Zahlen Sie den Betrag, auf den Sie sich verständigt haben, jeden Monat zurück. Sie sind nun dabei, wieder Vertrauen aufzubauen, und daher ist es sehr wichtig, dass Sie Ihr Wort halten.

Sobald Sie Ihre Schulden in Angriff nehmen und ein Einverständnis mit jedem Ihrer Gläubiger erzielt haben, verletzen Sie nicht mehr die Regeln des weltlichen Systems. Sie können nun damit rechnen, dass sich die Geldangelegenheiten Ihres Lebens vom Natürlichen hin zum Übernatürlichen bewegen. Im Bild gesprochen haben Sie jetzt Ihren Kupferdraht parallel zu Gottes Hochspannungsleitung ausgerichtet. Sie können nun im Glauben handeln und darauf vertrauen, dass Gott für Sie in die Situation eingreifen wird. Die Prinzipien des Reiches Gottes können nun wirksam werden und eine Vervielfältigung Ihrer Mittel hervorbringen, so dass Sie Ihre Schulden schneller zurückzahlen können. Wenn Sie ein Einverständnis mit Ihren Gläubigern erzielt haben, dann haben Sie in der geistlichen Welt etwas verändert und Gott den Handlungsspielraum eröffnet, dass er auf übernatürliche Weise Dinge für Sie bewirken kann. Sie werden staunen, wie aus unerwarteten Quellen plötzlich Geldmittel für Sie zur Verfügung stehen. Oft haben wir es bei Leuten erlebt, die ihre Schulden bei normaler Berechnung Ihrer verfügbaren Finanzen in zehn oder zwanzig Jahren zurückzahlen wollten, dass sie schon nach achtzehn Monaten oder zwei bis drei Jahren schuldenfrei waren. Dies war die Folge von Gottes übernatürlichem Eingreifen in ihr Leben.

Was geschieht, wenn Sie Schulden haben, mit der Rückzahlung Ihrer Schulden im Rückstand sind und dann Geld für irgendetwas nach Ihrem Ermessen ausgeben? Nehmen Sie z.B. an, Sie fahren mit Ihrer Familie in den Urlaub. In der Realität geben Sie das Geld Ihrer Gläubiger aus, und zwar ohne deren Einverständnis. Sie handeln falsch und Sie sind darüber hinaus ein Dieb. Doch wenn Sie Ihre Schulden in Angriff nehmen und Sie Ihre Rate nach Übereinkunft mit Ihren Gläubigern monatlich zurückzahlen, dann sind Sie frei, Gott zu fragen, wie Sie den Überfluss, den er Ihnen schenkt, nutzen können. Gott kann Sie so leiten, dass Sie den Überfluss zur schnelleren Abzahlung der Schulden benutzen. Wenn Sie jedoch Ihre vereinbarten Zahlungen tätigen, dann sind Sie nicht länger ein Dieb, sondern Sie können den Überfluss für einen anderen Zweck nutzen, je nachdem, wie Gott sie leitet. Obwohl Sie Ihren Gläubigern immer noch Geld schulden, beinhaltet die Vereinbarung, die Sie mit ihnen getroffen haben, die Erlaubnis für Sie, den über den Haushaltsplan hinausgehenden Überfluss für Ihre Zwecke zu nutzen.

Wenn ich z.B. mit meiner Frau Essen gehe, bevor ich angefangen habe, meine Schulden zurückzuzahlen, gebe ich das Geld meiner Gläubiger ohne deren Einverständnis aus. Wenn ich aber meine monatlichen Raten zahle, kann ich meine Frau zum Essen einladen und handle nicht falsch. Dies ist ein sehr wichtiges Prinzip, das leider nicht viele Christen zu verstehen scheinen.

Wenn Sie Ihre Schulden in Angriff nehmen, werden Sie frei von Schuld und sind nicht länger emotional gelähmt. Wir haben beobachtet, dass Familien, die ihre Schulden noch nicht angegangen sind, unter einem ungeheuren Druck stehen. Stellen Sie sich vor, eine solche Familie fährt zusammen in Urlaub. Werden sie ihren Urlaub genießen können? Normalerweise nicht, denn es wird eine Menge

Ärger und Diskussionen über das Geld geben. Wenn die Kinder ein Erlebnisbad sehen und sagen: Papa, lass uns doch ins Erlebnisbad gehen, wird der Vater antworten: Nein, das ist zu teuer. Die Kinder sind dann verärgert und bedrängen den Vater weiter. Warum sagt der Vater Nein? Weil er sich schon die ganze Zeit schuldig fühlt, das Geld für den Urlaub auszugeben. Er leidet unter der Last der Schulden und merkt, dass er Geld ausgibt, das ihm nicht gehört. Vielleicht sagt er auch: Das können wir uns nicht leisten! – Diese Worte können im Denken der Kinder eine Mentalität der Armut hervorrufen, die das ganze Leben anhält. Besser wäre: Eure Mutter und ich haben uns entschieden, unser Geld anders zu nutzen.

Vielleicht sagt die Frau: Ich wollte schon immer einmal in dieses wunderschöne Restaurant mit der tollen Aussicht gehen. Der Mann erwidert entsetzt: Nein, das ist viel zu teuer. Wir gehen in ein billigeres Restaurant. – Kann diese Familie ihren Urlaub genießen? Nein, überhaupt nicht. Sie werden aus dem Urlaub zurückkommen und urlaubsreif sein. Stress und Druck, die durch nicht in Angriff genommene Schulden entstehen, haben jegliche Freude am Urlaub verdorben.

Wie steht es mit Geldopfern, wenn Sie Ihre Schulden noch nicht in Angriff genommen haben? Manche Christen versuchen, mit ihren Opfern aus den Schulden herauszukommen. Doch wenn wir geben, müssen wir sicherstellen, dass das, was wir geben, auch uns gehört, und nicht jemand anderem. Es ist falsch, einem anderen in die Tasche zu greifen, Geld herauszunehmen und es zu geben. Wenn wir unsere Schulden nicht abzahlen, aber geben, geben wir letztendlich Geld, das nicht uns gehört. Es gehört unseren Gläubigern. Normalerweise würde das, was wir geben, auf unserem Konto der „Schätze im Himmel" eingezahlt. Wenn wir aber Schulden haben und diese unseren Gläubigern schuldig sind, mit denen wir keine Vereinbarung getroffen haben, dann wird dieses Geld dem Konto der „Schätze im Himmel" der Gläubiger gutgeschrieben. Es steht jetzt ihnen zur Verfügung und nicht uns als Gebern. Manch ein Schuldner, der so gibt, meint dann: Das Prinzip des Säens und Erntens, das im Reich Gottes gelten soll, funktioniert einfach nicht. Ich habe etwas gegeben und meine finanzielle Situation hat sich trotzdem nicht verbessert.

Zusammenfassung der praktischen Schritte beim Umgang mit Schulden

1. Wenn Sie Geld geborgt und noch nicht zurückgezahlt haben, bitten Sie Gott um Vergebung und verändern Sie Ihre Einstellung.
2. Ändern Sie Ihre Blickrichtung. Konzentrieren Sie sich auf das, was Sie haben und was Sie tun können.
3. Legen Sie Ihren geschlossenen Kreis / Ihren Haushaltsplan fest.
4. Machen Sie eine Liste all Ihrer Gläubiger.
5. Teilen Sie jedem Gläubiger eine bestimmte Menge an Geld zu, die in der Rubrik „Schulden" zur Verfügung steht.
6. Nehmen Sie zu jedem einzelnen Gläubiger Kontakt auf, sagen Sie ihm, was Sie monatlich zahlen können und holen Sie sein Einverständnis ein.
7. Zahlen Sie die vereinbarte Rate an jeden Gläubiger.
8. Halten Sie Ausschau nach Möglichkeiten, von Ihrem geschlossenen Kreis und dem Überfluss zu geben, um damit ein Guthaben auf dem Konto der „Schätze im Himmel" zu bilden.
9. Erwarten Sie von Gott, dass er zu Ihrem Besten auf übernatürliche Weise handelt und für Ihren geschlossenen Kreis einen Überfluss für eine schnellere Schuldenbegleichung zur Verfügung stellt.

Wie komme ich aus der Schuldenfalle heraus?

Der folgende Praxisplan deckt sich zum Teil mit den bereits beschriebenen Punkten, gibt aber noch weitergehende Hilfe. Er ist auszugsweise dem Arbeitsmaterial für Kleingruppen *Schritte in die persönliche Freiheit – Der biblische Umgang mit Geld* entnommen. (Dieses Material von Crown Financial Ministries wird im Anhang näher vorgestellt.)

Hier nun der Zehnstufenplan, der Ihnen hilft, sich von Ihren Schulden zu befreien. Es handelt sich um zehn einfache Schritte, deren Umsetzung allerdings einen gewissen Einsatz erfordert.

1. Beten Sie
Die arme Witwe in 2. Könige 4,1-7 stand kurz davor, ihre Kinder wegen ihrer Schulden zu verlieren. Sie wandte sich an Gott, in dem Wissen, dass er sich für sie und ihre Situation interessierte. Egal, ob Gott Ihnen einen Weg zeigen möchte, wie Sie Ihre Schulden zurückzahlen können, oder ob er auf übernatürliche Weise eingreifen will: Ihr Gebet ist der Startpunkt auf dem Weg aus den Schulden heraus.

2. Stellen Sie ein Budget auf
Die wenigsten Menschen mit Schulden verfügen über ein Budget. Beginnen Sie sofort damit und planen Sie so Ihre Zukunft, analysieren Sie Ihre Kaufgewohnheiten und bewahren Sie sich selbst vor Spontankäufen.

3. Erstellen Sie eine Liste Ihres Vermögens
Schätzen Sie Ihre Vermögenswerte, um festzustellen, ob sich darunter etwas befindet, wovon Sie sich trennen und dessen Erlös Sie zur schnelleren Begleichung Ihrer Schulden verwenden können. Warten Sie nicht, bis Sie in eine Notlage geraten und dann etwas um jeden Preis abstoßen müssen.

4. Erstellen Sie eine Liste aller geschuldeten Beträge
Vor allem bei einer hohen Verschuldung sind sich die Betroffenen oft nicht im Klaren über die tatsächliche Situation. Der Mensch neigt zu der Annahme, dass sich Probleme irgendwie von selbst lösen. Trotzdem sollten Sie eine Liste aller geschuldeten Beträge erstellen, damit Sie wissen, wo Sie stehen. Notieren Sie auch, welche Zinsen für die einzelnen Schulden fällig werden.

5. Erstellen Sie für jeden Gläubiger einen Rückzahlungsplan
Zwei Hinweise, welche Schulden Sie als erstes abtragen sollten:

Zahlen Sie zuerst die kleinen Schulden. Das macht Ihnen selbst Mut und setzt Mittel frei, um andere Posten zu begleichen. Wenn die erste Schuld bezahlt ist, legen Sie den gleichen Betrag zurück, um damit die nächste Schuld zu bezahlen.

Bezahlen Sie die Beträge, auf die hohe Zinsen fällig sind. Dazu müssen Sie zu jeder Schuld den Zinssatz feststellen. Zahlen Sie erst die Beträge mit den höchsten Zinsen. In manchen Fällen können Sie vielleicht auch mit dem Gläubiger einen niedrigeren Zins aushandeln.

6. Suchen Sie sich ein Zusatzeinkommen

Zweierlei sollten Sie bei einem Zusatzverdienst beherzigen:

Verwenden Sie das Geld ausschließlich für die Rückzahlung Ihrer Schulden.

Achten Sie darauf, dass Ihr Verhältnis zu Gott und zu Ihrer Familie durch die Erwerbstätigkeit nicht belastet wird. Wenn Sie verheiratet sind, können Sie versuchen, vielleicht die gesamte Familie in den Job mit einzubeziehen oder eine Arbeit zu suchen, die Sie zusammenbringt, anstatt Sie auseinanderzutreiben.

7. Machen Sie keine neuen Schulden

Zahlen Sie alle Käufe bar. In diesem Zusammenhang ist noch ein Wort zu den Kreditkarten angebracht. Statistiken aus den USA zeigen, dass der Mensch rund ein Drittel mehr ausgibt, wenn er anstatt mit Bargeld mit der Karte zahlt, weil er das Gefühl hat, nicht wirklich Geld auszugeben. Deshalb liegt den großen Kaufhäusern auch oft so viel daran, ihren Kunden eine Kreditkarte auszustellen.

Wenn Sie – gerade als verschuldeter Mensch – Ihre Kreditkartenrechnung nicht am Ende jedes Monats begleichen können, sollten Sie von dieser Zahlungsart absehen. Im Zweifelsfall empfehlen wir „plastische Chirurgie" als Lösung – eine scharfe Schere genügt!

8. Lernen Sie, mit dem zufrieden zu sein, was Sie haben

Die Werbeindustrie hat raffinierte und wirksame Methoden entwickelt, um uns zum Kaufen zu animieren. Mit ihren Botschaften versucht sie zu vermitteln, dass uns etwas fehlt und wir frustriert sind, wenn wir es nicht bekommen können. Es ist erwiesen: Je häufiger man fernsieht, umso mehr gibt man aus. Je mehr Zeitschriften und Kataloge man ansieht, desto mehr gibt man aus. Je öfter man zum Einkaufen geht, umso mehr gibt man aus. In vielen Familien kann man ganz genau sagen, wann die Kinder ferngesehen haben. Plötzlich brauchen sie etwas ganz Bestimmtes von einer ganz bestimmten Marke. Wenn wir die Zeit vor dem Fernseher reduzieren, reduzieren wir auch unsere Ausgaben. In 1. Timotheus 6,5-6 findet sich ein interessanter Abschnitt:

„Man könnte meinen, sie hätten den Verstand verloren und die Wahrheit nie gehört; sie versuchen sogar, mit dem Glauben an Jesus Christus Geschäfte zu machen. Dabei ist doch jeder reich, der an Gott glaubt und mit dem zufrieden ist, was er hat."

9. Seien Sie bereit, Ihren Lebensstil radikal zu ändern

Manchmal ist es nötig, den Lebensstandard etwas zu senken, damit man die Schulden möglichst schnell zurückzahlen kann. Vielleicht muss man das Auto verkaufen, weil die Monatsraten zu hoch sind oder es durch ein billigeres Modell ersetzen. Anders gesagt, es kann nötig sein, zeitweise auf etwas zu verzichten, um sich von Schulden zu befreien.

10. Geben Sie nicht auf

Der letzte Schritt ist der schwierigste. Entschuldung ist ein hartes Geschäft. Es lässt sich in vier Punkten zusammenfassen:

1. Wie müssen aufhören, mehr auszugeben, als wir einnehmen.
2. Wir müssen unsere Schuldzinsen zahlen.
3. Wir müssen geliehenes Geld zurückzahlen. Schulden abtragen ist nie einfach, doch die Freiheit, die man dadurch gewinnt, ist jede Mühe wert.
4. Wir dürfen keine neuen Schulden machen.

Kapitel 8
Wachsende Frucht der Gerechtigkeit

Lassen Sie uns noch einmal zu den Verwendungsweisen von Geld zurückkehren, die in 2. Korinther 9 genannt werden. Wir werden nun unser Augenmerk darauf richten, was die Bedeutung der wachsenden Frucht der Gerechtigkeit ist. Vielen ist sie ein Buch mit sieben Siegeln, doch sie wird verständlicher, wenn wir uns erst ihr Gegenteil klarmachen, nämlich Geld für Taten der Ungerechtigkeit zu verwenden. Wir haben gesehen, dass der Geist des Mammons Beziehungen zwischen Menschen durch Geld dominieren will. Dieses Geld wird besonders dann auf ungerechte Weise gebraucht, wenn Menschen Wucherzinsen auferlegt werden und sie an ihre Schulden gebunden werden. In diesem Fall werden sie davon unterdrückt und versklavt. Dies sind ungerechte Werke. Und Ungerechtigkeit arbeitet zusammen mit dem Mammon gegen die Menschlichkeit. Die Gerechtigkeit auf der anderen Seite wird von Gott dazu gebraucht, Menschen aus Versklavung und Schulden zu befreien. Gott will – im Gegensatz zum Mammon – Menschen dazu motivieren, Geld für den Aufbau von Beziehungen zu nutzen. Daher können wir die Frucht der Gerechtigkeit wachsen lassen, wenn wir Geld dazu benutzen, Beziehungen aufzubauen und andere von dem Einfluss des Mammongeistes zu befreien.

Im Jahr 1984 flog ich nach einer Reihe von Vorträgen in Hongkong wieder nach Hause. Im Flugzeug las ich in meiner Bibel 2. Korinther 9 und dachte darüber nach, wie man mit Geld eine wachsende Frucht der Gerechtigkeit erzielen könnte.

„In seiner Macht kann Gott alle Gaben über euch ausschütten, so dass euch allezeit in allem alles Nötige ausreichend zur Verfügung steht und ihr noch genug habt, um allen Gutes zu tun, wie es in der Schrift heißt: Reichlich gibt er den Armen; seine Gerechtigkeit

hat Bestand für immer. Gott, der Samen gibt für die Aussaat und Brot zur Nahrung, wird auch euch das Saatgut geben und die Saat aufgehen lassen; er wird die Früchte eurer Gerechtigkeit wachsen lassen. 2.Korinther 9,8-10; Einheitsübersetzung

Meine Gedanken wanderten zu dem Wort „Gerechtigkeit". Wenn es ums Geld ging, war mir klar, wie es für ungerechte Taten verwendet wurde. Die Versklavung von Menschen durch Wucher (überhöhte Zinssätze) ist ein Hauptproblem in unserer heutigen Gesellschaft. Und der Mammon selbst wird in Lukas 16 als ungerecht bezeichnet.

Beim Nachdenken kam es mir in den Sinn, das Ganze umzudrehen und danach zu schauen, welche gerechten Taten man mit Geld tun kann. Ich stellte mir die Frage: Wie können wir Menschen aus der Gefangenschaft der Schulden befreien? Ich erinnerte mich an all die Geschäftsleute, die mir in Gemeinden begegnet waren und mir davon erzählten, wie sie Christen in finanziellen Schwierigkeiten Geld gegeben hatten, das dann aber nicht sinnvoll eingesetzt wurde. So blieben die Empfänger in ihren finanziellen Sorgen. Meistens wird Geld, über dessen Verwendung keine Rechenschaft gefordert wird, schlecht verwaltet. So entstehen finanzielle Schwierigkeiten nicht nur durch Mangel an Geld, sondern auch durch Mangel an Anleitung, Disziplin und eine falsche Philosophie der Finanzverwaltung. Als ich darüber nachdachte, kam mir folgende Bibelstelle in den Sinn.

„Der Reiche hat die Armen in seiner Hand; denn wer sich Geld leiht, ist abhängig von seinem Gläubiger." Sprüche 22,7

Mir war immer bewusst, dass derjenige, der borgt, von seinem Gläubiger abhängig wird. Dies hatte ich immer als etwas Schlechtes angesehen, das man vermeiden sollte. Ich wollte ganz gewiss nicht von einem Gläubiger abhängig sein. Doch dann kam mir in den Sinn, dass es nicht notwendigerweise schlecht ist, von einem Gläubiger abhängig zu sein, der seinem Schuldner gegenüber wohlwollend eingestellt ist und bereit ist, ihn von seinen Schulden zu befreien.

Wie wäre es, wenn diejenigen, die unter den Wucherzinsen der weltlichen Geldverleiher leiden, Geld erhalten würden, verbunden mit der Forderung nach Rechenschaft? Dies würde der Anleitung dienen und dazu, dass sie frei von ihren Schulden werden. Das Geld könnte zinsfrei verliehen werden, nicht einfach verschenkt, und zwar verbunden mit genau festgelegten Bedingungen zur Rückzahlung. Das Darlehen wird nur dann gewährt, wenn der Schuldner bereit ist, dem Gläubiger monatlich einen bestimmten Betrag zurückzuzahlen. Der Gläubiger verpflichtet sich seinerseits dazu, dem Schuldner die biblischen Prinzipien für den Umgang mit Geld beizubringen und ihm zu helfen, seinen Kreis zu schließen.

Das Einkommen und die Ausgaben des Schuldners würden dann jeden Monat angeschaut und der Plan für den nächsten Monat festgelegt. Nach Zurückzahlung des Geldes sollte der Schuldner eine Menge über biblische Finanzprinzipien gelernt haben und sollte seinerseits ein Segen für andere sein. Während ich noch im Flugzeug saß, dachte ich weiter über dieses Konzept nach. Ich hatte den Eindruck, dass Gott mir Geld anvertrauen wollte, das über meinen geschlossenen Kreis hinausgehen würde. Dieses Geld sollte ich dafür verwenden, die Frucht meiner Gerechtigkeit wachsen zu lassen. Mit diesem Gedanken im Hinterkopf wandte ich mich anderen Dingen zu.

Als ich zu Hause ankam, sagte mir meine Frau, dass wir einen Scheck über eine größere Geldsumme von jemandem bekommen hätten, den wir schon seit vielen Jahren kannten. Ich erinnerte mich an die Gedanken, die Gott mir geschenkt hatte, und teilte sie meiner Frau mit. Wir zahlten den Scheck bei der Bank ein, um wenigstens Zinsen dafür zu bekommen. Dann warteten wir auf weitere Anweisungen von Gott. Etwa zwei Wochen später bekam ich einen Anruf von einem Freund, der vor kurzem geheiratet hatte und für eine Firma in unserer Stadt arbeitete. In seiner Stimme lag eine gewisse Dringlichkeit. Nachdem wir einige Formalitäten ausgetauscht hatten, gestand er mir, dass er sich mit seiner Kreditkarte stark verschuldet habe. Eine gewisse Geldsumme war innerhalb von 48 Stunden fällig, und er hatte schon alle vorhandenen Mittel ausgeschöpft, um seine Schulden zurückzuzahlen. Ich sondierte die Lage etwas genauer und fand heraus, dass er in den vergangenen Monaten zwei andere Kreditkarten überzogen hatte, um die ausstehenden Zahlungen für seine eine Kreditkarte vornehmen zu können. Nun waren auch diese Karten maximal ausgeschöpft, und es schien keine Lösung mehr zu geben. Er hatte nun auch keinerlei Möglichkeiten mehr, bei seiner Bank einen weiteren Kredit aufzunehmen, denn auch dort war alles bis aufs Letzte ausgereizt.

Sofort musste ich an meine Ideen über die wachsende Frucht meiner Gerechtigkeit denken, die ich im Flugzeug gehabt hatte. All das im Sinn traf ich mich mit diesem Ehepaar, um gemeinsam mit ihnen ihre finanzielle Situation zu begutachten. Ich musste schmunzeln, denn die Summe ihrer Schulden mit all ihren Kreditkarten war bis auf fünfzehn Dollar genau der Geldbetrag auf dem Scheck, den meine Frau und ich zwei Wochen früher bekommen hatten.

Ich teilte ihnen mit, welche Gedanken Gott mir gegeben hatte und bot ihnen an, einen Plan vorzulegen, welcher vorsah, dass sie all ihre Kreditkarten abgaben und mir in der nächsten Zeit in Bezug auf ihre Finanzen Rechenschaft schuldig waren. Wir würden jetzt zusammenarbeiten, um ihren Kreis zu schließen, und wir würden uns monatlich treffen, um ihre Ausgaben im Vergleich mit ihrem Haushaltsplan anzuschauen. Wir würden uns über die biblischen Prinzipien für den Umgang mit Geld unterhalten und diese anwenden.

Sie zogen sich zurück, um darüber zu reden und miteinander zu beten. Als sie kurze Zeit später zurückkamen, konnte ich sehen, dass die Frau geweint hatte. Sie sahen einige der Konsequenzen, wenn sie sich auf diesen Plan einließen. Als diejenigen, die das Geld borgten, mussten sie bereit sein, sich mir, dem Gläubiger, in dieser Hinsicht zu unterstellen. Der Mann konnte nicht länger mit einem Stapel von Rechnungen in seiner Hosentasche herumlaufen, ohne sich darüber im Klaren zu sein und darüber Buch zu führen, was er ausgab. Mit der Rückgabe der Kreditkarten musste sich ihr Einkaufsverhalten drastisch verändern. Um Quittungen zu bitten und Ausgaben aufzuschreiben, all das war ihnen neu und machte ihnen ein wenig Angst.

Ich konnte merken, dass sie sich fürchteten und schämten und andererseits doch auch erleichtert waren, weil nun diese schreckliche Zeit, die vom Mammon bestimmt worden war, zu einem Ende kommen konnte. Wir trafen eine Vereinbarung und ich schrieb die Schecks für jede einzelne Kreditkarte aus, wir steckten sie mit den Kontoauszügen in Briefumschläge und schickten sie los. Über eines mussten wir uns noch unterhalten, bevor wir miteinander beten konnten. Wir mussten die Kreditkarten noch loswerden. Ich legte sie auf ein leicht gefettetes Backblech und zwar so, dass sie einander berührten. Ich stellte den Ofen an und tat das Backblech für fünf Minuten hinein. Als ich sie aus dem Ofen nahm, waren sie ein wenig geschmolzen und klebten aneinander. Dieses „Bild" wurde mit einem Text darunter aufgehängt: „Tu das nie wieder!"

Bei unserem nächsten Treffen mit dem Ehepaar arbeiteten wir daran, ihren Kreis zu schließen. Wir nahmen ein Haushaltsbuch, um Einnahmen und Ausgaben aufzuschreiben. Es war recht leicht, eine monatliche Rate zur Rückzahlung des Darlehens festzulegen, das wir ihnen gegeben hatten. Wir setzten einfach das Geld, das sie bis jetzt monatlich an die Kreditkartengesellschaften gezahlt hatten, zur Rückzahlung des zinslosen Darlehens „Früchte der Gerechtigkeit" ein. Auch das Geben des Zehnten wurde fest eingeplant, denn in der Vergangenheit hatten sie sich gelegentlich den Zehnten „geliehen", um andere Ausgaben damit zu finanzieren. Doch jetzt, ohne Kreditkarten, stand genügend Geld für das Geben des Zehnten zur Verfügung.

Diese Art und Weise, ihre Finanzen zu verwalten, war dem Ehepaar neu. Deshalb trafen wir uns in den ersten drei Monaten alle zwei Wochen, um miteinander zu beten, sie zu ermutigen und um uns den Plan gemeinsam anzusehen. Wir beteten auch sehr intensiv gegen den Mammongeist, der eine ständige Quelle von Furcht und Selbstmitleid für sie war. Es war wirklich schwer, ihnen eine gewisse Disziplin im Umgang mit Geld beizubringen.

Bei unseren Treffen stellte ich fest, wie stark das Ehepaar umdenken musste. Zuerst war es so, als hätten wir ein Kind mit der Hand in der Plätzchendose erwischt. Sie weinten nicht, weil es ihnen wirklich leid tat, sondern weil es ihnen peinlich war, erwischt worden zu sein. Es dauerte lange, bis sie verstanden, dass sie sich falsch verhalten hatten, als sie borgten, aber nicht zurückzahlten.

Manchmal ist es sogar notwendig, die Kontrolle über das Bankkonto des Schuldners zu übernehmen, indem man für Abhebungen zwei Unterschriften braucht, die des Schuldners und die des Gläubigers. Den Gebrauch von Kreditkarten muss man sowieso aufgeben, um Ordnung in die finanzielle Situation zu bringen. (Manche Menschen leben davon, die Finanzen anderer auf diese Weise zu verwalten. Die meisten jedoch werden nur Klienten mit einem Jahreseinkommen von mehr als 100.000 Euro nehmen.)

Glücklicherweise waren in diesem Fall keine drastischeren Maßnahmen nötig. Durch Gebet, Lehren der biblischen Finanzprinzipien und Entwicklung neuer Gewohnheiten erholte sich dieses Ehepaar finanziell. Nach ein paar Rückschlägen war Freiheit in Sicht. Als sie regelmäßig den Zehnten gaben und ihren Kreis geschlossen hatten, hatten sie sogar Überfluss. Unsere vereinbarte Rückzahlungsrate hätte eine Rückzahlung über etliche Jahre erfordert. Als sie aber im natürlichen Bereich treu waren, fing Gott an, für sie zu wirken, und eine erhebliche Gehaltserhöhung machte es möglich, das Darlehen innerhalb von achtzehn Monaten zurückzuzahlen. Danach passten wir noch einmal den geschlossenen Kreis an. Die bisherigen Raten konnten nun für Projekte im Reich Gottes genutzt werden. Die beiden unterstützten von da an missionarische Arbeiten und wurden vielen zum Segen.

Einige Jahre später hielt ich (Earl) ein Seminar über biblische Finanzprinzipien in meiner Gemeinde. Als ich etwas dazu sagte, wie wir die Frucht der Gerechtigkeit in unserem Leben wachsen lassen können, sah ich eine Frau, die sich die Tränen abwischte. Nach dem Seminar kam sie auf mich zu, um mit mir darüber zu sprechen und fragte mich, ob ich bereit sei, ihr so wie dem jungen Ehepaar zu helfen. Gott gab mir an dieser Stelle einen anderen Einfall. Ich ging auf unseren Pastor zu und besprach mit ihm die Idee, ein Konto in der Gemeinde einzurichten, das die Frucht der Gerechtigkeit wachsen lassen sollte. Meine Aufgabe wäre es, Menschen zu finden, die aus ihrem Überfluss Geld bereitstellten, das bei Bedarf als zinsloses Darlehen an geeignete Bewerber vergeben werden könnte. Unser Pastor war begeistert von dieser Idee. Und als ich sie den Geschäftsleuten in unserer Gemeinde präsentierte, stellte sich heraus, dass es keinen Mangel gab an solchen, die andere segnen wollten, die in finanziellen Schwierigkeiten steckten, solange es eine Verbindlichkeit gab.

Wir führten dieses Programm in unserer Gemeinde ein und ich befragte die Bewerber, holte die Zustimmung des Gemeinderates ein und legte dann die Beratung und die Modalitäten zur Rückzahlung mit den einzelnen Bewerbern fest. Die meisten Geschäftsleute hatten das Gefühl, weder Zeit noch Fähigkeiten zu haben, andere durch diesen Prozess zu führen. Doch sie wollten mitbekommen, wie andere finanzielle Freiheit erleben und waren gerne bereit, für dieses Ziel Geld zu geben. Viele hatten sich in der Vergangenheit ausgenutzt gefühlt durch solche, die um finanzielle Hilfe gebeten und diese dann auch bekommen hatten, ohne einen verbindlichen Rückzahlungsplan festzulegen. Auf lange Sicht hatte sich dadurch die Situation der Schuldner nicht geändert, nur die Geber waren verärgert worden. Sie waren nicht mehr bereit, Geld zu verleihen. Gleichzeitig fühlten sie sich aber schuldig, wenn sie andere in Schwierigkeiten sahen und nicht helfen wollten. Einige erwarteten, dass ihr Geld endlich zurückgezahlt würde, waren aber in die Falle des „Gib mir das Geld, wenn du kannst" gestolpert. Andere gaben einfach Geld, ohne zu fragen, was es Gutes bewirkte. Doch aufgrund des Auswahlprozesses und der Rechenschaft, die gefordert wurde, nahmen diejenigen, die überschüssiges Geld hatten, dieses Programm dankend an.

Wie viele Christen brauchen dringend sowohl geistliche als auch praktische Hilfe in Bezug auf ihre Finanzen? Die persönlichen Finanzen sind eines der großen Tabus. Über Geld redet man nicht. Deshalb wissen wir oft nicht, wie es den Christen in unserer Nachbarschaft finanziell geht. Das Programm „Wachsende Frucht der Gerechtigkeit" ist mit großem Erfolg in unserer Gemeinde eingeführt worden. Es läuft bereits seit mehreren Jahren. Denken Sie einmal darüber nach und beraten Sie sich mit der Leitung Ihrer Gemeinde darüber, eine ähnliche Strategie bei Ihnen einzuführen. Ich bin sicher, dieses Programm ist eine von vielen Möglichkeiten Gottes, um Frucht der Gerechtigkeit wachsen zu lassen. Das Evangelium von Jesus Christus ist in der Tat die Kraft Gottes zur Rettung des Geistes, der Seele, des Körpers, der Beziehungen und auch der Finanzen. Gott sei Dank!

Vor etlichen Jahren lehrte Gott mich (Craig) durch eine Erfahrung mit zwei Geschäftsleuten, wie man Geld dazu benutzen kann, die Frucht der Gerechtigkeit wachsen zu lassen. Paul und Roger (Namen geändert) waren in einem bestimmten Projekt eine Geschäftsbeziehung eingegangen. Paul war ein sehr reicher Mann, während Roger seinen finanziellen Pflichten Monat für Monat nicht nachkommen konnte. Roger hatte nun Paul für ein Geschäft gewonnen und hoffte, dass der sich dadurch einstellende Erfolg seine Schulden eliminieren und seine finanziellen Probleme lösen würde. Unglücklicherweise brachte das Projekt keinen Erfolg und Paul verlor eine recht große Geldsumme. Nun mussten sich die beiden über das Kapital einigen, das übriggeblieben war. Da sie keine Einigung erzielen konnten, baten sie mich, ihnen zu helfen.

    Ich entdeckte Folgendes: Paul hatte Roger in den letzten Jahren viel Geld als persönliches Darlehen gegeben. Da die Männer Freunde waren, bat Roger Paul immer dann um Geld, wenn er seinen Verpflichtungen nicht nachkommen konnte. In unserem Treffen machte Paul die Bemerkung, dass Roger ihm noch nie einen Dollar von seinen Schulden zurückgezahlt hatte, er fragte einfach immer wieder nach Geld, wenn er knapp bei Kasse war. Paul fühlte sich ausgenutzt. Ich stellte Roger ein Konzept vor, mit dem er seine Schulden in Angriff nehmen konnte. Er war damit einverstanden und erklärte sich bereit, jeden Monat 100 $ zurückzuzahlen. Paul wollte daraufhin den Rest ihres Geschäftskapitals aufteilen. Ich dachte, dass der Streit damit beigelegt sei. Doch drei Monate später rief Roger mich an und behauptete, Paul habe ihm nichts von dem Kapital gegeben und damit sein Wort nicht gehalten: Er hatte seine ersten 100 $ noch nicht zurückgezahlt. Die beiden Männer waren bereit, sich am nächsten Donnerstag noch einmal mit mir zu treffen.

    Am Samstag davor konnte ich nicht schlafen. Meiner Frau ging es genauso, und sie stand auf. Ich dachte über diese Situation mit Roger und Paul nach. Währenddessen sagte Gott zu mir: Ich will, dass du Rogers Schulden bezahlst. Ich war sehr überrascht, denn ich sah alles Mögliche, wofür ich das Geld auch verwenden könnte. Ich dachte: Wenn wir das Geld wirklich geben sollen, sollten wir es dann nicht besser einer Missionsgesellschaft geben oder einer ärmeren Person in unserer Gemeinde? Es schien sinnlos zu sein, eine stattliche Summe einem Reichen zu geben, nur um die Schuld eines Mannes zu tilgen, der sich durch Dummheit so tief in Schulden verstrickt hatte.

Dann erinnerte ich mich an Earls Erfahrung, wie er gelernt hatte, die Frucht der Gerechtigkeit zu vermehren. Meine Situation war etwas anders, aber das Prinzip schien dasselbe zu sein – Geld zu nutzen, um Beziehungen zu bauen und vielleicht beide Männer von dem Einfluss des Mammons zu befreien. Ungefähr zu der Zeit kam meine Frau Jan zurück. Sie hatte gebetet. Ich fragte sie, welchen Eindruck sie habe. Sie sagte: Gott hat zu mir gesprochen. Hat er dir auch etwas gesagt? – Ich bestätigte es und fragte sie: Was hat er zu dir gesagt? – Sie antwortete: Nein, du zuerst. – Ich teilte ihr mit, was ich glaubte, dass Gott zu mir gesagt habe. Sie meinte: Ich glaube, dass das wirklich Gottes Reden ist. Wir sollten es tun. – Warum glaubst du das? fragte ich nach. Sie antwortete: Gott sagte mir, dass er zu dir spricht und dir etwas Ungewöhnliches auftragen will, und ich soll mich damit einverstanden erklären. – Wir beide hatten den Eindruck, dass Gott unser Handeln dazu benutzen würde, um etwas im Leben dieser Männer zu bewirken und sie vom Einfluss des Mammons zu befreien.

An unserem Treffen teilte ich Paul und Roger mit, dass ich den Eindruck habe, dass der Geist des Mammons sie beide stark beeinflusse. Roger achtete nur darauf, zu Geld zu kommen, um seine Bedürfnisse zu erfüllen, und Paul verteidigte sein Geld gegen alle, die es ihm wegnehmen wollten. Ich ließ beide wissen, dass Gott mir gezeigt hatte, Rogers Schulden zu bezahlen. Zuerst dachten sie, ich würde über etwas Geistliches, nicht über etwas Materielles sprechen. Doch als ich mein Scheckbuch hervorzog und sie nach dem Betrag fragte, merkten sie, dass ich es ernst meinte. Sie waren schockiert und ich glaube, dass sich in ihrem Leben an diesem Tag etwas Einschneidendes änderte. Roger demütigte sich vor Paul und bat ihn um Vergebung dafür, dass er seine Großzügigkeit überbeansprucht hatte. Der Streit über das Geld war danach ganz leicht beizulegen. Ich glaube, dass diese Tat die Macht des Mammons im Leben der beiden Männer brach, so dass sie sich wieder auf Gott konzentrieren konnten.

Im Laufe der nächsten zwei Monate investierte Paul viel Geld in verschiedene Projekte und Missionsgesellschaften. Später rief ich Roger an, um zu hören, wie es ihm ging und entdeckte, dass sein Geschäft zum ersten Mal seit Jahren aufblühte. Ich fragte ihn, was er anders mache als vorher. Er antwortete: Nichts, was mir bewusst wäre, aber irgendwie funktioniert es jetzt. – Auch er fing an, in das Reich Gottes zu investieren.

Nach dieser Erfahrung sah ich die Weisheit Gottes hinter dem Einsatz unseres Geldes. Wir hätten es den Armen oder in die Mission geben können, und es hätte einem Ziel gedient. Aber jetzt wurde das Geld vervielfältigt. Gleichzeitig vermehrte sich die Frucht der Gerechtigkeit im Leben dieser Männer. Als der Geist des Mammons in ihrem Leben seinen Einfluss verlor, wurden finanzielle Mittel in das Reich Gottes gegeben, und zwar viel mehr als dies vorher der Fall war. Diese wachsende Frucht der Gerechtigkeit ist eine weitere biblische Verwendungsweise des Geldes.

Freigebigkeit: Großzügigkeit oder Geben

Freigebigkeit ist eine weitere Verwendungsweise von Geld, die in der Bibel erwähnt wird. Freigebigkeit ist einfach das Geben an andere, so wie Gott uns leitet, nicht das Geben des Zehnten oder Säen und Ernten. Der Apostel Paulus beschreibt es in 2. Korinther 9:

„So soll jeder für sich selbst entscheiden, wie viel er geben will, und zwar freiwillig und nicht aus Pflichtgefühl. Denn Gott liebt den, der fröhlich gibt." 2. Korinther 9,7

Dieser Vers bringt das freigebige Herz zum Ausdruck. Zuerst müssen wir uns dazu entscheiden, so zu geben, wie uns Gott leitet. Unser Herzenswunsch ist es, andere zu segnen, frei von jedem Zwang. Zuerst müssen wir Gott fragen, ob wir in einer bestimmten Situation geben sollen, damit wir nicht durch andere Menschen oder Begleitumstände manipuliert werden. Wenn Gott Ihnen zeigt, dass Sie in einer bestimmten Situation nicht geben sollen, können Sie diese Gelegenheit guten Gewissens verstreichen lassen, denn Sie wissen, dass Sie in Übereinstimmung mit Gott handeln. Wenn in einer Gemeinde ein Opfer eingesammelt wird, ist Ihr Gewissen rein und Sie müssen nicht so tun, als ob Sie etwas in den Klingelbeutel werfen, obwohl Sie es gar nicht tun. Wenn Gott Sie zum Geben auffordert, dann stellt sich als Zweites die Frage: Wie viel? Solches Geben im Gehorsam gegenüber Gott lässt ein Guthaben auf Ihrem Konto „Schätze im Himmel" entstehen, wo es dann vervielfältigt wird.

„Gebt, was ihr habt, dann werdet ihr so reich beschenkt werden, dass ihr gar nicht alles aufnehmen könnt. Mit dem Maßstab, den ihr an andere legt, wird man auch euch messen." Lukas 6,38

Die Absicht unseres Gebens ist es, Segen für andere zu bewirken. Wir geben nicht, um zu empfangen, sondern aus Gehorsam gegenüber Gott und seinem Wort. Als wir in Kapitel 4 über die Schätze im Himmel sprachen, haben wir gesehen, dass unser Geben der Mechanismus ist, den Gott dazu gebraucht, Schätze im Himmel zu sammeln. Es ist sein Befehl, dass wir uns nicht Schätze auf der Erde anhäufen und unser Herz dann an diesen Schätzen hängt. Geben und Empfangen ist das Hauptprinzip, durch das Finanzen im Reich Gottes verwaltet werden.

Freigebigkeit entsteht also einfach dadurch, dass Sie Geld zur Verfügung haben, mit dem Sie Ihre Umgebung segnen können. Sie müssen Geld haben, um jemanden zum Mittagessen einladen zu können, um jemandem das Benzin für sein Auto schenken zu können oder um jemandem Kleidung kaufen zu können. Wenn Ihnen kein Geld zur Verfügung steht, können Sie Ihre Umgebung so nicht segnen. Empfangen ist die andere Seite der Medaille. Viele haben Probleme damit, etwas anzunehmen. Sie lieben es, andere zu beschenken, aber wenn jemand versucht, ihnen etwas zu geben, lehnen sie es ab. Wir müssen lernen, mit Freude etwas anzunehmen. Andernfalls bringen wir andere um den Segen des Gebens. Die Unfähigkeit, etwas anzunehmen ist oft in einer falschen Demut verwurzelt, einer Form des Stolzes. Viele kämpfen mit dem Gefühl, dass sie etwas zurückgeben müssen, das mindestens ebenso viel wert ist, wie das, was der Geber ihnen geschenkt hat. Dies ist Stolz und zeigt, dass diese Person nicht verstanden hat, was Gnade bedeutet. Gott möchte, dass wir empfangen können, um damit ein Kanal des Segens für einen anderen sein zu können. Ein besonderes Beispiel für das Geben ist das Geben von Almosen an die Armen.

„Wer den Armen etwas gibt, gibt es Gott, und Gott wird es reich belohnen." Sprüche 19,17

Gott verspricht, dass derjenige, der den Armen gibt, es eines Tages zurückbekommen wird. Jesus selbst kam, um den Armen die Gute Nachricht zu verkündigen.

"Der Geist des Herrn ruht auf mir, weil er mich berufen hat. Er hat mich gesandt, den Armen die frohe Botschaft zu bringen. Ich rufe Freiheit aus für die Gefangenen, den Blinden sage ich, dass sie sehen werden, und den Unterdrückten, dass sie bald von jeder Gewalt befreit sein sollen." Lukas 4,18

Beachten Sie, dass alles, wozu Jesus berufen und gesalbt war, als Ergebnis das Gegenteil des ursprünglichen Zustandes hervorbrachte. Das Evangelium ist so die Kraft Gottes, die den Armen verkündigt wird und die Macht des Mammons in ihrem Leben bricht. Sie werden frei, erfahren Gottes Versorgung und Überfluss und können damit andere segnen. Lassen Sie uns noch einmal die fünf Verwendungsweisen des Geldes zusammenfassen, die wir in 2. Korinther 9 entdeckt haben:

1. Das Geben des Zehnten. Dieses Geld beträgt zehn Prozent unseres Bruttoeinkommens. Es gehört schon Gott und muss als solches zur Seite getan und in das Vorratshaus Gottes gebracht werden.

2. Brot zum Leben. Dies sind Mittel, die zu unserem persönlichen Verbrauch zur Verfügung stehen und die innerhalb unseres geschlossenen Kreises verwaltet werden müssen.

3. Das Prinzip des Säens und Erntens. Dieses Geld kommt aus unserem Überfluss und wird in das Reich Gottes investiert mit der Absicht, ein Vielfaches davon zu ernten.

4. Wachsende Frucht der Gerechtigkeit. Dieses Geld verwenden wir dazu, Beziehungen aufzubauen und andere von ihren Schulden und dem Geist des Mammons zu befreien.

5. Freigebigkeit. Dieses Geld steht zur Verfügung, damit wir es den Armen oder anderen geben, gerade so, wie Gott uns leitet und wie wir es in unserem Herzen beschlossen haben.

Kapitel 9
Vermehren Sie Gottes Mittel durch Säen und Ernten

Johannes 4,23-24

Geist	Wahrheit
Glaube *Römer 10,17* Wort GNADE Er wird euch dafür alles schenken, was ihr braucht, ja mehr als das. So werdet ihr nicht nur selbst genug haben, sondern auch noch anderen von eurem Überfluss weitergeben können. (2. Korinther 9,8)	Glaube *Lukas 17,5-10* Gehorsam BAUSTEINE 1. Erkennen Sie den Geist des Geldes und weisen Sie ihn zurück. (Mein Herz gehört Gott allein.) 2. Glauben Sie an Gottes Versorgung. (Gott ist meine Quelle.) 3. Fangen Sie an, regelmäßig den Zehnten zu geben. (Geben ist meine Grundhaltung, keine Sonderleistung.) 4. Werden Sie Gottes Verwalter. (Ich bin Gott gegenüber verantwortlich für die treue Verwaltung seiner Mittel.) 5. Schließen Sie Ihren Kreis. (Wie viel ist genug?) 6. Nehmen Sie Ihre Schulden in Angriff. (Ich nehme meine Schulden wahr und gehe richtig damit um.) **7. Werden Sie Finanzminister.** (Ich verwalte meinen Überfluss für Gott.)

Finanzminister werden

Wenn wir über Säen und Ernten sprechen, ist es wichtig zu verstehen, dass dies das siebte grundlegende Prinzip ist, das hier vorgestellt wird. Wir betonen dies, weil schon zu viele Christen versucht haben, mit diesem Prinzip zu beginnen, ohne sich um die ersten sechs zu kümmern. Sie sind dann enttäuscht, behaupten, dass es nicht funktioniert, und ärgern sich schließlich über Gott und diejenigen, die ihnen die biblischen Inhalte nahegebracht haben. Ganz am Anfang sagten wir, dass das Prinzip des Säens und Erntens nicht dazu da ist, unsere Grundbedürfnisse zu stillen. Säen und Ernten dient in erster Linie dem Reich Gottes. Wenn wir die anderen sechs Prinzipien in die Tat umsetzen, nämlich den Mammon zurückweisen, fest auf Gottes Versorgung vertrauen, den Zehnten geben, ein Verwalter Gottes werden, unseren Kreis schließen und unsere Schulden in Angriff nehmen, dann sind wir qualifiziert, ein „Finanzminister" zu werden und zwar durch das Säen und Ernten, um das Reich Gottes auszuweiten.

Vielleicht fragen Sie sich: Was ist überhaupt ein Finanzminister? In biblischer Zeit war es in der Regel ein Eunuch. Er war kastriert und hatte daher keinerlei sexuelle Bedürfnisse. Die klassische Aufgabe eines Eunuchen bestand darin, im Harem des Königs zu dienen. Dieser Harem bestand aus den schönsten Frauen des Landes, die allein für den König da waren. Was wäre passiert, wenn ein Mann eine Frau aus dem Harem sexuell belästigt hätte? Er hätte sicher sein Leben verloren. Diese Frauen waren ausschließlich für den König da und durften von niemand anderem angefasst werden. Um dies zu gewährleisten, war es nur Eunuchen gestattet, im Harem des Königs zu dienen.

Die Hauptaufgabe eines Eunuchen bestand darin, die Braut oder Bräute für den König vorzubereiten. Dies wird unter anderem im Buch Esther berichtet.

„In allen Provinzen seines Reiches sollen Beamte des Königs solche Mädchen auswählen und in seinen Harem nach Susa bringen. Dort kommen sie in die Obhut des Eunuchen Hegai, der ja auch für die Frauen des Königs verantwortlich ist. Sie werden alle Schönheitsmittel bekommen, die sie brauchen." Esther 2,3

So wie ein Eunuch keinerlei Verlangen hatte, die Braut für sich selbst zu nehmen, hatte er auch keine Ambitionen, Geld für sich und seine Familie beiseite zu schaffen. Deshalb war auch der Finanzminister in der Regel solch ein Eunuch, wie z.B. der äthiopische Finanzminister in Apostelgeschichte 8. Solch ein Finanzminister ist jemand, dessen Hauptaufgabe darin besteht, die finanziellen Mittel des Königs in dessen Interesse zu verwalten. Nie würde er diese Mittel für sich selbst verwenden, denn er hat kein Verlangen danach.

Ein Finanzminister Gottes ist eine Person, die zu Gott kommt und sich um die Verwaltung eines Treuhandkontos im Interesse Gottes bewirbt, um dadurch das Reich Gottes auszubreiten. Ihr Wunsch, das Geld für sich selbst zu verwenden, ist schon durch das Umsetzen der ersten sechs Prinzipien verschwunden. Sie können jetzt erkennen, warum es so wichtig ist, regelmäßig den Zehnten zu geben, denn es ist der erste Schritt auf dem Weg zur Qualifikation für diese Stelle. Wenn Sie anerkennen, dass der Zehnte nicht Ihnen, sondern Gott gehört, und wenn Sie merken, dass das Geben des Zehnten eine erste Möglichkeit ist, ein kleines Treuhandkonto für Gott zu verwalten, dann ist dies Ihr erster Schritt auf dem Weg zum Finanzminister. Wenn Sie nicht einmal den Zehnten für Gott verwalten und für ihn bereitstellen können, warum sollte Gott Ihnen eine größere Summe Geld zur Verwaltung anvertrauen?

Was würde passieren, wenn Sie versuchten, ein Finanzminister zu werden, ohne die anderen Prinzipien in Ihrem Leben umgesetzt zu haben? Wenn Sie noch kein festes Vertrauen auf Gott haben, dann werden Sie versucht sein, Teile des Treuhandkontos Gottes für sich zu gebrauchen und damit Ihre eigenen Verpflichtungen, Bedürfnisse und Wünsche zu erfüllen. Sie könnten auch versucht sein, Gottes Mittel in Ihrer eigenen Scheune zu sammeln, anstatt sie dem Reich Gottes zur Verfügung zu stellen. Wenn Sie noch nicht regelmäßig den Zehnten geben, dann sind Sie noch nicht qualifiziert, ein kleines Treuhandkonto für Gott zu verwalten, geschweige denn, dass Sie in der Lage sind, ein größeres anvertraut zu bekommen.

Wenn Sie in Ihrem Denken noch nicht den Schritt gemacht haben, sich nicht länger als Eigentümer, sondern als Verwalter zu sehen, dann werden Sie meinen, dass Gottes Mittel Ihnen gehören, und Sie werden bei ihrer Verwaltung nicht zuverlässig sein. Sie werden diese Ressourcen für sich selbst antasten. Wenn Sie bis jetzt Ihren Kreis noch nicht geschlossen haben, werden Sie nicht unterscheiden können zwischen dem, was für Ihre Verpflichtungen, Bedürfnisse und

Wünsche verwendet werden kann, und dem, was Gott gehört und für sein Reich eingesetzt werden soll. Wenn Sie bis jetzt Ihre Schulden noch nicht in Angriff genommen haben, dann zahlen Sie auf das Konto der „Schätze im Himmel" Ihrer Gläubiger ein. Sobald Sie jedoch die ersten sechs Prinzipien in Ihrem Leben etabliert haben, sind Sie in der Lage, ein Finanzminister zu werden und Gottes Mittel, die zur Ausbreitung seines Reiches dienen sollen, durch Saat und Ernte zu vervielfältigen. Der Wunsch, diese Mittel für Ihre eigenen Zwecke zu benutzen, ist verschwunden und Sie sind als Verwalter der Interessen Gottes qualifiziert.

Leben am Ufer des dritten Flusses

Haben Sie schon einmal über die Unterstützung von Gottes Reich nachgedacht – und das aus Gottes Perspektive? Gott hat unbegrenzte Mittel. Für gewöhnlich sehen wir jedoch Gemeinden und christliche Dienste, die sehr begrenzte, ja knappe Mittel zur Verfügung haben. Woran liegt das? Möchte Gott nicht versorgen? Nein, das ist nicht das Problem. Wie kommen Mittel aus Gottes Hand in die Hände derer, die das Evangelium verbreiten wollen? Dies geschieht hauptsächlich durch Menschen. Jeder Christ ist dabei wie eine Pipeline, durch die Gott Geld in sein Reich fließen lassen möchte. Doch viele dieser Pipelines sind extrem verstopft und löchrig. Das meiste von dem, was Gott am einen Ende der Pipeline hineinsteckt, kommt gar nicht am anderen Ende heraus. Wenn wir kein festes Vertrauen auf Gott haben, dann wird unsere Furcht den größten Teil in der Pipeline aufzehren. Wenn wir enorme Schulden haben, dann wird viel von den Mitteln in Form von Zinszahlungen aus der Pipeline heraussickern. Wenn unser Kreis nicht geschlossen ist, wird der Großteil des Geldes dafür verbraucht, eine größere, bessere und bequemere Pipeline zu bauen. Das muss ziemlich frustrierend für Gott sein.

Während ich (Craig) einmal in Afrika unterrichtete, veranschaulichte Gott mir die Verwaltung finanzieller Mittel mit einem Bild. Ich sah ein riesiges Schneefeld in den Bergen, einen schier unerschöpflichen Vorrat an Wasser. Drei Flüsse entspringen aus diesem Schneefeld. Am Ufer des ersten Flusses lebt ein Mann, der die Erfahrung gemacht hat, dass er nie genug Wasser hat. Das Leben hat ihn dies gelehrt. Was macht er also mit dem Wasser, das aus den Bergen kommt? Er baut einen Staudamm in diesen Fluss und staut das Wasser in einem See hinter dem Damm. Der Mann sieht nur das Wasser, das ihm in diesem See zur Verfügung steht. Daher muss er es aufbewahren und sehr vorsichtig damit umgehen, denn das Wasser, das vom Berg herunterfließt, reicht kaum für ihn selbst.

Wie sieht es am Ufer des zweiten Flusses aus? Der Mann, der hier lebt, hat die Erfahrung gemacht, dass es normalerweise Wasser in Hülle und Fülle für ihn gibt, so dass keine Notwendigkeit besteht, einen Damm zu bauen. Er entscheidet, dass Wasser einfach laufen zu lassen, das zu verwenden, was er braucht und den Rest zu denen fließen zu lassen, die stromabwärts leben. Dieser Mann geht davon aus, dass es genügend Wasser gibt und zwar für ihn und für die Menschen, die stromabwärts wohnen. So führt er sein Leben an diesem Fluss, nimmt sich das, was er braucht, und lässt alles übrige Wasser weiterfließen.

Dann gibt es noch den dritten Fluss, an dessen Ufer auch ein Mann lebt. Seine Lebenserfahrung sagt ihm, dass es so viel Wasser dort oben in dem Schneefeld gibt, dass man nie alles Wasser nutzen kann, das den Fluss herunterkommt. Weil er die Sachlage so einschätzt, ist er hingegangen und hat Kanäle in weiter vom Fluss entfernte Gegenden gegraben, um denen zu helfen, ihre Felder zu bewässern, die nicht in der Nähe des Flusses leben. Jedes Jahr gräbt er ein paar neue Kanäle zu seinen Nachbarn, die Wasser brauchen. Dieses Jahr hat der Mann vor, drei weitere Kanäle anzulegen. Im nächsten Jahr plant er, sogar fünf neue Kanäle zu graben, die noch weiter ins Land verlaufen. Egal wie viele Kanäle er gräbt, es scheint so, dass es immer noch mehr Wasser gibt, das im Fluss herunterkommt. So gräbt er immer mehr Kanäle. Deshalb denkt dieser Mann darüber nach, Arbeiter mit Planierraupen anzustellen, die ihm helfen, die Kanäle schneller zu graben, damit das Wasser zu den Bauern fließen kann, die weiter vom Fluss entfernt wohnen. Trotzdem ist seine Erfahrung die, dass er nie alles Wasser aufbrauchen kann. Nun stellen Sie sich vor, Sie sind die

Person im Schneefeld, die darüber entscheidet, wie viel Wasser in jeden einzelnen Fluss gelangt. In welchen Fluss würden Sie das meiste Wasser fließen lassen? Wahrscheinlich in den dritten Fluss. Wie viel lassen Sie in den ersten Fluss hinein? Wahrscheinlich gerade genug, so dass der Mann, der dort lebt, davon leben kann, denn schließlich lieben Sie ihn und Sie wollen sich um ihn kümmern. Doch es ist sinnlos, viel Wasser herunterfließen zu lassen, nur damit ein See auf seinem Grundstück entsteht. Es ist ja nur ein stehendes Gewässer wie das Tote Meer. Das heißt Sie werden gerade genug Wasser für diesen Mann in den Fluss leiten.

Wie viel Wasser würden Sie in den zweiten Fluss leiten? Sie würden wahrscheinlich nur genug Wasser herunterleiten, so dass die Menschen, die am Ufer des Flusses leben, davon leben können. Doch es ist nicht sinnvoll, riesige Mengen an Wasser herunterfließen zu lassen, da es nicht vernünftig eingesetzt wird. Der allergrößte Anteil des Wassers wird natürlich in den dritten Fluss geleitet, so dass es sinnvoll gebraucht und zum Nutzen möglichst vieler Menschen dienen kann.

Ich habe bemerkt, dass sich Nichtchristen oft leichter damit tun, am Ufer des dritten Flusses zu leben als Christen. Mir sind Nichtchristen begegnet, die bereits gelernt haben, mit einem geschlossenen Kreis zu leben und am Ufer dieses dritten Flusses leben, während ihre christlichen Nachbarn immer noch am Ufer des ersten oder zweiten Flusses wohnen und glauben, dass Gott „den Wohlstand der Ungerechten den Gerechten zukommen lassen wird." Ich glaube, dass es aus Gottes Perspektive leichter ist, den Nichtchristen dazu zu bringen, am dritten Fluss zu leben, als das Denken der Christen, die am ersten oder zweiten Fluss leben, auf den Kopf zu stellen und sie dazu zu bewegen, am Ufer des dritten Flusses zu leben. Dies mag viele Christen überraschen, weil sie sehen, wie Gott sein Reich im neuen Jahrtausend weiter ausdehnt. Doch die Söhne der Finsternis handeln manchmal klüger als die Söhne des Lichts.

Die Menge an Wasser, die Ihren Fluss hinunterfließt, ist wahrscheinlich die Menge, von der Gott denkt, dass Sie sie treu verwalten können. Wenn Sie mehr von Gottes Finanzen als Haushalter verwalten wollen, dann müssen Sie ihm erlauben, Ihre Einstellungen wesentlich zu verändern. Wer gewohnt ist, 100 Millionen Euro pro Jahr zu verwalten, denkt ganz anders als jemand, der 100.000 Euro pro Jahr verwaltet.

Um uns selbst dafür zu qualifizieren, mehr von Gottes Mitteln zu verwalten, müssen wir erst lernen, mit dem uns Anvertrauten treu umzugehen. Damit ermöglichen wir Gott, dass er unser Denken und unsere Einstellungen verändert, so dass wir verstehen, wie wir in seinem Interesse mehr verwalten können. Wenn ich gelernt habe, am Ufer des dritten Flusses zu leben, mit all den Ressourcen, die mir zur Verfügung stehen, dann bin ich in der Lage, mehr von Gott zu empfangen und in sein Reich fließen zu lassen. Je schneller ich lerne, Kanäle zu bauen und die Mittel in Gottes Reich leite, umso schneller qualifiziere ich mich dafür, mit mehr Mitteln umzugehen. Ich glaube, dass Gott einfach Menschen sucht, die das Gelernte in die Tat umsetzen, und nicht solche, die voll guter Vorsätze sind, was sie alles tun würden, wenn sie erst die entsprechenden Ressourcen hätten. Bei vielen von uns muss dazu das Denken völlig umgewandelt werden, damit wir dazu geeignet sind, die Pläne Gottes auszuführen, die er für uns in der Zukunft hat.

Säen und Ernten: Die richtige Absicht

Das Konzept des Säens und Erntens ist ein grundlegendes Prinzip im Reich Gottes.

"Jesus erklärte weiter: Die neue Welt Gottes kann man vergleichen mit einem Bauern und der Saat, die er auf sein Feld sät. Nach der Arbeit geht er nach Hause, schläft, steht wieder auf, und das tagaus, tagein. Im Laufe der Zeit wächst die Saat ohne sein Zutun heran. Denn die Erde lässt die Frucht aufgehen und wachsen. Zuerst kommt der Halm, dann die Ähre und endlich als Frucht die Körner. Wenn aus der Saat das reife Getreide geworden ist, lässt der Bauer es abmähen, denn die Erntezeit ist da." Markus 4,26-29

Dieses Prinzip des Säens und Erntens kommt auch in 2. Korinther 9 zum Ausdruck.

„Ich bin davon überzeugt: Wer wenig sät, der wird auch wenig ernten; wer aber viel sät, der wird auch viel ernten." 2. Korinther 9,6

Das Prinzip des Säens und Erntens funktioniert auf einer anderen Grundlage als die Freigebigkeit oder das Geben. Weder Geben noch Freigebigkeit ist mit einer Erwartung verbunden. Die Hauptabsicht des Gebens und der Freigebigkeit besteht einfach darin, andere zu segnen. Das geistliche Prinzip des Säens und Erntens entstammt der Landwirtschaft. In der Landwirtschaft verfolgt man eine ganz bestimmte Absicht. Ein Bauer wirft sein Saatgut nicht wahllos in die Gegend, ohne sich Gedanken über das Wie, Wann, Wo oder die Vorbereitung des Bodens zu machen. Nein, wenn ein Landwirt Samen zur Aussaat bekommt, überlegt er sich genau, wie er es anstellt, um daraus eine möglichst große Ernte zu produzieren. Er wählt zuerst sein Feld und bereitet den Boden durch Pflügen vor. Dann sät er den Samen aus, düngt, bewässert und tut einfach alles für das optimale Wachstum der Pflanzen.

Der Bauer ist nicht überrascht, wenn kleine, grüne Schösslinge aus dem Boden kommen und anfangen zu wachsen. Er erwartet voller Spannung die Zeit der Ernte. Er wird die Saat schützen, indem er die Vögel vertreibt und auf alles achtet, was seine Ernte bedrohen könnte. Im Laufe dieses Prozesses schläft er und steht auf, schläft und steht wieder auf. Die Samen sprießen und wachsen, und er weiß nicht, wie das alles geschieht. Der Bauer ist für das Wachstum letztendlich nicht verantwortlich. Er kann den Samen nicht dazu bringen zu wachsen. Das ist Gottes Aufgabe. Wenn dann die Erntezeit gekommen ist, wird er schwer arbeiten und die Ernte einbringen. Die Erntezeit erfordert konzentrierte Arbeit. Das System des Säens und Erntens wird so zu einer Vollzeitbeschäftigung. In bestimmten Klimazonen der Welt kann man auf einem Feld säen und auf einem anderen zur selben Zeit andere Früchte ernten. Ein guter Landwirt wird nicht mehr säen, als er in der ihm zur Verfügung stehenden Zeit pflegen und ernten kann.

Wie verwendet ein Landwirt seine Ernte? Er wird nicht die ganze Ernte zur Aussaat verwenden. Der Bauer wird von seiner Ernte den Zehnten geben und Saatgut für das nächste Jahr zur Seite legen. Dann wird er einiges von der Ernte zu Geld machen, um damit etwas kaufen zu können, die eigenen Bedürfnisse zu erfüllen und etwas zu haben, das er anderen geben kann. Etwas von der Ernte wird für Notfälle zur Seite gelegt werden. Jetzt, da wir uns an das Prinzip halten, Geld zu säen, um es für Gottes Absichten zu vervielfältigen, wird Gott Überfluss in unsere Hände geben.

Was macht das Finanzsystem Gottes aus? Gott ist unsere Quelle und er versorgt uns mit Geld, das wir geben können, so wie er uns führt. Durch das Geld, das wir geben, segnet Gott andere Menschen, und das Geld wird unserem Konto „Schätze im Himmel" gutgeschrieben. Jesus selbst hat den Überblick über dieses Konto und lässt das Guthaben wachsen, so dass mehr auf dem Konto ist, als wir eingezahlt haben. Für uns als diejenigen, die den Zehnten geben, ist das Fenster des Himmels geöffnet und der Segen fließt von unserem himmlischen Konto in unseren geschlossenen Kreis oder Haushaltsplan hinein.

Gott verspricht uns auf der Grundlage unseres Glaubens an seine Versorgung (Denken Sie an den Spatzenglauben!), dass er uns den Anteil des Kreises, der unsere Grundbedürfnisse umfasst (Kleidung, Wohnung und Essen), geben wird, einfach weil er uns liebt. Doch sein Wunsch geht noch weiter: Er will zuerst unseren Kreis füllen und dann Überfluss schenken, so dass wir ein Segen für die Welt sein können, und Gott seine guten Pläne und Absichten durch uns in die Tat umsetzen kann. Nachdem Gott uns all das geschenkt hat, was wir für unsere Verpflichtungen, Bedürfnisse und Wünsche brauchen, haben wir Überfluss bzw. vervielfachtes Saatgut zum Säen. Dieser Überfluss soll nach Gottes Willen eingesetzt werden und dort investiert werden, wo er es möchte. Nicht aller Überfluss ist notwendigerweise Saatgut. Einiges davon wird als Reichtum im weltlichen System gehalten, damit Gott jederzeit darauf zurückgreifen kann, so wie das Fohlen, das Jesus zur Verfügung stand (Markus 11,2-6). Sie brauchen also Zugang zu Ihrem Reichtum, den Sie im weltlichen System investiert haben. Einiges von Ihrem Überfluss will Gott vielleicht auch in Wohlstand umwandeln.

„Wenn dieses Gute nun kommt, sagt nicht: Das haben wir aus eigener Kraft geschafft, es ist unsere Leistung! Denkt vielmehr an den Herrn, euren Gott, der euch die Kraft gibt, Reichtum zu

erwerben! Denn er hält sich an den Bund, den er mit euren Vorfahren geschlossen hat und der heute auch für euch gilt."
5. Mose 8,17-18

Gott wird Ihnen zusätzlich zu Ihrem geschlossenen Kreis Überfluss schenken, damit Sie damit Wohlstand schaffen können. Sie erinnern sich daran, dass folgende Dinge, von der Bibel her gesehen, Wohlstand ausmachen: Grundbesitz, Häuser, Tierherden (Mittel zur Reproduktion), Gold und Silber in Form von Barren oder Schmuck (Vermögenswerte zur finanziellen Sicherung) und Knechte und Mägde (intellektuelle Kreativität).

Gott stellt Überfluss für die Ziele seines Reiches und dessen Ausdehnung auf der Erde zur Verfügung. Das weltliche System hat seine eigene Fassung vom Prinzip des Säens und Erntens, die Investment genannt wird. Eine Person kann z.B. Geld nehmen, das ihr über ihre Verpflichtungen und Bedürfnisse hinaus zur Verfügung steht, und einen Finanzberater damit beauftragen, dieses Geld in den Märkten des weltlichen Systems zu investieren. Wenn er Erfolg hat, wird er einen prozentualen Gewinn erzielen. Doch diese Art von Investitionen schaffen nur weltliche Strukturen. Sie können das Kapital für Firmen, Bürogebäude oder ähnliches werden. Nichts davon muss notwendigerweise moralisch schlecht sein. Doch wenn Gott das Geld für sein Reich verwenden möchte, dann haben wir als Christen es möglicherweise im falschen Bereich investiert. Das Reich Gottes hat sein eigenes Investmentsystem, nämlich das Prinzip des Säens und Erntens. In der Bibel sehen wir in diesem Zusammenhang, dass das Wort Gottes – als Saat in das Leben eines Menschen ausgestreut – in seiner Vervielfältigung durch viele Faktoren beeinflusst wird.

„Was der Bauer im Gleichnis aussät, ist die Botschaft Gottes. Die Menschen, bei denen die Saat auf den Weg fällt, haben die Botschaft zwar gehört. Aber dann kommt der Satan und nimmt ihnen alles wieder weg. Wie felsiger Boden sind die Menschen, die zwar die Botschaft hören und mit großer Begeisterung annehmen. Aber ihr Glaube hat keine starke Wurzel und deshalb keinen Bestand. Wenn diese Menschen wegen ihres Glaubens in Schwierigkeiten geraten oder gar verfolgt werden, wenden sie sich wieder von Gott ab.

Der von Disteln überwucherte Boden entspricht den Menschen, die zwar die Botschaft hören, aber die Sorgen des Alltags, die Verführung durch den Wohlstand und die Gier nach all den Dingen dieses Lebens ersticken Gottes Botschaft, so dass keine Frucht wachsen kann. Aber es gibt auch fruchtbaren Boden: Menschen, die Gottes Botschaft hören und annehmen, so dass sie Frucht bringen, dreißig-, sechzig- oder hundertfach." Markus 4,14-20

Ich (Earl) sah vor einigen Jahren, wie dieses Prinzip sich ganz praktisch auswirkte. Gott hatte meine Frau Dorothy und mich finanziell gesegnet. Wir gaben regelmäßig den Zehnten und hatten über die Jahre viel gegeben. Doch bis dahin hatten wir noch nie erlebt, dass wir Geld, das wir gegeben hatten, vervielfältigt zurückbekamen. Als wir darüber nachdachten, entdeckten wir den Grund dafür: Wir hatten noch nie mit einem bestimmten Ziel gesät bzw. gegeben. Wir hatten den Zehnten gegeben, großzügig an andere gegeben, aber nie mit einer bestimmten Absicht gesät. Als wir über diesen Gedanken beteten, hatten wir den Eindruck, dass wir das Prinzip ausprobieren sollten. Wir kannten jemanden, der in einer christlichen Organisation arbeitete. Ich nahm Kontakt mit ihm auf und sprach mit ihm über unsere Erkenntnis darüber, wie Multiplikation geschieht. Wir hatten einen Geldbetrag in unserem Bereich „Überfluss" unseres geschlossenen Kreises, von dem wir wussten, dass wir ihn als Saatgut verwenden sollten. Wir sollten diesen Betrag in das Reich Gottes investieren und dazu meinem Freund dieses Geld geben und ihm sagen, dass es nicht ein Geschenk oder eine Gabe sei, sondern Saatgut, von dem wir glaubten, dass es uns einen zehnfachen Ertrag bringen würde. Wir wussten, dass wir das Saatgut im Auge behalten müssten, weil es so viele Dinge gab, die das Aufgehen und die vervielfältigte Ernte zerstören konnten.

Wir wollten für unseren Freund und seine Arbeit beten und uns auf diesen geistlichen Kampf einlassen, so wie Gott uns leitete. Er würde dasselbe für uns tun. Als der Same gesät wurde, schliefen wir und standen wieder auf und wussten nicht, woher das Wachstum kommen sollte. Manch einer mag sich fragen: Wie lange dauert es, bis zur Ernte? In der Natur hängt das von der Art des Samens ab.

Im geistlichen Bereich kommt die Ernte, wenn Gott mit der Saat seine Ziele erreicht hat. Gott könnte sofort in vervielfältigter Form zurückgeben, so wie er es tat, als Jesus die Fünftausend speiste.

„Jetzt nahm Jesus die fünf Brote und die beiden Fische, sah zum Himmel auf und dankte Gott. Er teilte das Brot, reichte es seinen Jüngern, und die Jünger gaben es an die Menge weiter. Ebenso ließ er auch die Fische verteilen. Alle aßen sich satt. Als man anschließend die Reste einsammelte, waren es noch zwölf volle Körbe mit Brot." Markus 6,41-43

Gott ist oft mehr daran interessiert, dass wir beten und uns dem geistlichen Kampf stellen, als dass er uns sofort das vervielfachte Geld zurückzahlt. Er gebraucht das Geld einfach als ein Werkzeug, um seine Ziele zu verwirklichen. Und wir erhalten es dann vervielfältigt zurück, wenn Gott seinen Wunsch verwirklicht hat, nämlich dass wir uns durch Gebet und geistlichen Kampf um die Saat kümmern.

Während der nächsten sechs Wochen sprachen mein Freund und ich darüber, was Gott in unserem Leben tat, und warteten auf die Ernte. Eines Abends bei uns zu Hause, wir waren gerade mit einem Bibelgesprächskreis fertig, kam jemand mit einem Briefumschlag auf mich zu, in dem ein Scheck war. Er sagte mir, dass er einige Tage lang mit Gott gerungen hätte, ob er mir das Geld geben solle oder nicht. Er wusste, dass ich für IBM arbeitete und mit meinem Gehalt das Geld sicher nicht nötig hatte. Doch im Gehorsam gegenüber dem, was Gott ihm aufs Herz gelegt hatte, gab er mir nun dieses Geld. Als ich den Umschlag öffnete, war der Scheck, den ich darin fand, genau über den zehnfachen Betrag dessen ausgestellt, was wir gesät hatten. Ich war so begeistert, dass ich nicht wusste, ob ich lachen oder weinen sollte.

Diese Erfahrung ließ etwas in meinem Herzen wachsen. Ich fing an, Gottes System des Säens und Erntens wirklich zu verstehen. Aber nun stellte sich die Frage, wohin das vermehrte Geld gehen sollte. Ich hatte bereits alles, was ich für meinen geschlossenen Kreis brauchte, und diese Saat kam aus dem Überfluss, den Gott geschenkt hatte und der dazu dienen sollte, gesät und vermehrt zu werden. Der Zweck, für den Sie Ihre Ernte verwenden, muss von Gott festgelegt werden.

Es kann sein, dass Gott Sie dazu anleitet, einen Teil der Ernte zu geben. Dieser wird dann auf Ihr Konto „Schätze im Himmel" eingezahlt. Ein anderer Teil könnte als Saatgut für die nächste Aussaat genutzt werden, je nachdem wie Gott Sie führt. Einiges von der Ernte könnte auf ein Treuhandkonto kommen, so dass das Geld Gott zur Verfügung steht, wenn er es braucht. Dies ist in irgendeiner Form von Reichtum möglich, also als Geld, das für Sie arbeitet, bis Gott es braucht. Wenn die Prinzipien, die im Reich Gottes gelten, das Wachstum bewirken, dann ist auch die Ernte für irgendeine Aufgabe im Reich Gottes bestimmt.

Es gibt sechs Prinzipien, die ich (Earl) aus meinen Erfahrungen des Säens und Erntens gelernt habe und die ich Ihnen hier gerne weitergeben möchte.

1. Gelder für diese Art der Vervielfältigung kommen hauptsächlich aus dem Überfluss über den geschlossenen Kreis hinaus. Oft berate ich Menschen, die versucht haben, Saat aus einem offenen Kreis herauszunehmen und hoffen, damit eine Multiplikation zu erreichen, die ihre Bedürfnisse und Wünsche erfüllt. Wenn es nicht funktioniert, beschuldigen sie Gott oder diejenigen, die ihnen vom Säen und Ernten erzählten. Da ist es wichtig zu wissen: Gott kann eingreifen und hat oft in die finanzielle Situation von Menschen eingegriffen und Wunder getan. Aber er erwartet von uns, dass wir nach seinen Prinzipien handeln, so dass sein Segen beständig fließt. Bringen Sie zuerst Ihre persönlichen Finanzen in Ordnung.

2. Es gibt einen Unterschied zwischen Geben und Säen. Säen ist Arbeit, während Geben einfach etwas ist, was wir aus Freude tun, so wie wir von Gott geführt werden. Der Unterschied liegt auf der Hand: einerseits landwirtschaftliche Arbeit, andererseits ein „aus dem Fenster werfen", ohne das weitere Wachstum zu verfolgen und ohne zu wissen, wann die Ernte reif ist. Wenn Gott Sie also auffordert, finanziell aktiv zu werden, müssen Sie fragen: Herr, soll ich einfach geben oder säen?

3. Wenn wir darauf vertrauen, dass Gott Vervielfältigung schenkt, warum – so könnte man fragen – vertrauen wir nicht in jedem einzelnen Fall auf eine 100-fache Multiplikation? Zuerst einmal

ist dies eine Frage des Glaubens. Haben Sie 100-fachen Glauben? Warum vertraute ich auf eine 10-fache Ernte? Das war der Stand meines Glaubens. Ich habe gelernt, je höher die Zahl ist, desto mehr Arbeit wartet auf uns. Wie viel Zeit sind Sie bereit, für Gebet und geistlichen Kampf zu investieren? Wachstum kommt aus dem weltlichen System. Das Geld steckt in diesem System. Gott ist kein Geldfälscher. Der Geist des Mammons arbeitet gegen Sie und wird versuchen, die Ernte zu verhindern, besonders dann, wenn er weiß, dass Sie das Geld für Gottes Ziele einsetzen werden. Daher ist es wichtig, darauf zu achten, wo Sie Ihr Geld säen. Nicht überall im Reich Gottes ist der Boden gleich. Mancher Boden ist nicht in der Lage, eine 100-fache Ernte hervorzubringen. Fragen Sie Gott, wo Sie säen sollen. Bitten Sie ihn dann um den maximalen Ertrag aus der Saat.

4. Sie müssen Ihre persönlichen Finanzen in Ordnung bringen. Mit anderen Worten: Schließen Sie Ihren Kreis, nehmen Sie die Schulden in Angriff, die Sie haben, und hören Sie auf, weitere Schulden aufzunehmen. Geben Sie regelmäßig den Zehnten und darüber hinaus, dann werden Sie mit Ihren Finanzen im Reich Gottes spannende und aufregende Dinge erleben.

5. Säen Sie niemals mehr als das, worum Sie sich im Gebet und geistlichen Kampf kümmern können. Ich glaube, dass es viel Saatgut gibt, das ausgestreut und dann vom Säenden vergessen wurde. Ein Landwirt weiß, was er wo gesät hat und wartet in der Bereitschaft zu ernten, wenn die Ernte reif ist (Galater 6).

6. „Werdet nicht müde, Gutes zu tun. Es wird eine Zeit kommen, in der ihr eine reiche Ernte einbringt. Gebt nur nicht vorher auf!" (Galater 6,9). Ernten ist mit Arbeit verbunden! Dieser Vers bezieht sich auf alle Arten von Säen und Ernten, aber er schließt auch die Finanzen mit ein.

Ich (Earl) erinnere mich an eine Zeit, als eine Gruppe von Jugend mit einer Mission Geld aus einem Opfer empfangen hatte, um ein Schiff zu kaufen, dass in Mikronesien eingesetzt werden sollte. Sie hörten nicht auf, zu beten und im geistlichen Kampf zu stehen, um ein Schiff für diese Arbeit zu bekommen. Monate vergingen und sie sahen keine

Ernte, sprich kein Schiff. Schließlich aber, nachdem sie das Schiff bekommen und mit der Arbeit begonnen hatten, wurde die Frage gestellt: Warum hat es so lange gedauert? Gott hätte das Schiff sofort schenken können. Doch dann hätten die Mitarbeiter nicht so lange und anhaltend dafür gebetet, denn sie wären schon mit dem nächsten Projekt beschäftigt gewesen und hätten die Ernte dadurch nicht gut vorbereitet. Die Vorbereitung in diesem Fall brauchte Arbeiter, um das schiff in Schuss zu halten, und Arbeiter, die auf diesem Schiff unterwegs waren und ihren Dienst taten, und es war auch Geld nötig, um all die Dienste zu unterstützen. Gott weiß, was alles in der geistlichen Welt geschehen muss und nur durch Gebet geschehen kann, damit die Ernte eingefahren wird. Wichtig ist, dass Sie verstehen, dass Sie sich um die Saat kümmern müssen. Das ist echte Arbeit.

„Denkt genau darüber nach, was ich euch gesagt habe, und richtet euch danach! Eins steht fest: Mit dem Maßstab, den ihr an andere anlegt, werdet ihr selbst gemessen werden. Von euch wird man sogar noch mehr erwarten. Denn wer viel hat, der bekommt noch mehr dazu. Wer aber nichts hat, dem wird selbst noch das Wenige, das er hat, genommen." Markus 4,23-25

Ich bin froh, dass diese Worte nicht von mir stammen. Ich gebe hier nur das wieder, was in der Bibel steht. Hier finden Sie meine Umschreibung von Markus 4,19, wo die Faktoren beschrieben werden, die das Wachstum von Gottes Wort in uns behindern.

„Lassen Sie nicht zu, dass die Sorgen und Ängste, die es in dieser Welt gibt, und der Druck, den die Welt durch das Geld auf Sie ausüben will, in Ihr Leben kommt. Lassen Sie sich nicht von den Dingen dieser Welt ablenken, den Vergnügungen und dem falschen Glanz und dem betrügerischen Reichtum (Geld, das für Sie arbeitet) und dem Sehnen und leidenschaftlichen Wunsch nach noch mehr Dingen – mit anderen Worten: Schließen Sie Ihren Kreis! Lassen Sie all das nicht in Ihr Leben, denn es wird die Worte, die Gott uns zum Thema Finanzen zu sagen hat, ersticken und fruchtlos werden lassen und Sie werden seine Versorgung deshalb nicht erleben. Wenn Sie sich dem weltlichen System anvertrauen, dann erhalten Sie auch nur das, was dieses System für Sie tun kann." (Markus 4,19 frei nach Earl Pitts)

Darüber hinaus habe ich entdeckt, dass Gott eine Ernte schenken kann, die in keinem Verhältnis zu dem steht, was gesät wurde. Gott ist Gott und er will, dass wir ihn und die Gemeinschaft mit ihm suchen, und nicht die Ernte. Er ist der Herr der Ernte. In der Natur ist es so, dass man Mais sät und Mais erntet oder Weizen sät und Weizen erntet. Bei Gott kann die Ernte auch ganz anders ausfallen als das, was gesät worden ist.

„Wir haben nun unter euch die geistliche Saat ausgesät – die Botschaft von Jesus Christus. Wäre es wirklich zu viel von euch verlangt, uns dafür mit dem zu versorgen, was wir zum Leben brauchen?" 1. Korinther 9,11

Dies ist ein Beispiel für eine Ernte, die anders aussieht als die Saat. Wie misst man diese Ernte? Gar nicht, man kann es nicht. Die Ernte steht hier also in keinem messbaren Verhältnis zur Aussaat. Doch eine Ernte kann auch der Saat entsprechen und trotzdem fast unmessbar sein, wenn Gott den Einsatz als immens vervielfachtes Ergebnis zurückgibt. Er ist Gott und er muss sich nicht an irgendwelche Grenzen bei der Vervielfältigung halten.

In den beiden Gleichnissen, die wir im Folgenden erwähnen, lehrt Jesus, unter welchen Bedingungen im Reich Gottes Vervielfältigung geschehen kann. Das Gleichnis in Matthäus 25,14-29 spricht über einen Meister, der seinen Knechten unterschiedlich viele Talente gab.

„Es wird dann so sein wie bei dem Mann, der ins Ausland reisen wollte. Er rief alle seine Verwalter zusammen und beauftragte sie, während seiner Abwesenheit mit seinem Vermögen zu arbeiten." Matthäus 25,14

Der Meister hat anscheinend Wohlstand (Grundbesitz) in Geld umgewandelt, damit das Geld für ihn arbeiten kann.

„Dem einen gab er fünf Zentner Silberstücke, einem anderen zwei und dem dritten einen Zentner, jedem nach seinen Fähigkeiten. Danach reiste er ab." Matthäus 25,15

Beachten Sie, dass die Silberstücke (wörtl.: Talente, eine Geldeinheit) den Knechten gegeben wurden. Sie haben sie nicht verdient oder dafür gearbeitet. Einige denken, dass ein Talent eine Fähigkeit oder eine Gabe sei, weil das gleiche Wort zufällig auf diese Weise im Deutschen verwendet wird. Aber aus dem Zusammenhang des Gleichnisses ist ganz klar, dass hier von einer Geldeinheit gesprochen wird. Der Herr sagt das seinem Knecht ganz deutlich in Vers 27.

„...hättest du zumindest mein Vermögen bei einer Bank anlegen können! Dort hätte es wenigstens Zinsen gebracht!"
Matthäus 25,27

Daraus sehen wir, dass Gott mindestens die Zinsen des weltlichen Systems erwartet, wenn Geld für sein Reich eingesetzt wird. Das Geld sollte für ihn arbeiten, und zwar so wie bei den ersten beiden Knechten, die den Geldbetrag verdoppelt hatten, als sie zur Rechenschaft gezogen wurden. Als der Meister zurückkam, lobte er das, was die ersten beiden Knechte mit seinem Geld getan hatten.

„Der Mann, der fünf Zentner Silbergeld erhalten hatte, brachte zehn Zentner. Er sagte: Herr, fünf Zentner hast du mir gegeben. Hier, ich habe fünf dazuverdient. Da lobte ihn sein Herr: Du warst tüchtig und zuverlässig. In kleinen Dingen bist du treu gewesen, darum werde ich dir größere Aufgaben anvertrauen. Ich lade dich zu meinem Fest ein!" Matthäus 25,20-21

Der Meister sagte: Gut gemacht, großartig. – Dies drückt seine Freude darüber aus, was erreicht worden ist. Das Geld, das für die Knechte arbeitete, hatte Reichtum geschaffen. Gott will uns Überfluss geben und er will, dass dieses Geld anfängt, für uns zu arbeiten. Beachten Sie auch die Belohnung des Meisters, die darin besteht, mehr Verantwortung zu übergeben. Der Knecht, der nichts mit dem Geld erreichte, wird als faul und unzuverlässig bezeichnet (Vers 26).

„Nehmt ihm das Geld weg, und gebt es dem, der die fünf Zentner hatte! Denn wer viel hat, der bekommt noch mehr dazu, ja, er wird mehr als genug haben! Wer aber nichts hat, dem wird selbst noch das Wenige, das er hat, genommen." Matthäus 25,28-29

Diese Reaktion von Jesus ist uns vertraut durch das Prinzip, mit dem Jesus sein Gleichnis vom Sämann einleitet.

„Denkt genau darüber nach, was ich euch gesagt habe, und richtet euch danach! Eins steht fest: Mit dem Maßstab, den ihr an andere anlegt, werdet ihr selbst gemessen werden. Von euch wird man sogar noch mehr erwarten. Denn wer viel hat, der bekommt noch

mehr dazu. Wer aber nichts hat, dem wird selbst noch das Wenige, das er hat, genommen." Markus 4,23-25

Wer also viel anvertraut bekommen hat und viel versteht, dem wird noch mehr anvertraut und größeres Verständnis geschenkt, und dem, der nichts hat und die Botschaft von Jesus nicht versteht, wird auch das noch weggenommen, was er zu besitzen meint. Wenn wir es mit Finanzen zu tun haben, befällt uns oft die Angst. In solch einem Fall kommen wir wie der Knecht mit Entschuldigungen und ungerechtfertigten Anklagen zu unserem Meister und werfen ihm vor, ein strenger und harter Mann zu sein, der sogar da erntet, wo er gar nicht gesät hat.

„Schließlich kam der mit dem einen Zentner Silberstücke und erklärte: Ich kenne dich als strengen Herrn und dachte: Du erntest, was andere gesät haben; du nimmst dir, was ich verdient habe. Aus Angst habe ich das Geld sicher aufbewahrt. Hier hast du es wieder zurück!" Matthäus 25,24-25

Eins der Prinzipien, das wir in diesem Gleichnis erkennen können, ist das folgende: Wenn Wohlstand in Geld umgewandelt und jemandem anvertraut wird, dann trägt dieser die Verantwortung, damit zu arbeiten, um es zu vervielfältigen.

Ein weiteres Gleichnis, das in Lukas 19 steht, zeigt uns eine andere Gruppe von Menschen: Leibeigene. Solch ein Leibeigener ist ein Sklave, dem die Freiheit geschenkt wurde. Dieser freigelassene Sklave hat sich nun entschieden, bei seinem Herrn zu bleiben und ihm aus freien Stücken zu dienen. So passt dieser Begriff des Leibeigenen auch auf Sie und mich als Christen. Jesus Christus ist für uns gestorben, um uns zu befreien von der Sünde, der Trennung von Gott und der Herrschaft dieser Welt. Wir sind jetzt frei, Gott zu lieben und ihm aus freien Stücken zu dienen. Doch zurück zum Gleichnis. Dort wird beschrieben, wie ein Fürst ins Ausland reiste.

„Bevor er abreiste, rief er zehn seiner Knechte zu sich, gab jedem ein Pfund Silberstücke und sagte: Setzt dieses Geld gewinnbringend ein! Ich komme bald zurück!" Lukas 19,13

Die Mine, hier mit „ein Pfund Silberstücke" wiedergegeben, ist eine Geldeinheit, wie wir in Vers 24 sehen können. Jedem Leibeigenen wurde die gleiche Geldmenge anvertraut. Als der Fürst zurückkehrte, rief er sie zur Rechenschaft.

Der erste berichtete: Herr, ich habe das Zehnfache deines Geldes als Gewinn erwirtschaftet. Ausgezeichnet! rief der König. Das hast du gut gemacht! Du hast dich in dieser kleinen Aufgabe bewährt. Ich vertraue dir die Verwaltung von zehn Städten an." Lukas 19,16-17

Sehen sie, was für eine Vervielfältigung ihnen möglich war, als sie nicht mehr einfache Sklaven waren, sondern Leibeigene? Als Reaktion verlieh der Fürst nicht nur Verantwortung, sondern Autorität. Geld ist in diesem Zusammenhang nur etwas Kleines. So sagt Jesus an anderer Stelle:

„Doch bedenkt: Nur wer im Kleinen ehrlich ist, wird es auch im Großen sein. Wenn ihr bei kleinen Dingen unzuverlässig seid, werdet ihr es auch bei großen sein." Lukas 16,10

Lukas 16 spricht vom Geld als einer Kleinigkeit. Das weltliche System sieht Geld als etwas Großes an. Der Mammon will, dass Geld in unserem Leben eine wichtige Rolle spielt. Doch wir dürfen uns weder von der so genannten Macht des Geldes verführen lassen, noch dürfen wir eine Einstellung entwickeln, die das Geld auf die leichte Schulter nimmt. Jesus möchte, dass wir Treue und Haushalterschaft in unserem Umgang mit Geld erlernen, und er lässt uns in dieser Welt, auch um diese wichtigen Eigenschaften einzuüben. Wir wissen nicht, wie sich das Geld im Falle der Leibeigenen vervielfältigte. Doch Gott hat kreative Ideen für uns, die immenses Wachstum ermöglichen, wenn wir auf ihn hören und dem gehorchen, was er uns sagt.

Schlussfolgerung

„Er wird euch dafür alles schenken, was ihr braucht, ja mehr als das. So werdet ihr nicht nur selbst genug haben, sondern auch noch anderen von eurem Überfluss weitergeben können." 2. Korinther 9,8

Ist das Ihr Wunsch? Gott kann uns jede Gnade reichlich zuteil werden lassen – aber er tut es nicht automatisch. Zum Schluss wollen wir daher noch einmal die sieben grundlegenden Prinzipien aus dem Wort Gottes zusammenfassen, die Ihnen helfen werden, mit Ihren Finanzen umzugehen, so dass das in Ihrem Leben Wirklichkeit wird, was in 2. Korinther 9,8 geschrieben steht.

Johannes 4,23-24

Geist	Wahrheit
Glaube *Römer 10,17* Wort	Glaube *Lukas 17,5-10* Gehorsam
GNADE	BAUSTEINE
Er wird euch dafür alles schenken, was ihr braucht, ja mehr als das. So werdet ihr nicht nur selbst genug haben, sondern auch noch anderen von eurem Überfluss weitergeben können. (2. Korinther 9,8)	**1. Erkennen Sie den Geist des Geldes und weisen Sie ihn zurück.** (Mein Herz gehört Gott allein.) **2. Glauben Sie an Gottes Versorgung.** (Gott ist meine Quelle.) **3. Fangen Sie an, regelmäßig den Zehnten zu geben.** (Geben ist meine Grundhaltung, keine Sonderleistung.) **4. Werden Sie Gottes Verwalter.** (Ich bin Gott gegenüber verantwortlich für die treue Verwaltung seiner Mittel.) **5. Schließen Sie Ihren Kreis.** (Wie viel ist genug?) **6. Nehmen Sie Ihre Schulden in Angriff.** (Ich nehme meine Schulden wahr und gehe richtig damit um.) **7. Werden Sie Finanzminister.** (Ich verwalte meinen Überfluss für Gott.)

Demut

Nach der Weisheit Gottes soll Geld ein Diener sein. Und wir brauchen Gottes Weisheit, damit uns der Umgang mit dem Geld nicht zerstört. Geld hat eine Eigendynamik, es ist wie ein Wasserball im Schwimmbecken, auf den man sich stellt. Immer versucht er, an die Wasseroberfläche zu gelangen, und man muss ständig aufpassen, dass man ihn an Ort und Stelle hält. Geld ist wie eine giftige Substanz, deren falsche Anwendung unser Leben gefährdet, in der richtigen Dosierung und Anwendung aber wird sie zum hilfreichen Medikament. Sein Segen hängt davon ab, dass wir ordentlich und mit großer Sorgfalt damit umgehen. Wir wünschen Ihnen, dass Gott Sie darin segnet, den Wohlstand, den Reichtum und das Geld, das er Ihnen anvertraut hat, gut und weise verwalten zu können.

Anhang

Hier erhalten Sie weitere Informationen über:
- die Autoren,
- Haushaltsbücher und wie man sie führen kann,
- Seminare zum Buch,
- Zusatzmaterial,
- weiterführende Seminare und Organisationen.

Die Autoren: Craig Hill

Craig Hill, seine Frau Jan und ihre zwei Söhne leben in der Nähe von Denver, Colorado in den USA. Dort arbeiten die beiden bei *Family Foundations International*, einer christlichen Organisation, die lebensverändernde Seminare in vielen Ländern weltweit anbietet. Craig hat mehrere Bücher geschrieben, darunter das in Amerika populäre Buch „The Ancient Paths" (Die Wege der Vorfahren).

Craig hat einen Bachelor of Arts vom Carleton College in den Fächern Russisch und Geologie und einen Master of Business Administration von der Universität Chicago.

Nach Beendigung seiner Studien arbeitete Craig mehrere Jahre lang als Manager für die Öl- und Gasindustrie im Rahmen der Erforschung von Lagerstätten. Als erfahrener Pilot gründete und verwaltete er später einen Flugcharterdienst. Während dieser Jahre nahm sich Craig, der fließend Russisch spricht, des Öfteren von seinen geschäftlichen Unternehmungen frei, um das Evangelium unter den Völkern der ehemaligen Sowjetunion und in Osteuropa zu verkündigen.

Weil Craig sich besonders dafür interessierte, Ehepaare und Familien zu beraten, ließ er sich weiter ausbilden und wurde ehrenamtlicher Mitarbeiter eines Beratungszentrums in Denver. Von da an unterrichtete er Seelsorge und Mission am Marilyn Hickey Bible College. 1987 wurde Craig zum Hauptpastor einer Gemeinde berufen, in der er und Jan siebeneinhalb Jahre lang arbeiteten, bis sie von Gott dahin geführt wurden, all ihre Zeit in den Dienst von *Family Foundations International* zu investieren.

Durch seine Erfahrungen in der Mission, in der Beratung und in seiner Arbeit als Pastor hat Gott Craig viele Einsichten in den Bereichen Ehe, Familie, Umgang mit Finanzen und persönliche Beziehungen geschenkt. Er hat eine ausgeprägte Fähigkeit, Probleme zu identifizieren, die hinter Beziehungsschwierigkeiten, zwanghaften Verhaltensweisen, niedrigem Selbstwert, Arbeitssucht, Mangel an finanzieller Versorgung und anderen unerwünschten Lebensmustern stecken und die oft von einer Generation zur nächsten weitergegeben werden. Craig bringt persönliche Erlebnisse mit biblischen Wahrheiten zusammen. Dazu hat Gott ihm die Gabe geschenkt, durch das Offensichtliche hindurch in die Tiefen des Herzens zu schauen und Menschen zu einer wirklichen Lebensveränderung zu helfen.

Kontaktadresse für Craig Hill:
Family Foundations International
P.O. Box 320, Littleton, Colorado 80160, U.S.A.
Tel. 001 (303) 797-1139; Fax 001 (303) 797-1579
E-Mail: info@familyfi.org; Internet: www.familiyfi.org

Earl Pitts

Earl Pitts ist verheiratet mit Dorothy, sie haben zwei erwachsene Kinder. Kendra und ihr Ehemann leben mit ihren zwei Kindern in Ontario. Scott und seine Frau arbeiten momentan in einer Gemeinde in North Carolina, nachdem sie für *Jugend mit einer Mission* in Montana und England gearbeitet hatten.

Earl war 19 Jahre lang bei *IBM* beschäftigt. Er fing als frischgebackener Elektroingenieur an und war in verschiedenen Bereichen tätig wie Projektplanung, Organisation und Management. In den letzten sieben Jahren bei *IBM* arbeitete er als leitender Manager eines Herstellungsbetriebes.

Danach war er über zwanzig Jahre lang für das Missionswerk

Jugend mit einer Mission (JMEM) tätig. Zur Zeit ist Earl Leiter von JMEM in Ontario, Kanada, und Teil des Leitungsteams für ganz Kanada. Earl und seine Frau Dorothy schlossen 1980/81 eine Jüngerschaftsschule und Leiterausbildung bei JMEM in Kona, Hawaii ab. 14 Jahre lang leiteten sie die Jüngerschaftsausbildung in Cambridge, Ontario, U.S.A. Earl hielt in diesen Jahren eine Reihe von Leiterschulungen in Kona, Hawaii, und an verschiedenen anderen Orten weltweit. Darüber hinaus ist er teilzeitlich in seiner Heimatgemeinde tätig.

1984 hat Earl begonnen, Seminare zum Thema „Biblische Grundlagen für den persönlichen Umgang mit Geld" auf allen Kontinenten zu halten und in der letzten Zeit zusätzlich Seminare für Geschäftsleute, die mit ihren Unternehmen Gott dienen wollen. Diese Seminare beschäftigen sich in erster Linie mit der Freisetzung von Finanzen und Ressourcen für die Arbeit im Reich Gottes.

Das vorliegende Buch fasst seine Einsichten und Schlüsselerkenntnisse für den richtigen Umgang mit Geld und das Erleben von Freiheit im finanziellen Bereich zusammen.

Kontaktdaten für Earl Pitts:
Tel. 001 (519) 744-7447
E-Mail: earlp@kcf.org, Internet: www.wealthrichesmoney.org

Haushaltsbücher und wie man sie führen kann

Warum überhaupt Haushaltsbücher?

Wenn Sie noch kein Haushaltsbuch führen, dann kann dies ein erster und wichtiger Schritt für Sie sein, sich selbst Rechenschaft über Ihre Finanzen abzulegen. Die Art und Weise, in der Sie Ihr eigenes Haushaltsbuch anlegen und führen, ist natürlich stark abhängig von Ihren persönlichen Erwartungen und Bedürfnissen. Die folgenden Vorschläge erheben keinen Anspruch auf Vollständigkeit, sie sollen nur eine erste Hilfe dabei sein, den eigenen Anfang zu finden, denn das ist der entscheidende Faktor: anzufangen.

Welche Möglichkeiten gibt es?

Verschiedene Haushaltsbücher und ihre Bezugsquellen werden im Folgenden mit ihren Vor- und Nachteilen(+/-) vorgestellt:

Selbstgemacht
+   trifft genau Ihre Situation und Erwartung
−   etwas Anfangsaufwand, handgestrickt

Bürobedarf
Jedes Schreibwarengeschäft hat eine Abteilung mit Formularbüchern von Zweckform, Herlitz und anderen Firmen
+   günstig, handlich (DIN A5), übersichtlich
−   nicht viele Rubriken, wenig Details, keine Spalten für „Geben", „Investieren" u.ä.

God's Managers
Das Buch „God's Managers, A Budget Guide and Daily Financial Record Book for Christians" von Ray und Lillian Bair, kann über www.amazon.de bestellt werden (Adressen hinten) oder direkt beim Verlag: Herald Press, Scottdale, PA. USA 15683 (ISBN 0-8361-3406-0).
+   sehr ausführlich, christlicher Hintergrund, 1:1-Umsetzung vom Buch her möglich, als Buch und als Datei erhältlich.
−   bisher nur auf Englisch erhältlich.

Computerprogramme
+   große Bandbreite erhältlich, vom kostenlosen Freewareprogramm bis zur „Mini-Buchhaltung", die sich auch an den geschäftlichen Bereich anbinden lässt, z. B. Crown Finanzmanager, Software zur effizienten Verwaltung Ihrer privaten Finanzen (nähere Hinweise auf Seite 247).
−   gerade am Anfang nicht so unmittelbar einsetzbar wie das klassische Heft.

Seminare zum Buch
Schritte in die persönliche Freiheit
Der biblische Umgang mit Geld, Ein Finanzkurs für Kleingruppen

Kennen Sie das: Sie lesen ein gutes Buch, aber nachher ändert sich doch nur wenig im eigenen Leben? Denn der Weg vom ersten Hören oder Lesen zu einem befreiten Lebensstil ist oft weit. Die meisten Menschen brauchen dazu konkrete Anleitung in ihre Situation hinein und persönliche Begleitung beim Umsetzen. Oder können Sie auf sich allein gestellt definieren, wie viel für Sie genug genug ist oder Ihr Haushaltsbudget erstellen?

Diese frustrierende Erkenntnis bewog Howard Dayton, den Gründer von *Crown Financial Ministries*, dazu, das Thema der biblischen Finanzprinzipien nicht als Predigtreihe vorzutragen, sondern im Rahmen einer Kleingruppe zu erarbeiten. Sein Ziel war es, einzelne Christen sowie deren gesellschaftliches und kirchliches Umfeld dadurch zu segnen. Dieses Ziel hat Howard Dayton in den USA bei vielen Tausend Teilnehmern quer durch alle Denominationen erreicht. Sein Kleingruppenkurs zeigt dort nachhaltige Auswirkungen auch auf das Umfeld der Teilnehmer.

Auch in Deutschland und der Schweiz ist für viele der etwa 30.000 Seminarbesucher von Earl Pitts und seinen Tagesseminaren über biblische Finanzprinzipien der Kleingruppenkurs *Schritte in die persönliche Freiheit* zum Anstoß tiefgreifender Veränderungen geworden. Im Frühjahr 2001 starteten die ersten Kurse in der Schweiz. „Wer diesen Kurs gewissenhaft macht, wird nach den zwölf Lektionen nicht mehr der Gleiche sein, sondern im Herrn ein großes Stück gewachsen sein", berichtet Horst Reiser, einer der Leiter und Initiatoren des

Projektes von Campus für Christus. In Österreich, der Schweiz und Deutschland wurden bisher circa 700 Kursleiter ausgebildet. Im gesamten deutschen Sprachraum laufen seit 2002 viele einzelne Kurse, zum Teil gemeindebezogen, zum Teil überkonfessionell. Eine größere Kirchengemeinde führte den Kurs in all ihren Hauskreisen durch und erreichte damit mehr als 300 Erwachsene! Die dafür verantwortlichen Gemeindeleiter scheinen zu wissen, was sie erreichen wollen: Viele Teilnehmer berichten davon, dass sie durch die Beschäftigung mit diesem zentralen, aber meist stark vernachlässigten Jüngerschaftsthema Christus besser kennengelernt haben und vermehrt zum Dienst für Gott freigesetzt wurden.

Zur Teilnahme sind keine speziellen Finanzkenntnisse erforderlich, dafür allerdings die Bereitschaft, sich wöchentlich oder alle vierzehn Tage in Kleingruppen zum Erarbeiten der zwölf Einheiten zu treffen. Zur Vorbereitung auf die Treffen sind 2-3 Stunden individuelle Arbeit notwendig. Jeder Teilnehmer liest und studiert täglich einen kurzen Abschnitt der Bibel zum jeweiligen Thema, lernt einen Bibelvers auswendig, betet regelmäßig für die übrigen Teilnehmer und arbeitet an der Umsetzung des Gelernten in seinem Leben. Die regelmäßigen Treffen und das gemeinsame Ziel, finanzielle Freiheit zu erreichen, helfen dabei, sämtliche Lebensbereiche, die mit Finanzen zu tun haben, in Ordnung zu bringen: angefangen von Investitionen über Schulden und die (Finanz-)Erziehung der Kinder, bis hin zum Testament und dem Spenden.

Auf diesem Weg hinterfragt der Kurs unsere Lebensziele und unsere Arbeitshaltung. Was ist unsere Einstellung zum Geld? Was tun wir damit? Wie werden wir zufrieden?

All diese Fragen werden in den praxisbezogenen Gruppentreffen besprochen, im Schonraum einer offenen, zugleich vertrauensvollen Atmosphäre. Jeder kann persönlich werden, aber niemand muss persönlich werden.

Wenn Sie Interesse an einem vertieften Studium der biblischen Finanzprinzipien haben und dabei nicht in der Theorie („Eigentlich sollte man...") steckenbleiben möchten, dann bietet Ihnen der Kleingruppenkurs *Schritte in die persönliche Freiheit* die ideale

Möglichkeit, in Ihrem Alltag Gottes Vorstellungen vom Umgang mit Geld umzusetzen und seine Freiheit auch in diesem Bereich zu erfahren. Und wenn Christen auch in finanziellen Belangen eine Ewigkeitsperspektive entwickeln und in bleibende Werte investieren, dann kann Gottes Reich gebaut werden.

Das Ziel
Schritte in die persönliche Freiheit soll Gemeinden, christliche Verbände und andere Multiplikatoren dazu befähigen, biblische Finanzprinzipien in ihrem jeweiligen Umfeld zu vermitteln, damit sie dadurch eine fundierte Hilfe in punkto Finanzverwaltung aus Gottes Sicht weitergeben können.

Die Teilnahme
Jeder Interessierte kann an einem Kurs teilnehmen. Das ausführliche Kursmaterial erhalten Sie nur im Rahmen eines Kurses und nicht im Handel.

Die Leitung
Um einen Kleingruppenkurs *Schritte in die persönliche Freiheit* anbieten und leiten zu können, müssen Sie an einer Lizenzierungsschulung teilnehmen und sich dadurch als Kursleiter registrieren lassen.

Kontaktadressen siehe Seite 248

Ohne Moos nix los
Der biblische Umgang mit Geld,
Ein Kleingruppenkurs für Jugendliche

Themen:
- Meine ersten Moneten
- Handyschulden
- Sparen, wozu?
- Hitliste meiner Wünsche
- Gott & Geld

Du bist unter 20 und hast wenigstens etwas eigenes Geld? Willkommen im Club. Du bist voll im Visier all derer, die „nur dein Bestes" wollen. Aber woher bekommst du Hilfe? Wie kannst du falsches Anspruchsdenken abwehren? Und gleichzeitig gute, von Gott geprägte Gewohnheiten entwickeln?

Hier setzt *Ohne Moos nix los* an: In einer Kleingruppe ist Geld plötzlich kein Tabu mehr, sondern wird zum Gesprächsthema. Zwölf Kapitel lassen das Ganze sehr praktisch werden und helfen dabei, einen guten Umgang mit Geld einzuüben, wie ihn die Bibel uns vermittelt. Das beginnt bei Handyschulden und hört bei der Hitliste deiner Wünsche und dem Weg zu ihrer Erfüllung noch längst nicht auf.

Die Teilnahme
Jeder Interessierte kann an einem Kurs teilnehmen. Das ausführliche Kursmaterial erhältst du nur im Rahmen eines Kurses, nicht im Handel.

Die Leitung
Um einen Kleingruppenkurs *Schritte in die persönliche Freiheit* anbieten und leiten zu können, musst du an einer Lizenzierungsschulung teilnehmen und dich dadurch als Kursleiter registrieren lassen.

Kontaktadressen siehe Seite 248

Zusatzmaterial

Ergänzend zum Kurs *Schritte in die persönliche Freiheit* gibt es weiteres Material, das Sie direkt bei Campus für Christus bestellen können (Kontaktadressen auf der nächsten Seite):

- **Kostenlose Info-Broschüre**, die den Kurs *Schritte in die persönliche Freiheit* und sein Anliegen näher beschreibt.
- *Finanzielle Freiheit erleben*, **ein Grundlagen-Seminar für jedermann** über den biblischen Umgang mit Geld von Earl Pitts. 3 Audio-CDs (oder DVDs) im Schuber, Englisch mit deutscher Übersetzung, Euro 26,-/SFr 39,-
- *Finanzielle Freiheit erleben*, **ein ausführliches Seminar für Geschäftsleute** von Earl Pitts. 3 x 3 Audio-CDs in Schubern, Englisch mit deutscher Übersetzung, Euro 52,-/SFr 79,-
- *Finanzielle Freiheit erleben*, **ein Seminar für Verantwortliche in Gemeinden und Werken** von Earl Pitts. 3 Audio-CDs im Schuber, Englisch mit schweizerdeutscher Übersetzung, Euro 26,-/SFr 39,-
- *Crown Finanzmanager*, **Software** zur effizienten Verwaltung Ihrer privaten Finanzen. (Voraussetzungen: Excel 97 oder höher; läuft nicht auf Mac), mind. 300 MHz-Prozessor, 64 MB RAM empfohlen, 5 MB freier Festplattenspeicher), Euro 60,-/75 SFr; Updatepreis pro Folgejahr Euro 15,-/SFr 20,-; Light-Version: Euro 12,-/SFr 18,-; Download unter www.finanz-manager.net

Kontaktadressen

D Campus für Christus
Postfach 100 262
D-35332 Gießen

Tel: 0641-97518-0
Fax: 0641-97518-40
E-Mail: info@finanzkurs.de
www.finanzkurs.de

CH History's Handful
Josefstrasse 206
CH-8005 Zürich

Tel: 044-2748435
Fax: 044-2748483
E-Mail: hh@cfc.ch
www.historyshandful.ch/crown

A Agape Österreich
Davisstraße 11 b
A-5400 Hallein

Tel: 06245-76012
Fax: 06245-760124
E-Mail: pmheinz@agapeoesterreich.at

Weiterführende Seminare und Organisationen

Akademie für christliche Führungskräfte
Zur Vertiefung des Themas bietet die Akademie für christliche Führungskräfte folgenden Kurs an:
„Finanzmanagement – Geld und Geist"
Dozent: Volkmar Heun, Dauer: Vier Tage

Inhalt
Biblische Finanzierungsmodelle, betriebswirtschaftliche Kennzahlen, Businesspläne, Eigen-/Fremdfinanzierung, Fundraising, Besonderheiten bei gewerblichen und Nonprofitunternehmen.

Ziel
Die Akademie für christliche Führungskräfte sieht ihren Auftrag in der nachhaltigen Förderung christlicher Führungskultur und Führungskompetenz in Gemeinden, Organisationen und Unternehmen. Sie bietet unter anderem eine berufsbegleitende Weiterbildung in christlicher Leiterschaft mit akademischem Abschluss an. Zum Programm gehören Kurse wie „Führungsgrundlagen", „Persönlichkeitsentwicklung", „Mitarbeiterführung & Coaching", „Unternehmensethik" usw.

Termine
Termine und Veranstaltungsorte erfahren Sie unter www.acf.de.

Kontaktadresse
Akademie für christliche Führungskräfte
Furtwänglerstr. 10   Tel: 02261-807227
D-51643 Gummersbach   Fax: 02261-807228
                                       E-Mail: info@acf.de

History's Handful
ist eine strategische Freiwilligenbewegung von Campus für Christus/Agape Europe. Ihr Motto ist „Könige und Priester miteinander verbinden". Dahinter steckt das Ziel, gemeinsam mit Christen aller Kirchen und Organisationen den weltweit gültigen Missionsauftrag Jesu Christi noch effektiver und schneller zu erfüllen.

Dies geschieht durch
- Vermittlung von Vision
- Freisetzung zur biblischen Verwalterschaft
- Unterstützung im Bereich Gebet und Fürbitte („corporate intercession")

History's Handful möchte Menschen in Verantwortung helfen, den ganzen Weg mit Jesus zu gehen, damit sie als Verwalter ihre spezifischen Ressourcen nicht nur gewinnorientiert, sondern zugunsten von Menschen überall auf der Welt einbringen. Diese Ressourcen sind
L = Labor (Arbeit, Arbeitszeit)
I = Influence (Einfluss)
F = Finances (Finanzen)
E = Expertise (Fachkenntnisse)

Kontaktadresse

History's Handful	Campus für Christus e.V.
Horst Reiser	Duane Conrad
Josefstr. 206	Am Unteren Rain 2
CH-8005 Zürich	D-35394 Gießen
Tel: 044-2748435	Tel. 0641-97518-11
Fax: 044-2748483	Fax 0641-97518-40
Email: HH@cfc.ch	E-Mail: Conrad@Campus-D.de
www.historyshandful.ch	www.Finanzkurs.de

Schule für biblische Prinzipien in der Geschäftswelt
Die Schule rüstet Manager und Freiberufler dazu aus, Probleme auf Gottes Art und Weise zu sehen, zu lösen und andere zu trainieren, das Gleiche zu tun. Die Welt braucht Leiter, die bereit sind, die Herausforderungen dieser Zeit aus Gottes Perspektive zu erkennen und anzupacken.

In einem zweijährigen Korrespondenzkurs bildet sie Unternehmer und Führungskräfte aus, den Herausforderungen in ihrem Unternehmen aktiv mit biblischen Antworten entgegenzutreten. Die Teilnehmerinnen und Teilnehmer lernen, als Vorbilder die Menschen in ihrem Umfeld mit der Botschaft des Königreiches Gottes zu erreichen.

Der Abschluss
Die Teilnehmerinnen und Teilnehmer sowie ihr Umfeld profitieren von folgenden Fähigkeiten:
>Sie haben gelernt, das auf ihrem Lebensweg zu vermehren, was Gott ihnen anvertraut hat.
>Sie wissen, wie sie Gott durch ihre Leiterqualitäten und Managementfähigkeiten verherrlichen können.
>Sie erkennen den Unterschied zwischen biblischen Prinzipien und „alltäglichen" Geschäftspraktiken.
>Sie sind in der Lage, Unternehmer und Führungskräfte in ihrer Gemeinde vor Ort auszurüsten.
>Sie besitzen die Werkzeuge zur Gestaltung eines ausgeglichenen Lebensstils im Spannungsfeld zwischen ihrer Beziehung zu Gott, ihrer Familie, ihrer Gemeinde und ihrem gesellschaftlichen Engagement.

Der Studienaufbau
Jedes Jahr besteht aus vier Elementen:
>1. Der Einführungsblock von vier Tagen findet jeweils im Sommer statt. Neben der Einführung in das Studienjahr wird eine biblisch-christliche Sicht von Unternehmen und Wirtschaft vermittelt.
>2. Das Selbststudium erfolgt anhand von Audiokassetten und schriftlichen Unterlagen. Diese Unterlagen beinhalten pro Lektion

eine Fallstudie, Lern- und Anwendungsfragen sowie ein Handout zu den Audiokassetten. Pro Woche sind 5-8 Stunden für das Durcharbeiten der Lektionen nötig.
3. Die Mentoringtreffen finden monatlich an einem Freitagnachmittag statt. Die Teilnehmerinnen und Teilnehmer treffen sich dafür in regionalen Gruppen. Ziele dieser Treffen sind die Vertiefung des Materials und der Aufbau eines Netzwerkes zwischen den Teilnehmerinnen und Teilnehmern.
4. Als Anwendung des Materials schreiben die Teilnehmerinnen und Teilnehmer eine Buchbesprechung über ein Wirtschafts- oder Managementbuch ihrer Wahl und einen Aufsatz, in dem sie das Gelernte auf ihren Arbeitsplatz anwenden. Kernstück dieser Anwendung ist die schriftliche Ausarbeitung eines Projektes, das entweder am Arbeitsplatz, in der christlichen Gemeinde vor Ort, in der politischen Gemeinde, in einem Verband oder Verein umgesetzt werden kann.

Kontaktadressen
IBR, Institut für biblische Reformen
Schule für biblische Prinzipien in der Geschäftswelt
Thomas Kunz
Jakobstrasse 56, Postfach 8320, CH-2500 Biel 8
Tel.: 032-345 14 20
Fax: 032-341 29 61
E-Mail: business@ibrnet.ch
www.ibrnet.ch

Schule für Biblische Geschäftsprinzipien des IBR/Schweiz
Ursula und Norbert Tews
Buntzelstraße 23, 12526 Berlin, Deutschland
Tel.: 030-67 80 99 05
Fax: 030-67 80 99 06
Mobil: 0172-3 17 16 67
E-Mail: uno.tews@ibg-berlin.de

Finanzielle Freiheit erleben

Neuerscheinung

„Zur Freiheit hat euch Christus befreit..." scheibt Paulus den Galatern. *„Und das beinhaltet die finanzielle Freiheit!"* ergänzt Howard Dayton.

Hier wird die Botschaft der Bibel spannend: im Schnittpunkt zwischen Glaube und Geldbeutel. Howard Dayton greift das Tabuthema „Finanzen" auf, zeigt biblische Perspektiven dazu auf – und erlebt dabei Erstaunliches: Menschen erkennen, dass der Mammon sie fesselt und unfrei macht. Christen werden frei von Schulden und können jetzt Gott dienen. Ganz normale Frauen und Männer fragen nach biblischen Finanzprinzipien, ändern eingefahrene Verhaltensmuster und erleben finanzielle Freiheit. Geschäftsleute entdecken den Segen des Gebens...

Vorsicht: In diesem Buch geht es um mehr als Geld – es geht um Sie persönlich. Und es könnte Ihr ganzes Leben verändern!